Schriften zu Familienunternehmen

Band 35

Herausgegeben von
Tom A. Rüsen (WIFU-Stiftung), Heiko Kleve und
Arist von Schlippe (Wittener Institut für Familienunternehmen
(WIFU) an der Universität Witten/Herdecke)

»Schriften zu Familienunternehmen« ist die Fortsetzung der Reihe
»Wittener Schriften zu Familienunternehmen«. Die Bandzählung
wird fortgeführt.

Aike Keno Johannes Hansen

Akquisitions- und Integrationsprozesse in mittelständischen Familienunternehmen

Implikationen für und durch personenorientierte Führungsprozesse

Mit einem Vorwort von Prof. Dr. Rudolf Wimmer

Mit 16 Abbildungen

V&R unipress

Bibliografische Information der Deutschen Nationalbibliothek
Die Deutsche Nationalbibliothek verzeichnet diese Publikation in der Deutschen
Nationalbibliografie; detaillierte bibliografische Daten sind im Internet über
https://dnb.de abrufbar.

Dieser Band der von der WIFU-Stiftung herausgegebenen Reihe »Schriften zu Familienunternehmen« basiert auf der 2020 an der Fakultät für Wirtschaftswissenschaften der
Universität Witten/Herdecke vorgelegten und dort angenommenen Dissertation »Post-Merger-
Integrationsprozesse bei mittelständischen Familienunternehmen und deren Implikationen
für die tradierten personenorientierten Führungsprozesse« des Autors. Die Dissertationsschrift
wurde für die hier vorliegende Veröffentlichung gekürzt.

Redaktionelle Bearbeitung: Monika Nadler
Druck und Bindung: CPI books GmbH, Birkstraße 10, D-25917 Leck
Printed in the EU.

Vandenhoeck & Ruprecht Verlage | www.vandenhoeck-ruprecht-verlage.com

ISSN 2510-9553
ISBN 978-3-8471-1667-7

Inhalt

Darstellungsverzeichnis

Abkürzungsverzeichnis

Anm. d. Verf.	Anmerkung des Verfassers
BIP	Bruttoinlandsprodukt
bzgl.	bezüglich
bzw.	beziehungsweise
DCF	Discounted Cash Flow
DD	Due Diligence
d. h.	das heißt
EBIT	Earnings before interest and taxes
EK	Eigenkapital
et al.	at alii (und andere)
etc.	et cetera
f.	folgende Seite
FDD	Financial Due Diligence
ff.	folgende Seiten
ggf.	gegebenenfalls
HR	Human Resources
Hrsg.	Herausgeber
IAB	Institut der Arbeitsmarkt- und Berufsforschung
i. d. R.	in der Regel
i. S.	im Sinne
KMU	Kleine und Mittelständische Unternehmen
LDD	Legal Due Diligence
MBI	Management Buy-In
MBO	Management Buy-Out
M&A	Mergers & Acquisitions
o. ä.	oder ähnliche
PA-Theorie	Prinzipal-Agent-Theorie
PE	Private Equity
PMI	Post-Merger-Integration
RBV	Ressource based view
ROA	Return on Assets
ROCE	Return on Capital Employed

S.	Seite
SEW	socioemotional wealth
SME	Small and medium enterprises
sog.	sogenannte
TDD	Tax Due Diligence
TMT	Top-Managementteam
u. a.	unter anderem
u. U.	unter Umständen
v. a.	vor allem
Vgl.	Vergleiche
WIFU	Wittener Institut für Familienunternehmen
z. B.	zum Beispiel
z. T.	zum Teil
zit.	zitiert

Vorwort

Familiengeführte Unternehmen entwickeln in der Regel im Laufe ihres Lebenszyklus ein ganz charakteristisches Wachstumsmuster. Sobald sich in der Gründungsphase ein stabiles Geschäftsmodell gefestigt hat, werden alle unternehmerischen Energien angesichts der stets knappen wirtschaftlichen Ressourcen darauf fokussiert, die bestehenden Kundengruppen möglichst optimal zu bedienen, um daraus weitere Aufträge zu generieren. Mit dieser sich festigenden Reputation gelingt es dann, neue Kunden in dieser sich immer deutlicher herauskristallisierenden Zielgruppe am Markt zu gewinnen und damit die bereits aufgebauten Kapazitäten im Unternehmen gewinnbringend auszulasten. Werden diese Kapazitätsgrenzen durch das aktuelle Auftragsgeschehen unübersehbar und bereits schmerzlich spürbar strapaziert, dann werden weitere Ressourcen mobilisiert, um das Leistungsvermögen des Unternehmens an die gestiegene Nachfrage anzupassen. Das Unternehmen wächst dann um ein bereits gut absehbares Auftragsvolumen herum. In neue Kapazitäten wird erst investiert, wenn deren Auslastung mit großer Wahrscheinlichkeit bereits absehbar ist. In diesem Sinne wachsen solche Unternehmen aus der eigenen Ertragskraft heraus, dabei das Chancenpotenzial der gewählten Zielgruppe konsequent ausschöpfend und das alles mit einem kalkulierten Risiko, d. h. ohne einen die eigene unternehmerische Unabhängigkeit gefährdenden Verschuldungsgrad riskieren zu müssen.

Dieses konsequent organische Wachstumsmuster lässt im Zeitverlauf durchaus große, umsatzstarke und äußerst erfolgreiche Familienunternehmen entstehen, wenn die Marktnische, in der man sich bewegt, ein solches Größenwachstum hergibt und die Wachstumsgeschwindigkeit die typischerweise um Personen herum gebauten unternehmensinternen Verhältnisse nicht überfordert. Diese Überforderung ist allerdings erwartbar, wenn sich die im Unternehmen zu bewältigende Komplexität wachstumsbedingt zu rasch erhöht. Die ist stets unausweichlich der Fall, wenn ein ungebremst schnelles Wachstum gleichzeitig mit den Herausforderungen eines Generationswechsels zu bewältigen ist oder wenn der Pfad des organischen Wachstums durch größere Übernahmen anderer Unternehmen verlassen wird.

Die aktuellen Konsolidierungsprozesse in vielen Branchen, die durch die multiplen Krisenphänomene unserer Zeit noch weiter angeheizt werden, machen gerade die Option, den bisherigen organischen Wachstumspfad durch anorganische Schritte zu ergänzen, besonders attraktiv. Gerade erfolgreich aufgestellten Familienunternehmen eröffnen sich zurzeit besonders reizvolle strategische Opportunitäten, durch die Übernahme anderer (häufig auch familiengeführter) Unternehmen die eigene Wettbewerbsposition deutlich zu verbessern.

Die vorliegende Doktorarbeit geht deshalb der aktuell besonders bedeutsamen Frage nach, unter welchen Bedingungen ein solcher Musterwechsel in der strategischen Wachstumsorientierung erfolgreich bewältigt werden kann. Die etablierte Familienunternehmensforschung kann für die mit einem solchen Musterwechsel verbundenen Herausforderungen zurzeit noch wenig Orientierung bieten. Die Arbeit konzentriert sich auf das spezifische, familienunternehmenstypische Dilemma, das darin besteht, dass die Binnenverhältnisse solcher Unternehmen (gemeint sind hier insbesondere die um die Person des Inhabers herum gebauten Management- und Leadership-Kapazitäten) nicht in der Lage sind, den durch eine größere Übernahme unvermittelt auftretenden zusätzlichen Führungs- und organisationalen Veränderungsbedarf angemessen zu stemmen. Das beginnt schon bei der Entscheidung für ein ganz bestimmtes Übernahmeobjekt, die in den allermeisten Fällen primär opportunitätsgetrieben zustande kommt und nicht das Ergebnis einer klaren, längerfristig orientierten Unternehmensstrategie ist. Zudem fehlt zumeist ein durchdachtes Integrationskonzept für die Postmerger-Phase, so dass die übernehmenden Unternehmen auch mangels der erforderlichen Managementkapazitäten die erhofften Übernahmeziele in den seltensten Fällen tatsächlich realisieren können.

Familienunternehmen zahlen aus diesem Grund bei ihren ersten Übernahmen unvermeidlicherweise ein hohes Lehrgeld. Erst wenn sie für sich selbst ihre angestammten, vorwiegend um Personen herum gebauten Führungs- und Organisationsverhältnisse komplexitätsadäquat weiterentwickelt haben, entwickeln sie jene auf einer Routine basierenden Fähigkeiten, die es braucht, um anorganisches Wachstum für sich selbst zu einem strategischen Erfolgsfaktor zu machen. Der Autor der vorliegenden Arbeit liefert dafür auf Basis sorgfältig ausgewerteter Fallstudien ausgesprochen wertvolle Erkenntnisse und Einsichten, die auch für die Praxis von großem Nutzen sein können.

Seinem Buch ist deshalb eine breite Rezeption gerade im Kreis der erfolgreichen wachstumsstarken Familienunternehmen zu wünschen.

Prof. Dr. Rudolf Wimmer   Witten, Januar 2024

1. Einführung

Familienunternehmen sind das Rückgrat fast jeder westlichen Volkswirtschaft. In Bezug auf die Anzahl der Unternehmen, der geschaffenen Arbeitsplätze, der Wirtschaftsleistung, der Innovationskraft, des Steueraufkommens etc. spielt dieser Unternehmenstypus in allen westlichen Industrienationen volkswirtschaftlich eine dominierende Rolle.[1] Trotzdem fokussiert die Betriebswirtschaftslehre in diesen Ländern ihre Forschungsanstrengungen zu großen Teilen auf die Untersuchung kapitalmarktorientierter Publikumsgesellschaften und bedient sich hierfür vielfach Theorieressourcen, die den handelnden Akteuren ausschließlich opportunistisch nutzenmaximierende Verhaltensweisen unterstellen. Auch wenn das wissenschaftliche Interesse am Unternehmenstypus des Familienunternehmens in den letzten Jahren merklich zugenommen hat,[2] ist die wissenschaftliche Community noch weit von einer einheitlichen Theorie des Familienunternehmens entfernt. Aufgrund der hohen volkswirtschaftlichen Relevanz dieses Unternehmenstypus erscheint es sowohl für Theoretiker als auch für Praktiker erstrebenswert, das Wissen über die Funktionsweisen dieser Unternehmen weiter zu vertiefen. Denn je tiefgreifender das Wissen über die Funktionsweise dieses Unternehmenstypus ist, desto eher lässt sich seine Reproduktionsfähigkeit positiv beeinflussen, was aufgrund der volkswirtschaftlichen Bedeutung sehr wünschenswert erscheint. Die besonderen Herausforderungen bei der Erforschung von Familienunternehmen liegen in der komplexen und zirkulären Bezugnahme von Familie und Unternehmen aufeinander, die

---

1 Vgl. hierzu die volkswirtschaftliche Bedeutung von Familienunternehmen für die deutsche Volkswirtschaft bei Gottschalk, Egeln, Kinne, Hauer, Keese und Oehme 2017. Zu der Bedeutung von Familienunternehmen für die US-amerikanische Wirtschaft siehe den vielzitierten Artikel von Astrachan und Shanker 2003, die u. a. herausgearbeitet haben, dass Familienunternehmen, je nach Definition, bis zu 64 Prozent des BIP, 62 Prozent aller Arbeitsplätze und 89 Prozent der Unternehmenssteuern in den USA zuzurechnen sind (vgl. S. 218). Für die englische Wirtschaft siehe z. B. die Ausführungen bei Westhead und Cowling 1998.
2 Vgl. hierzu die Ausführungen in Kapitel 2.1.

das Verhalten der beiden Systeme maßgeblich prägen.[3] Diese Arbeit will einen Beitrag zum besseren Verständnis dieses Unternehmenstypus leisten, indem die Verhaltensweisen in Akquisitions- und Integrationsprozessen näher untersucht und deren Rückwirkung auf die Führungsgewohnheiten in anorganisch wachsenden mittelständischen Familienunternehmen ausführlich analysiert werden. Dieses Themengebiet verspricht sowohl aus volkswirtschaftlicher bzw. praxisorientierter Blickrichtung als auch aus einem theoretischen Blickwinkel spannende Einsichten. Aus Sicht der Praxis führt der steigende globale Wettbewerbsdruck in vielen Branchen zu erhöhten Konsolidierungstendenzen, wodurch auch bisher akquisitionsunerfahrene Familienunternehmen aufgrund der sich verändernden Marktanforderungen fast gezwungen werden, sich zukünftig auch mit anorganischen Wachstumsopportunitäten ernsthafter auseinanderzusetzen.[4] Dies führt, neben der deutlich zunehmenden Relevanz von Finanzinvestoren, zu einer erhöhten Nachfrage nach mittelständischen Unternehmen. Auf der anderen Seite gibt es eine zunehmende Anzahl mittelständischer Familienunternehmen, für die aus unterschiedlichen Gründen keine familieninterne Nachfolgeregelung realisiert werden kann, so dass auch aus dieser Blickrichtung mit einer steigenden Relevanz externer Unternehmensnachfolgen zu rechnen ist. Aus theoretischer Sicht hingegen ist es v. a. spannend, diesen Themenbereich mit dem charakteristisch personenorientierten Führungsgeschehen in mittelständischen Familienunternehmen in Verbindung zu bringen. Denn die Führungsprozesse, in denen sich wesentliche Entscheidungsprämissen manifestieren, scheinen maßgeblich zu sein, um die Besonderheiten dieses Unternehmenstypus zu erklären.

Bevor die Zielsetzung und die Vorgehensweise der vorliegenden Arbeit weiter ausgeführt werden, werden nachfolgend definitorische Abgrenzungen vorgenommen, um den Untersuchungsgegenstand zu präzisieren.

1.1. Definition Familienunternehmen

Die definitorische Abgrenzung von Familienunternehmen ist seit Beginn der Forschungsaktivitäten Gegenstand kontroverser Diskussionen. Im Jahr 1988 wurde das *Family Business Review* ins Leben gerufen und die Autoren Lansberg et al. haben schon damals gefragt: »what is a family business?«[5] Und auch Handler schrieb ein Jahr später: »defining the family firm is the first and most

---

3 Vgl. hierzu auch die Ausführungen in Kapitel 2.
4 Vgl. z. B. Stich, von Busse und Kroemer 2016, S. 346, oder auch Ecker und Heckemüller 2005, S. 421, und die Ausführungen in Kapitel 1.3.
5 Lansberg, Perrow und Rogolsky 1988, S. 1.

obvious challenge facing family business researchers«.[6] Und obwohl inzwischen über 30 Jahre vergangen sind, gibt es in dieser Frage immer noch keinen wissenschaftlichen Konsens.[7] Einigkeit besteht in allen Definitionen darüber, dass ein Unternehmen, welches einer Familie gehört und von dieser geführt wird, als Familienunternehmen bezeichnet werden soll. Was allerdings genau unter »Familie« zu verstehen ist und ob ein Unternehmen, dass entweder durch eine Familie geführt *oder* deren Anteile sich im Besitz einer Familie befinden, auch ein Familienunternehmen ist, darüber gibt es unterschiedliche Meinungen.[8] Die unterschiedlichen Definitionen des Untersuchungsgegenstandes sind sicherlich eine Ursache dafür, dass verschiedene Forschungsprojekte zum Teil zu diametral unterschiedlichen Ergebnissen kommen. So kann Sharma nur zugestimmt werden, dass z. B. bei Studien über die finanzielle Performance von Familienunternehmen die zugrunde gelegte Operationalisierung der Variablen »Familienunternehmen« kritisch zu hinterfragen ist.[9] Grundsätzlich teilt der Autor dieser Arbeit die Meinung von Chua et al., dass eine explizite Forschung zu Familienunternehmen nur dann sinnvoll erscheint, wenn sich diese durch charakteristische Besonderheiten auszeichnen, die sich aus dem Einfluss der Unternehmerfamilie ergeben.[10] Somit ist es wichtig, zu Beginn der Forschung zu klären, wie Familienunternehmen definiert werden, um die entsprechenden Ergebnisse sinnvoll interpretieren zu können.

Einer Vielzahl von Arbeiten zu Familienunternehmen liegt als zentrales und einfach zu erhebendes Definitionsmerkmal die Höhe der familiären Eigentumsanteile zugrunde.[11] Über die Höhe der Anteile, die in den Händen einer Familie liegen müssen, um als Familienunternehmen klassifiziert zu werden, besteht allerdings keine Einigkeit.[12] Ebenso wie den skalierten Definitionsan-

---

6 Handler 1989, S. 258.

7 Eine detaillierte, aber nicht mehr ganz aktuelle Übersicht über verschiedene Definitionen haben Chua, Chrisman und Sharma 1999 erstellt, nachdem sie insgesamt 250 Paper ausgewertet haben.

8 Vgl. Ebd., S. 20.

9 Vgl. Sharma, Melin und Nordqvist 2014, S. 7.

10 »There must be a primary theoretical imperative that makes the study of family business as a unique type of organization worthwhile. Otherwise, there is no need for differentiation from the study of other types of business.« Chua, Chrisman und Sharma 1999, S. 23.

11 Vgl. z. B. die Ausführungen bei Astrachan, Klein und Smyrnios 2002, S. 45. Zur Bedeutung der Eigentümerstrukturen für die Definition von Familienunternehmen Klein 2010, S. 163f.

12 So sehen z. B. Klein und Blondel 2002 sowie Gallo und Pont 1988 die Relevanz eines Familieneinflusses bei zehn Prozent der Stimmrechte, während die nächstgrößeren drei Eigner keine gemeinsame Stimmmacht aufweisen dürfen. Dahingegen sehen Gallo und Sveen 1991 sowie Ward 2011 50 Prozent plus eine Stimme als ausschlaggebendes Kriterium für ein Familienunternehmen an. Dies scheint gemäß Jaskiewicz 2006, S. 16, die gängigste Operationalisierung zu sein. Donckels und Fröhlich 1991 sprechen hingegen erst ab einem 60 %-igen und Lyman a. a. O. erst ab einem 100 %-igen Eigentumsanteil der Familie von einem

sätzen[13] liegt dieser dichotomen Logik eine externe Zuschreibung der Familienunternehmenseigenschaft durch den Forscher zugrunde. Hiervon zu differenzieren sind Untersuchungen, bei denen sich die Unternehmen selbst im Rahmen einer Selbstbeschreibung als Familienunternehmen klassifizieren.

In der vorliegenden Arbeit wird immer dann von Familienunternehmen gesprochen, wenn sich innerhalb des Unternehmens Verhaltensweisen beobachten lassen, die auf die besondere Form der Einflussnahme der Familie auf das Unternehmen zurückgeführt werden können. Dies impliziert, dass ein Familienunternehmen nicht anhand simpel zu quantifizierender Merkmale, wie bspw. der Stimmrechtsmehrheit, als solches qualifiziert werden kann.[14] Entscheidend ist zwar der bestimmende unternehmerische Einfluss einer oder mehrerer Familien über ihre Eigentümerfunktion,[15] das bloße Halten von Geschäftsanteilen qualifiziert, dem Verständnis dieser Arbeit nach, allerdings noch kein Familienunternehmen als solches. Vielmehr steht die Unternehmerfamilie gegenüber dem Familienunternehmen in einer unternehmerischen Gesamtverantwortung. Sie hat üblicherweise einen erheblichen Anteil ihres Vermögens im Unternehmen gebunden,

> »dessen generationsübergreifende Wertsteigerung dem unternehmerischen Engagement der Familie den letztendlich sinnstiftenden Rahmen setzt. Das Lebendigbleiben dieses transgenerationalen Unternehmertums der Familie mit all seinen Implikationen in Richtung eines gemeinsamen Gestaltungswillens der Gesellschafter und die Bereitschaft derselben zur Risikoübernahme ist letztlich der entscheidende Punkt, wenn wir von Familienunternehmen sprechen.«[16]

Obwohl das unternehmerische (und auf mehrere Generationen ausgerichtete) Selbstverständnis der Familie oft schwer zu fassen ist, erscheint es wesentlich für die Entstehung der besonderen Verhaltensweisen dieses Organisationstypus zu sein. Denn die enge, gemeinsame Entwicklung zwischen der (Unternehmer-)

Familienunternehmen. Ebenso wenig ist einheitlich definiert, welcher Personenkreis zur Familie hinzugerechnet wird.

13 Eines der bekanntesten Modelle zur skalierten Messung des Familieneinflusses ist die F-PEC Scale (»Family influence through Power, Experience and Culture«) von Astrachan, Klein und Smyrnios 2002, die den Einfluss der Familie auf das Unternehmen anhand von neun Variablen misst. Eine auf den theoretischen Grundlagen der neueren Systemtheorie aufbauende Skala zur Messung von »familyness« haben Frank, Kessler, Rusch, Suess-Reyes und Weismeier-Sammer 2016 entwickelt.

14 Wenn ausschließlich die Stimmrechtsmehrheit das ausschlaggebende Kriterium darstellt, dann müsste z. B. Facebook als Familienunternehmen klassifiziert werden.

15 Dabei ist die Art und Weise, wie der bestimmende Einfluss wahrgenommen wird, zweitrangig. In vielen Fällen wird dies über die Besetzung des obersten Führungsgremiums wahrgenommen (gemäß Gottschalk, Egeln, Kinne, Hauer, Keese und Oehme 2017 sind 87 Prozent aller deutschen Unternehmen eigentümergeführt). Dieser Einfluss kann allerdings ebenso über Aufsichtsgremien wahrgenommen werden.

16 Wimmer 2014b, S. 27.

Familie und dem (Familien-)Unternehmen hat für beide Seiten identitätsstiftende Konsequenzen und führt fast zwangsläufig zu schicksalhaften Abhängigkeiten auf beiden Seiten. So definiert sich z. B. die Familie über ein florieren-
des Unternehmen als Unternehmerfamilie, für dessen langfristiges Überleben sie
sich deshalb verantwortlich fühlt. Auf der anderen Seite hat es auch für das
Unternehmen weitreichende Konsequenzen, wenn es auf Seiten der Eigentümer
eine Familie gibt, die die notwendigen orientierungsstiftenden Entscheidungen
trifft. So prägen sich hierdurch innerhalb der Organisation spezifische handlungsleitende Entscheidungsprämissen aus, die die Entscheidungskommunikation im Unternehmen maßgeblich beeinflussen.

Zusammenfassend werden Familienunternehmen im Rahmen dieser Arbeit,
in Anlehnung an die bewusst weit gefasste Definition des WIFU, wie folgt definiert:

»Wir sprechen immer dann von einem Familienunternehmen, wenn

- sich ein Unternehmen ganz oder teilweise im Eigentum einer Familie oder mehrerer
  Familien bzw. Familienverbänden befindet,
- die Eigentümerfamilien aus einer unternehmerischen Verantwortung heraus die
  Entwicklung des Unternehmens maßgeblich bestimmen,
- diese Verantwortung entweder aus einer Führungs- oder Aufsichtsfunktion bzw. aus
  beiden Funktionen heraus wahrgenommen wird,
- wenn in der Familie geplant wird, das Unternehmen in die nächste Familiengene-
  ration weiterzugeben.

Das transgenerationale Moment ist für Familienunternehmen somit essenziell. Rechtsform und Größe des Unternehmens spielen keine Rolle. Start-ups oder eigentümergeführte Unternehmen sind in diesem Sinn allein (noch) keine Familienunternehmen.«[17]

Ein Zitat des Schweizer Unternehmers Stephan Schmidheiny erklärt, was im
Folgenden als charakteristisch für Familienunternehmen angesehen und unten
ausführlicher erläutert wird.

»Der Familienunternehmer im eigentlichen Sinne ist durch sein Eigentum und durch
die unternehmerische Verantwortung sehr eng, und grundsätzlich auf Dauer, mit dem
Unternehmen verbunden, das er führt. Sein Name, sein Ruf, das Vermögen, die persönlichen Verhältnisse in einem sehr weiten Sinn sind geprägt von Gedeih und Verderb
des Unternehmens, mit dem er sich identifiziert. Er und seine Angehörigen leben

---

17 WIFU. Eine ähnliche Sicht vertreten auch Chua, Chrisman und Sharma 1999, S. 25, wenn sie
    zu folgender Definition von Familienunternehmen gelangen: »The family business is a
    business governed and/or managed with the intention to shape and pursue the vision of the
    business held by a dominant coalition controlled by members of the same family or a small
    number of families in a manner that is potentially sustainable across generations of the family
    or families.«

Höhen und Tiefen in der Entwicklung des Unternehmens mit. Er kann nicht die Gunst des Tages ausnützen, um sich an der Börse durch Kauf und Verkauf von Eigentum finanzielle Vorteile zu sichern. Das Eigentum bedeutet ihm mehr als ein finanzieller Vermögensgegenstand; es ist ein Teil seines Schaffens und Wirkens, es ist ein Instrument, das ihm gestattet, die Geschicke seines Unternehmens zu gestalten.« (zit. bei Zahn 1990, S. 5)[18]

Dies impliziert, dass es sich bei der Familienunternehmenseigenschaft um ein emergentes Phänomen handelt, welches im Zeitverlauf verlorengehen kann, z. B. wenn die Familie das Unternehmen ausschließlich aus dem Blickwinkel der Investorenlogik betrachtet und das hauptsächliche Interesse regelmäßigen Ausschüttungen dient.

1.2. Familienunternehmen und Unternehmenstransaktionen

Nachdem präzisiert wurde, welche Art von Unternehmen im Rahmen dieser Arbeit detaillierter betrachtet wird, werden nachfolgend erste Erkenntnisse zum Themenbereich »Unternehmenstransaktionen unter Beteiligung mittelständischer Familienunternehmen« zusammengetragen, um darauf aufbauend die im Rahmen dieser Arbeit forschungsleitenden Fragestellungen herauszuarbeiten.

Die vorhandene Literatur zu den Themen »Mergers & Acquisitions« und »Post-Merger-Integration-Management« ist vielfach auf die Aufgaben, Spezifika und Herausforderungen bei der Zusammenführung von großen, börsennotierten und international agierenden Konzernen fokussiert.[19] Aufgrund der Spezifika in der Führung von mittelständischen Familienunternehmen im deutschsprachigen Raum[20] sind die in diesen Arbeiten gewonnenen Erkenntnisse i. d. R. nicht ohne weiteres auf die Vorgehensweise im Unternehmenstypus »mittel-

---

18 Wimmer, Domayer, Oswald und Vater 2018, S. 102.
19 Vgl. zum Thema PMI beispielsweise Grube und Töpfer 2002, die auf den Managementprozess und den kulturellen Integrationsprozess anhand von Daimler Chrysler eingehen. Krebber und Leukert 2012 beschreiben in ihrem Sammelband die unterschiedlichen Integrationsaspekte im Rahmen des Zusammenschlusses der Dresdner Bank mit der Commerzbank. Aber auch hier gibt es noch genügend Potenzial zur Erweiterung des bestehenden Wissens, wie das nachfolgende Zitat aus einem Paper mit umfangreicher Literaturrecherche im Journal of Management zeigt: »Specifically, we encourage future research that explores the processes that foster effective integration and how the dynamics among acquiring firms' top managers and between the acquiring and target top management teams influence acquisition implementation success. [...] In short, there is much to learn about the implementation of acquisitions, especially about how firms integrate, transfer, and manage the resources of the combined firm, which underscores the need for greater focus on acquisition implementation in general.« Haleblian, Devers, McNamara, Carpenter und Davison 2009, S. 490.
20 Vgl. hierzu v. a. die Ausführungen in Kapitel 2.5.

ständisches Familienunternehmen« übertragbar.[21] Aufbauend auf der Erkenntnis, dass neben den unten beschriebenen unterschiedlichen Merkmalsausprägungen bei M&A-Prozessen auch die Eigenarten in der Führung des Käufer- wie auch des Verkäuferunternehmens einen wesentlichen Einfluss auf das Vorgehen im Rahmen einer Übernahme haben, sind in den letzten Jahren einige Publikationen erschienen, die sich mit den Themenbereichen »Unternehmensübernahmen« und »Familienunternehmen« beschäftigen. Dabei sind die praktischen Fragestellungen, die theoretische Fundierung und die inhaltliche Fokussierung der bisherigen Arbeiten so divers, wie die Blickrichtungen, mit denen auf ein Querschnittsthema wie M&A geblickt werden kann.[22] Ebenso ist zu beobachten, dass einige Arbeiten die charakteristischen Spezifika von Familienunternehmen bewusst ausklammern und explizit Unternehmenstransaktionen in mittelständischen Unternehmen untersuchen, in denen (fast) ausschließlich unternehmensgrößenbezogene Unterschiede thematisiert werden.[23] Dass es bisher relativ wenige Forschungsergebnisse zu dem gesamten Themenbereich »M&A in Familienunternehmen« gibt,[24] mag auch an der im Verhältnis zu kapitalmarktorientierten Publikumsgesellschaften geringeren M&A-Aktivität dieser Unternehmen[25] und an der »informationellen Verschwiegenheit von nicht-börsennotierten eigentümergeführten bzw. -kontrollierten Unternehmen«[26] liegen. Die wenigen Erkenntnisse, welche über M&A-Aktivitäten von Familienunternehmen vorliegen, bestätigen, wie bereits angesprochen, dass es hierbei spezifische Besonderheiten gibt, die aus dem koevolutionären Entwicklungsprozess zwischen

---

21 So schreibt Furtner 2006, S. 11 f.: »Antworten auf Fragestellungen zu ›M&A mit dem Fokus Mittelstand‹ findet man in der fachspezifischen Literatur kaum, da sich diese hauptsächlich mit Konzepten, Modellen und Empfehlungen für Großtransaktionen auseinandersetzt. Jahrzehntelang hat sich die einschlägige Fachliteratur auf Mega-Deals international tätiger Großkonzerne wie beispielsweise Daimler-Chrysler, BMW-Rover, HP-Compaq, Preussag AG-Hapag-Lloyd AG, VEBA-VIAG, Siemens konzentriert.«

22 So weist auch Jansen 2003, S. 109, mit Bezug auf mögliche Misserfolgsfaktoren darauf hin, dass »bei dem Querschnittsthema M&A die Gründe für das Scheitern immer aus der eigenen Disziplin gesehen werden: So glauben Beobachter aus der Kulturwissenschaft, es läge an der Kultur; für die Beobachter aus der Ökonomie liegt es an den unwirtschaftlichen Kaufpreisen, für Beobachter der Strategie an der Strategie, für Beobachter aus der Personalentwicklung an der Personalentwicklung, für Beobachter der Psychologie an psychologischen Aspekten, für Beobachter der Informatik an der Integration der IT-Systeme usw.«

23 Vgl. hierzu beispielhaft die Publikation von Stich, von Busse und Kroemer 2016, Becker, Ulrich und Botzkowski 2016, Kuckertz und Middelberg 2016 oder Furtner 2006. Da es in der Empirie allerdings große Schnittmengen gibt, weil familienunternehmensspezifische Besonderheiten in der Unternehmensführung zu großen Teilen in mittelständischen Unternehmen zu beobachten sind, wird nachfolgend dort, wo es sinnvoll erscheint, auch immer wieder auf diese Untersuchungen Bezug genommen.

24 Vgl. z. B. Astrachan 2010, S. 9, oder Jansen 2009, S. 389.

25 Vgl. Bjursell 2011, S. 70: »A natural reason to the low number of studies on M&A in family businesses is the significantly lower M&A activity in the group of family owned companies.«

26 Jansen 2009, S. 389.

Familie und Organisation entstehen. So schreibt Benner als Ergebnis seiner Arbeit beispielsweise:

>»Die empirische Erhebung sowie die Fallstudien haben deutlich gemacht, dass sich Akquisitionsprozesse bei Familienunternehmen von denen anderer Unternehmensformen deutlich unterscheiden können. Zugleich gehen mit den Besonderheiten Chancen und Gefahren einher, die es aktiv zu steuern gilt. Andernfalls besteht das immanente Risiko, dass negative Einflüsse (wie Konflikte in der Familie) in das Unternehmenssystem übertragen werden und die Handlungsfähigkeit des Familienunternehmens gefährden.«[27]

Und Weber konstatiert als eine zentrale Erkenntnis seiner Untersuchung zur externen Unternehmensnachfolge in mittelständischen Familienunternehmen:

>»Die Akquisition von Familienunternehmen unterliegt erfolgskritischen Besonderheiten, die zu berücksichtigen sind; je größer der Familieneinfluss im Unternehmen, desto höher ist die Wahrscheinlichkeit für eine Verzögerung und Beeinträchtigung des Transaktionsprozesses.«[28]

Auch wenn diesen Untersuchungen gänzlich unterschiedliche Fragestellungen zugrunde liegen, zeigen die Zitate beispielhaft, dass es familienunternehmensspezifische Besonderheiten in Akquisitionsprozessen gibt, zu denen es bisher nur wenig Forschungsresultate existieren.

1.3. Praktische Relevanz

Dies ist umso erstaunlicher, als das Thema M&A in mittelständischen Familienunternehmen im deutschsprachigen Raum eine steigende praktische Relevanz besitzt. Unternehmenskäufe und -verkäufe sind im Mittelstand zwar kein neues Phänomen,

>»dennoch ist eine zunehmende Bedeutung von Akquisitionen als Mittel der strategischen Unternehmensführung erkennbar. Forciert wird diese Entwicklung durch einen steigenden globalen Wettbewerbsdruck, in dem die Unternehmen Markt- und Kostenvorteile verstärkt durch anorganisches Wachstum realisieren müssen.«[29]

---

27 Benner 2009, S. 346f.
28 Weber 2009, S. 260. In ähnlicher Weise argumentiert Raffel 2006, S. 117: »Dabei bedient sich das Akquisitionsmanagement in Familienunternehmen zwar grundsätzlich der gleichen Methoden und Instrumente wie das der Großunternehmen – die inhaltliche Ausprägung, also die konkrete Gestaltung des M&A-Managements, jedoch muss in Familienunternehmen in vielen Phasen des strategischen Akquisitionsprozesses deutlich anders als bei Großunternehmen vorgenommen werden.«
29 Stich, von Busse und Kroemer 2016, S. 346.

Während die Medien häufig über große M&A-Deals berichten, finden über 95 Prozent der Transaktionen in Deutschland im Mittelstand statt, dem sogenannten Small-/Mid-Cap-Bereich. Auf Basis der in der M&A-Datenbank MergerMarket verzeichneten abgeschlossenen Transaktionen wurde ermittelt, dass im Jahr 2015 insgesamt 785 Transaktionen von Unternehmen in Deutschland durchgeführt wurden, deren Transaktionswert über fünf Millionen Euro beziehungsweise deren Umsatz über zehn Millionen Euro lag oder die über 100 Mitarbeiter beschäftigten. Davon qualifizieren sich 37 als Großtransaktionen und 748 als Transaktionen im SME-Bereich. Andere Quelle gehen von bis zu 1.500 mittelständischen Transaktionen pro Jahr in Deutschland aus.[30] Auch wenn 2015 etwas weniger Transaktionen verzeichnet wurden als 2014, wird insgesamt von einem wachsenden Markt ausgegangen,[31] in dem es aktuell, aufgrund der guten konjunkturellen Lage und der momentanen Zinspolitik (die Finanzinvestoren und operative Unternehmer gleichermaßen unter Druck setzt, ihre liquiden Mittel renditeträchtig anzulegen) mehr Nachfrage nach potenziellen Akquisitionsobjekten gibt als Angebot.[32] Der Nachfrageüberhang in diesem Verkäufermarkt kommt z. B. in höheren Unternehmensbewertungen zum Ausdruck, aber auch in der Ausgestaltung spezieller Kaufvertragsregelungen.[33]

Neben dem Konsolidierungsdruck, der in verschiedenen Branchen unterschiedlich stark ausgeprägt ist,[34] und dem Anlagedruck der Investoren sind es v. a. auch fehlende familieninterne Nachfolgeregelungen, die zu einer steigenden Relevanz dieser Thematik beitragen. Gemäß des IAB-Betriebspanels des Insti-

---

30 Vgl. Keller und Hohmann 2007, S. 588. »Im Hinblick auf die Größenstatistik deutscher Unternehmen gehen wir davon aus, dass jährlich 1.000 bis 1.200 kleine bis mittelgroße Unternehmen [ohne Kleinstunternehmen wie Restaurants etc.; Anm. d. Verf.] im Rahmen eines Unternehmensverkaufs, eines Verkaufs an Mitarbeiter oder externe Führungskräfte veräußert werden. Erweitert man die Definition um Unternehmensverkäufe und -käufe außerhalb der Nachfolgeproblematik und des Generationswechsels, dürften jährlich bis zu 1.500 M&A-Transaktionen im Mittelstand in Deutschland stattfinden.«

31 Im Jahr 2010 fanden, gemäß den Daten von MergerMarket, nur 570 mittelständische Transaktionen statt, was einem Anstieg von über 30 Prozent entspricht; vgl. die grafische Darstellung in Bächstädt, Ramme und Röver 2016, S. 55.

32 Dies bestätigt beispielsweise auch die Untersuchung von Müller 2011, S. 20, wenn sie mit Bezug auf mittelständische Unternehmen schreibt: »Knapp die Hälfte der befragten Unternehmen (45 Prozent) nennt ›keine geeigneten Transaktionsobjekte‹ als primären Hinderungsgrund für Fusionen, Übernahmen oder Beteiligungen.«

33 So kommen vermehrt Locked-Box-Klauseln zum Tragen, während Earn-out-Gestaltungen und die Absicherung von Garantiehaftungen bzw. Freistellungen seltener vereinbart werden; vgl. Bächstädt, Ramme und Röver 2016, S. 55.

34 Vgl. hierzu auch die fünf strategischen Treiber (Wertschöpfungskette, Harmonisierung der Kundenanforderungen, Volumeneffekte, Lebenszyklen und regionale Präsenzen), die Lucks 2013b, S. 16 f., als maßgeblich für M&A-Aktivitäten identifiziert hat.

tuts für Mittelstandsforschung in Bonn erwarteten im Befragungsjahr 2012[35] 7,9 Prozent aller Betriebe mit Erwerbscharakter eine in »absehbarer Zeit« anstehende Unternehmensnachfolge, wobei hiervon 73,5 Prozent (also insgesamt 5,8 Prozent aller Unternehmen) eine Nachfolge in den nächsten fünf Jahren geplant hatten.[36] Im Rahmen des Forschungsfelds Familienunternehmen sind Nachfolgeprozesse im Allgemeinen[37] und interne Nachfolgeprozesse im Speziellen die am intensivsten beforschten Gebiete.[38] Während in früheren Jahrzehnten die familieninterne Unternehmensübergabe der übliche und häufigste Weg war, nimmt die Zahl der familieninternen Nachfolgeregelungen »in den letzten Jahren stetig ab, so dass aktuell von einem ausgeglichenen Verhältnis zwischen der familieninternen und -externen Nachfolgevariante auszugehen ist.«[39] Der Trend deutet zudem darauf hin, dass künftig extern organisierte Unternehmensnachfolgen weiter an Bedeutung gewinnen werden.[40] Vor dem Hintergrund der steigenden Relevanz von familienextern durchgeführten Unternehmenstransaktionen in mittelständischen Unternehmen[41] verwundert es nicht, dass Meynerts-Stiller und Rohloff konstatierten:

> »Ähnlich wie das Change-Management seit den 90ziger Jahren einen entscheidenden Beitrag für die Anpassungsfähigkeit von Unternehmen an sich wandelnde Umwelten geleistet hat, wird die Fähigkeit, Prozesse des Zusammenwachsens professionell zu

---

35 Dies ist die zuletzt durchgeführte und veröffentlichte Befragung des Institutes für Mittelstandsforschung in Bonn. Vgl. Pahnke, Kay und Schlepphorst 2017.
36 Vgl. hierzu ebd., S. 7 f.
37 Vgl. hierzu z. B. die Übersicht über diverse Metaanalysen zur aktuellen Familienunternehmensforschung bei Weber 2009, S. 33 f., aus der deutlich hervorgeht, dass bei allen Metaanalysen der Themenkomplex »Nachfolge« einen relevanten Platz eingenommen hat.
38 Vgl. beispielsweise Ward 2004 und die dort angegebene Literatur oder Daspit, Holt, Chrisman und Long 2016, die für ihre Forschung zum Thema Nachfolge aus dem Blickwinkel der Social Exchange Theorie 88 quantitativ empirische Arbeiten aus 34 verschiedenen Journals untersuchten.
39 Weber 2009, S. 4.
40 Vgl. Ebd., S. 49, und die dort angegebene Literatur. Diesen Standpunkt nimmt auch Hatlapa 2007, S. 146, ein, wenn er nach einer ausführlichen Darstellung der gesellschaftlichen und wirtschaftlichen Rahmenbedingungen schreibt, »dass das Fortschreiten der Globalisierung den Weitergabeprozess in Familienunternehmen zunehmend beherrschen wird, verbunden mit einer immer größeren Wahrscheinlichkeit des Anteilsverkaufs an fremde Dritte.«
41 Zu diesem Ergebnis kommt auch die Umfrage von Reker und Götzen 2012, an der 85 Unternehmer und Geschäftsführer teilgenommen haben. »Eine deutliche Mehrheit (70 Prozent hohe oder sehr hohe Aktualität) spricht dem Thema M&A eine hohe Aktualität für den Mittelstand zu. Gleichzeitig wird aus Sicht der Befragten die Aktualität von M&A weiter zunehmen.« ebd., S. 6 ff. Ähnlich sind auch die Ergebnisse von King 2015, S. 3, zu interpretieren. Ungefähr 1/3 der in Europa befragten mittelständischen Unternehmen planen in den nächsten drei Jahren durch Unternehmensübernahmen zu wachsen. Zwei Jahre zuvor planten dies nur 1/4 der befragten Unternehmen.

gestalten, einen entscheidenden und nicht kopierbaren Wettbewerbsvorteil auf dem Weg des anorganischen Wachstums darstellen.«[42]

1.4. Bisherige Forschungsergebnisse

Die bisherigen Forschungsergebnisse, die den Themenbereich von Integrationsprozessen in Familienunternehmen berühren, kommen, wie erwähnt, aus unterschiedlichen Forschungsgebieten mit verschiedenen Schwerpunkten und werden nachfolgend in aller Kürze ausgeführt.

1.4.1. Umfang des mittelständischen M&A-Marktes im deutschsprachigen Raum

So gibt es diverse Untersuchungen, die auf den Ergebnissen unterschiedlicher Datenbanken zu Unternehmenstransaktionen[43] aufbauend u. a. auswerten, wie viele Transaktionen in welchen Größenordnungen im deutschsprachigen Raum durchgeführt worden sind, welches Kaufpreisniveau hierfür gezahlt worden ist, welche Beratungsunternehmen daran beteiligt waren oder in welchen Branchen die meisten Unternehmenstransaktionen zu beobachten waren. Die Parameter, die von den einzelnen Datenbanken pro Transaktion aufgenommen werden, differieren leicht und sind teilweise sehr umfangreich.[44] Aktuelle Auswertungen, die zum Teil explizit den mittelständischen M&A-Markt im deutschsprachigen Raum analysieren, finden sich beispielsweise bei Düsterhoff und Wolffson[45], Bächstädt et al.[46] oder bei Nikogosian[47]. Die aus den unterschiedlichen Daten-

---

42 Meynerts-Stiller und Rohloff 2016, S. 165. Ähnlich schreiben beispielsweise Becker, Ulrich und Botzkowski 2016 auf S. 1: »Unternehmenskäufe entwickeln sich so zu einem Instrument der strategischen Unternehmensführung und zum integrativen Bestandteil einer spezifisch mittelständischen Unternehmensstrategie.«

43 Zu den bekannten M&-Datenbanken im deutschsprachigen Raum gehören beispielsweise die M&A Database des M&A Review oder die internationalen Anbieter wie MergerMarket, Zephyr, ThomsenReuters, Mergerstat oder Dealogic.

44 So protokolliert ThomsenReuters für jede Transaktion in der Datenbank »[o]ver 1,000 data elements, including target and acquirer profiles, deal terms, financial and legal advisor assignments and fees, deal value, stock premiums, synopsis and event history, deal status, financial information on target and acquirer, financial sponsors, investor group detail, purchase and pooling accounting, attitude of the seller board to bid and more.« Vgl. ThomsenReuters 2017.

45 Vgl. Düsterhoff und Wolffson 2016, die den deutschen M&A-Markt 2015 zu geografisch anderen Märkten in Vergleich setzen und einen Überblick über Gesamtvolumina im deutschsprachigen Umfeld geben sowie dies u. a. auf Branchen herunterbrechen.

46 Vgl. Bächstädt, Ramme und Röver 2016, die auf Daten aus der Datenbank MergerMarket zurückgreifen und deren Artikel keine statistische Auswertung mit dem Anspruch auf

banken zusammengetragenen Informationen, Analysen und Auswertungen er-
lauben beispielsweise Einschätzungen zur aktuellen Wettbewerbsintensität im
»Market for Corporate Control«, welcher grundsätzlich ein Markt mit einer
ausgeprägten Zyklizität ist.[48] Die unterschiedlichen Publikationen sind dabei nur
bedingt miteinander vergleichbar, da die Datenbasis der verschiedenen Datenbanken vielfach inkonsistent ist.

1.4.2. Zielsetzungen und Erfahrungen mittelständischer Käuferunternehmen

Anders geartete Untersuchungen, die diesen Bereich thematisieren, sind Analysen, welche sich auf die Motive, Zielsetzungen und Erfahrungen mittelständischer (Familien-)Unternehmen fokussieren, die Unternehmenskaufabsichten
verfolgen oder diese bereits umgesetzt haben.[49] So haben Reker und Götzen
beispielsweise herausgefunden, dass in ihrer empirischen Untersuchung zu M&A
im Mittelstand zwar 65 Prozent der Mitglieder des Leitungsgremiums hohe oder
sehr hohe Erfahrung im Bereich M&A haben, aber nur 16 Prozent der Funk-
tions- und Bereichsleiter.[50] Bei den mit einer Akquisition verfolgten Zielen bei
mittelständischen (Familien-)Unternehmen stehen nach der Erkenntnis unterschiedlicher Untersuchungen Wachstumsziele klar im Vordergrund, während
Kostenziele meist eine untergeordnete Rolle bei den Akquisitionsüberlegungen
spielen. So ermittelten beispielsweise Reker und Götzen in ihrer Untersuchung,
dass für 52 Prozent der Befragten Wachstumsziele ausschlaggebend für die Akquisitionsentscheidung waren und nur sechs Prozent der Akquisitionen aufgrund von beabsichtigten Kosteneinsparungen durchgeführt worden sind.[51] Zu
ähnlichen Ergebnissen kommen auch Pukall et al., die bei der Analyse ihrer

---

Vollständigkeit darstellt, sondern versucht, Trends im deutschen Small-/Mid-Cap-M&A-
Geschehen aufzudecken.

47 Vgl. Nikogosian 2012, der auf Basis der Datenbank Zephyr versucht, aufgrund diverser
Parameter und bisheriger Daten über Anzahl und Transaktionsvolumen die zukünftige
Entwicklung von M&A-Transaktionen mit deutscher Beteiligung zu prognostizieren.

48 Vgl. hierzu die Ausführungen in Kapitel 3.1.2.

49 Diese Untersuchungen sind vielfach im Kontext unterschiedlicher Beratungsgesellschaften
entstanden. An dieser Stelle sei darauf hingewiesen, dass in diversen Studien mittelständische
Unternehmen untersucht wurden, ohne explizit den Einfluss des Sozialsystems Familie auf
das Unternehmen zu thematisieren, während andere empirische Untersuchungen aus-
drücklich ausschließlich Familienunternehmen (mit unterschiedlichen zugrundeliegenden
Definitionen) erforscht haben. Auf den jeweiligen Untersuchungsschwerpunkt wird nachfolgend i. d. R. an geeigneter Stelle hingewiesen.

50 Es wurden insgesamt Interviews mit 85 Geschäftsführern geführt, von denen 31 zum Zeitpunkt des Interviews bereits Transaktionen durchgeführt hatten oder solche planten. Vgl.
Reker und Götzen 2012, S. 3.

51 Vgl. Ebd., S. 16 ff.

Daten herausgefunden haben, dass der »Ausbau der eigenen Marktposition«, »Synergien auf der Absatzseite« und »Umsatzsteigerungen« die meistgenannten Motive für mittelständische Unternehmen waren, Unternehmenstransaktionen durchzuführen.[52] Becker et al. haben herausgearbeitet, dass

> »[D]ie insgesamt 104 Nennungen der 34 befragten Unternehmen deutlich zeigen, dass das Wachstum mit 44 % der Nennungen als stärkstes Motiv für Unternehmenskäufe gesehen werden kann. Gefolgt von der Erweiterung des Produktportfolios mit 38 %.«[53]

Auch bei der Untersuchung von Müller war die »Erschließung neuer Produktmärkte« das mit Abstand meistgenannte Argument, welches für Transaktionen in den nächsten zwölf Monaten spricht.[54] Zu analogen Ergebnissen kamen auch schon Knechtel et al.[55] oder Furtner, bei deren Untersuchung »rasches Größenwachstum« und »Steigerung von Marktanteilen« die meistgenannten strategischen Zielsetzungen von Akquisitionsprozessen mittelständischer Unternehmen darstellten. Das Ziel »Kostensynergien« wurde zwar ebenfalls von 41 Prozent der Teilnehmer genannt, überwiegend jedoch mit der Ergänzung als subsidiäres Ziel.[56] Auch Jansen hat in seiner Untersuchung zu mittelgroßen Käufern festgestellt, dass

> »[N]ahezu allen marktorientierten Zielen deutlich höhere Prioritäten entgegen den Großkäufern eingeräumt wurden. So stand bei der strategischen Ausrichtung der mittelständischen Zusammenschlüsse entgegen der Logik der Mega-Fusionen die Realisierung von Kostensynergien weit hinter der Realisierung von Wachstumssynergien.«[57]

1.4.3. Besonderheiten im Akquisitionsprozess bei mittelständischen Familienunternehmen als Käuferunternehmen

Eine für diese Arbeit bedeutende Kategorie von Fragestellungen reißen Publikationen an, die sich explizit mit den Besonderheiten im Transaktionsprozess auseinandersetzen, welche sich aus der Tatsache ergeben, dass der Erwerber kein kapitalmarktorientierter Großkonzern, sondern ein mittelständisches (Familien-)Unternehmen ist. Die umfangreichste Untersuchung in diesem Bereich

---

52 Vgl. Pukall, Calabro und Rüsen 2012, S, 11 f.
53 Becker, Ulrich und Botzkowski 2016, S. 71.
54 Vgl. Müller 2011, S. 20.
55 »Wichtigstes Transaktionsziel ist Wachstum – Margenverbesserung und Kompetenzaufbau eher nachrangig.« Knechtel, Menzler, Schick und von Spee 2009, S. 9.
56 Furtner 2006, S. 28 f.
57 Jansen 2003, S. 227. Zu einer ähnlichen Einschätzung kommen auch Ecker und Heckemüller 2005, S. 422.

stammt von Benner[58], der in seiner Dissertation einen »integrierten Eignerstra-
tegieansatz im Rahmen von Akquisitionsprozessen« beschrieben und aus-
drücklich die Besonderheiten von Familienunternehmen (z. B. bei der Ansprache
potenzieller Übernahmekandidaten) herausgearbeitet hat. Eine der ersten dem
Autor bekannten Arbeiten, die sich mit dieser Art von Fragestellung auseinandergesetzt hat, ist die sich explizit auf mittelständische Unternehmen (ausschließlich größenabhängig) fokussierende Arbeit von Furtner.[59] Aufbauend auf
der These, dass M&A-Erfolg mit der Erfahrung der handelnden Personen korreliert und diese Erfahrung von der Anzahl der durchgeführten M&A-Transak-
tionen sowie dem Umfang an Veränderungszielen bei einzelnen M&A-Projekten
abhängig ist, hat sie vier M&A-Grundmuster herausgearbeitet:

> »Analysiert man den Handlungsspielraum mittelständischer Unternehmen und zieht
> zusätzlich Aspekte wie Unternehmensgröße und Ressourcenausstattung in Betracht,
> passt die überwiegende Mehrheit der Mittelständler zu den M&A-Grundmustern
> Einsteiger oder klassisches Mittelfeld«,

denen zur Durchführung weniger komplexer Akquisitions- und Integrations-
projekte (also ein geringerer Umfang an Veränderungszielen) geraten wird.[60]
Eine ebenfalls etwas ältere, aber relativ bekannte Arbeit, die sich explizit mit
M&A-Prozessen in Familienunternehmen auseinandersetzt, ist die 2007 er-
schiene Dissertation von Sachs.[61] Ziel dieser Arbeit war es herauszuarbeiten, in
welchem Ausmaß M&A von Familienunternehmen als gezieltes Instrument in
Internationalisierungs- und Wachstumsprozessen genutzt wird sowie welchen
Einfluss die Familie in diesem Prozess ausübt und wie dieser wahrgenommen
wird. Da vielfach sehr große, konzernähnlich organisierte Familienunternehmen
befragt worden sind (z. B. Douglas, Haniel, Porsche, Merck, Voith) lautet eine
Empfehlung, dass die Familie ihren Einfluss hauptsächlich über entsprechende
Aufsichtsgremien wahrnehmen sollte,[62] was sicherlich für viele mittelständisch
geprägte Familienunternehmen keine kurzfristig zu realisierende (und ggf. keine
erstrebenswerte) Option darstellt.[63] Ein aktueller Beitrag kommt in diesem Zusammenhang von Stich et al., die in einem kurzen Artikel auf Eigenheiten von

---

58 Vgl. Benner 2009.
59 Vgl. Furtner 2006.
60 Ebd., S. 64.
61 Vgl. Sachs 2008.
62 »Bei der Analyse hat sich eine Idealkonstellation an der Unternehmensspitze herauskris-
    tallisiert. Dabei setzen sich die Führung vorwiegend aus externen Managern und die jewei-
    ligen Kontrollgremien vorrangig aus Familienmitgliedern zusammen.« ebd., S. 257 f.
63 Sicherlich allgemeingültiger sind andere Ergebnisse seiner Untersuchung. So bestätigt er
    beispielsweise, dass Familienunternehmen i. d. R. eine endogene Wachstumsstrategie ver-
    folgen oder der Erfolg von Unternehmenstransaktionen normalerweise nur gelingt, wenn
    entsprechend professionelle Strukturen an der Spitze des Unternehmens institutionalisiert
    werden. Vgl. für eine Zusammenfassung der Ergebnisse der Arbeit ebd., S. 255 ff.

mittelständischen Unternehmen eingehen (z. B. Ressourcenverfügbarkeit oder Unternehmenskultur) und daran anschließend Empfehlungen für den Akquisitions- und Integrationsprozess aussprechen.[64] Weitere Ansatzpunkte, die sich mit den Besonderheiten von Akquisitions- und Integrationsprozessen auseinandersetzen, die sich durch Charakteristika des kaufenden Unternehmens ergeben, finden sich z. B. in der ausführlich beschriebenen Fallstudie von Bjursell,[65] die eine (letztendlich erfolglose) Fusion zweier Familienunternehmen in der skandinavischen Bekleidungsindustrie thematisiert. Als Gründe für die nach einigen Jahren erfolgte Wiederaufsplittung der Gesellschaft gibt sie die Koexistenz von unterschiedlichen, kulturell verankerten Wertesystemen im Gesellschafterkreis an, die zu unklaren Zielen und Wertevorstellungen im operativen Tagesgeschehen geführt haben.[66] Eine weitere Einzelfallstudie über ein letztlich ebenfalls gescheitertes bzw. rückabgewickeltes Fusionsvorhaben eines mittelständischen Familienunternehmens ist in der Dissertation von Muraitis beschrieben.[67] Aufbauend auf einer kommunikationstheoretischen Fundierung von Emotionen analysiert er das Scheitern eines Joint Ventures zwischen einem mittelständischen, deutschen Familienunternehmen in der Lebensmittelbranche und einem Großkonzern. Letztendlich führt er das Scheitern auf die Idealisierung des Joint Ventures durch die Gesellschafter und die Familienholding sowie die Nichtabsprache von Erwartungen und die Nichtvorbereitung auf mögliche Enttäuschungen zurück. Salvato et al. haben, aufbauend auf 18 Fallstudien italienischer Mittelstandsunternehmen, ein Drei-Phasen-Model zum Aufbau von Akquisitionskompetenz in KMU aufgestellt. Sie kommen u. a. zu dem Schluss, dass

> »the learning conditions are linked above all to managerial practices, to operational procedures and to the tools and logic the surveyed companies used to generate, accumulate and use the knowledge generated by the acquisition process.«[68]

---

64 Vgl. Stich, von Busse und Kroemer 2016. Hier werden abschließend die sechs Erfolgsfaktoren »Projektsupport«, »Projektplanung«, »Verzahnung«, »Tracking«, »Kommunikation« und »Talent Retention« herausgearbeitet. Ein etwas älterer Beitrag, allerdings mit direktem Bezug zu Familienunternehmen und deren durch ein hohes Unabhängigkeitsstreben und eine langfristige Ausrichtung geprägtem Risikoprofil, findet sich bei Raffel 2006.

65 Vgl. Bjursell 2011.

66 »The different ownership structures, the unclear strategic orientation and the ideas of differentness concerning national and organizational cultures seemed to create tensions in the organization. […] The role of the family, as owners and as symbols, is central to understand the outcome of integration in merging family businesses.« ebd., S. 75 f.

67 Vgl. Muraitis 2016.

68 Salvato, Lassini und Wiklund 2007, S. 262. Auch wenn der Fokus dieser Studie auf KMU und nicht auf Familienunternehmen liegt, lassen sich viele der dort gewonnenen Erkenntnisse auf die familienunternehmenstypischen personenbezogenen Entscheidungsprozesse und deren, nicht ausschließlich renditeorientierte Zielsetzungen zurückführen.

Erkenntnisse über die konkrete Ausgestaltung spezifischer Parameter bei mittelständischen Käuferunternehmen finden sich auch in einigen (quantitativ empirischen) Untersuchungen bekannter Beratungsgesellschaften. So verfestigt sich z. B. das Bild, dass umfangreiche Due-Diligence-Prüfungen zwar noch nicht immer, aber doch im deutlich überwiegenden Teil der Transaktionen durchgeführt werden, die durch mittelständische Käuferunternehmen getätigt werden.[69] Ein etwas anderes Bild zeigt sich bei der Betrachtung der Einbindung von M&A-Aktivitäten in unternehmensstrategische Überlegungen. Hier scheint es immer noch in vielen mittelständischen Käuferunternehmen keine systematische Suche von Akquisitionsobjekten, abgeleitet aus einer im Führungskreis gemeinsam erarbeiteten Unternehmensstrategie, zu geben.[70] Aufgrund der Unternehmensstruktur von mittelständischen Familienunternehmen sind entsprechende Transaktionsprojekte vielfach auf der Ebene der Geschäftsführung angesiedelt, die dann, mit Unterstützung entsprechend temporär zusammengestellter Teams, eine sehr zentrale Rolle im Umsetzungsgeschehen einnimmt.[71] Darüber hinaus gibt es wissenschaftliche Arbeiten, die sich explizit mit einem Teilaspekt von Post-Merger-Prozessen in mittelständischen Unternehmen auseinandersetzen.

---

69 Vgl. hierfür beispielhaft Becker, Ulrich und Botzkowski 2016, S. 109 ff.; Reker und Götzen 2012, S. 22; Pukall, Calabro und Rüsen 2012, S. 12 f.; Knechtel, Menzler, Schick und von Spee 2009, S. 12; aber auch Furtner 2006, S. 32 f. Da bei der Untersuchung mittelständischer Käuferunternehmen in dem Datensatz von Jansen 2003, S. 226 f., nur 37 Prozent eine entsprechend intensive Prüfung des potenziellen Kaufobjekts vorgenommen haben, und deren Durchführungsquote im Zeitverlauf der angesprochenen Studien durchgehend angestiegen ist, kann die These aufgestellt werden, dass in zeitlicher Hinsicht ein kontinuierlicher Bedeutungszuwachs von Due-Diligence-Prüfungen bei mittelständischen Käuferunternehmen stattgefunden hat.

70 Obwohl Sachs 2008 fast ausschließlich sehr große Familienunternehmen befragt hat, differenziert er in seiner Auswertung immer wieder zwischen Unternehmen mit und ohne M&A-Strategie. Bei der Untersuchung von Reker und Götzen 2012 gaben nur 52 Prozent der befragten mittelständischen Unternehmen an, dass M&A-Aktivitäten systematisch in unternehmensstrategische Überlegungen eingebunden sind. Zu ähnlichen Ergebnissen kam auch die Studie von Ecker und Heckemüller 2005, S. 423. Da die Formulierung einer Unternehmensstrategie in mittelständischen Familienunternehmen vielfach nicht explizit stattfindet, verwundern diese Ergebnisse nicht. Auf die Relevanz für den Erfolg von Akquisitionsprojekten wird jedoch in fast allen angesprochenen Publikationen explizit hingewiesen.

71 So haben Müller-Stewens und Schreiber 1993 bereits 1993 aus einer Stichprobe von 26 Unternehmen herausgearbeitet, dass mittelständische Käufer vielfach den Experten-Ansatz zur organisatorischen Anbindung des Akquisitionsprozesses im Käuferunternehmen wählen, der eine starke Verantwortungsübernahme durch die Geschäftsleitung in allen Prozessschritten umfasst. Dieses Ergebnis wird auch von Jansen 2003, S. 227, bestätigt. Aktuellere Untersuchungen belegen ebenfalls, dass es nur in den wenigsten mittelständischen Unternehmen eine eigene M&A-Abteilung gibt und die meisten Akquisitionsprojekte durch temporäre Projektteams abgewickelt werden. Vgl. hierzu beispielsweise Reker und Götzen 2012, S. 19 f., oder Müller 2011, S. 31, die auch schreibt: »Doch oft mangelt es [...] an erfahrenen Mitarbeitern, die den Transaktionsprozess vorantreiben könnten.«

Hierzu zählen beispielsweise die Dissertation von Grohmann zum Thema Integration der Informationstechnologie im Rahmen des Post-Merger-Managements mittelständischer Industrieunternehmen, die mit einem empfohlenen Phasenplan endet,[72] oder die Einzelbeiträge im aktuellen Herausgeberband von Kuckertz und Middelberg.[73]

Insgesamt besteht in der vorhandenen Forschungsliteratur Einigkeit darüber, dass es in Akquisitions- und Integrationsprozessen mittelständischer Unternehmen spezifische Besonderheiten gibt. Die angesprochenen Untersuchungen thematisieren dabei allerdings meistens den Akquisitionsprozess als Ganzes, ohne dem Thema Post-Merger-Integration eine besondere Aufmerksamkeit zu schenken.[74] Dies ist v. a. deshalb erstaunlich, weil letztendlich ausschließlich in der Phase des Zusammenwachsens der beteiligten Unternehmen darüber entschieden wird, ob die erhofften (und i. d. R. eingepreisten) Zielsetzungen realisiert werden können.[75] Detailliertere Ausführungen zu den bisherigen Erkenntnissen über den Akquisitionsprozessverlauf in mittelständischen Familienunternehmen finden sich in Kapitel 3.2.

1.4.4. Erfolgsmessung bei Akquisitionen durch mittelständische Familienunternehmen als Käuferunternehmen

Einen anderen Schwerpunkt legen wissenschaftliche Untersuchungen, die versuchen, den Akquisitionserfolg mittelständischer Käuferunternehmen zu ermitteln.[76] Dass die Untersuchungsergebnisse, v. a. für europäische oder deutsche

---

72 Vgl. Grohmann 2007. Die Ergebnisse bauen dabei im Wesentlichen auf einer Einzelfallstudie auf und nehmen leider an keiner Stelle direkten Bezug auf die Eigentümerstruktur. Die Notwendigkeit der IT-Integration ergab sich in dem untersuchten Fallbeispiel aufgrund der Übernahme einer Konzernausgliederung durch einen mittelständischen Maschinenbauer. Auch hier war zu beobachten, dass außer einer Pressemitteilung, »[E]ine weitere, schriftlich formulierte Strategie nicht existierte.« (S. 86). Dies hat zu eigentlich vermeidbaren Problemen auch im Rahmen der Integration der Informationstechnologie geführt.

73 Vgl. Kuckertz und Middelberg 2016.

74 So schreibt beispielsweise Benner 2009, S. 349, als Anregung für weitere Forschungsprojekte: »Vor diesem Hintergrund erscheint es hinsichtlich zukünftiger Forschungsvorhaben interessant, eine verstärkte Systematisierung der Eignereinflüsse entlang des [...] Integrationsprozesses zu erreichen und somit die Frage in den Vordergrund zu stellen, welche Eignereinflüsse mit einer positiven und welche mit einer negativen Wirkung verbunden sind.«

75 Vgl. z. B. Jansen 2016, S. 318, oder Schewe, Lohre und Ortwein 2007, S. 252.

76 Eine umfangreiche Übersicht über 77 empirische Performance-Studien in Zusammenhang mit Unternehmensakquisitionen findet sich in Kapitel 4.2. bei Müller 2015. Es wird daraus ersichtlich, dass es über diese Arbeit hinaus, bis auf die Untersuchung von Feito-Ruiz und Menéndez-Requejo 2010, keine systematischen Analysen über die Performancewirkung von Akquisitionsvorhaben europäischer Familienunternehmen gibt. Die Beschreibung eines interessanten Fallbeispiels, in dem ausführlich dargelegt wird, wie der TÜV SÜD den Erfolg

Käuferunternehmen, nicht sehr umfangreich sind, mag zum einen an den generellen Schwierigkeiten bei der Erfolgsmessung von Akquisitionsprojekten,[77] zum anderen an den Herausforderungen der Datengewinnung bei Transaktionen von privat gehaltenen mittelständischen Unternehmen liegen. Die umfangreichste empirische Arbeit, die sich systematisch mit den Erfolgsunterschieden zwischen kapitalmarktorientierten Publikumsgesellschaften und privat gehaltenen Familienunternehmen im deutschsprachigen Raum auseinandersetzt, ist die Dissertation von Müller.[78] Anhand einer jahresabschlussorientierten Performanceanalyse kommt er zu der Aussage, dass Akquisitionen von mittelständischen Familienunternehmen keinen signifikanten Einfluss auf die Renditeentwicklung haben. Allerdings dokumentieren »[s]owohl die Werte für das Umsatzwachstum als auch die Ergebnisse für EBIT-Marge, ROA und ROCE eine über dem Industriedurchschnitt liegende Performance familiengeführter Unternehmen.«[79] Ecker und Heckemüller schreiben mittelständischen Unternehmen deutliche Vorteile beim Akquisitionserfolg (im Vergleich zu Großunternehmen) zu, da sie langfristiger agieren und »strategischen Motiven bei ihren Auslandszukäufen eine höhere Priorität einräumen als der kurzfristigen Verbesserung ihrer Finanzkennzahlen«,[80] während Gerds aus seinem Datensatz herausgearbeitet hat, dass die Transaktionsgröße einen positiven Effekt auf den Transaktionserfolg hat.[81] Jansen hingegen konnte eine signifikant bessere Umsatzentwicklung bei mittelständischen Käufern (im Vergleich zu Großkonzer-

---

kleinerer Unternehmensakquisitionen mit Hilfe eines planvollen und möglichst rationalen Kennzahlensystem beurteilt, findet sich bei Reiter, Schick und Hermann 2016.

77 Vgl. hierzu die Erläuterungen in Abschnitt II Kapitel 2 bei Jansen 2003, S. 95, oder Kapitel 5 bei Gerpott 1993, S. 209ff., zu den Problemen der Erfolgsmessung und -beurteilung bei Akquisitionen.

78 Vgl. Müller 2015.

79 Ebd., S. 258. Jansen 2003, S. 226, hat in seiner Untersuchung ermittelt, dass die Umsatzentwicklung der mittelständischen Käufer nach Akquisitionen signifikant besser war, als die Umsatzentwicklung des Gesamtdurchschnitts der befragten Unternehmen.

80 Ecker und Heckemüller 2005, S. 426. Datenbasis ihrer Untersuchung sind Interviews und Fragebögen mit bzw. von 22 mittelständischen Unternehmen (Umsatzniveau von 50 bis 1.500 Mio. Euro jährlich), die im Zeitraum von 2000–2005 insgesamt 75 Akquisitionen durchgeführt haben. Eine ähnliche Argumentation geben auch Feito-Ruiz und Menéndez-Requejo 2010, S. 71, für ihre Ergebnisse an. Sie haben die Kursentwicklung bei 124 angekündigten Unternehmensübernahmen durch gelistete Unternehmen in 15 europäischen Staaten untersucht und festgestellt, »that family ownership has a positive and significant influence on acquiring shareholder M&A valuation. These results support the hypothesis on family firm efficiency in M&As (long-term objectives, greater involvement in firm continuity) as opposed to the hypothesis on family shareholder opportunism (using M&As to obtain private benefits at the expense of minority shareholders).«

81 Vgl. Gerds 2000, S. 196f. Seiner Meinung nach liefert dies Anhaltspunkte dafür, »dass Klein- und mittelständische Unternehmen – selbst bei der methoden- und ressourcenseitigen Unterstützung durch externe Unternehmensberater – oftmals nicht über die ausreichenden Ressourcen für eine erfolgreiche Bewältigung von Integrationen verfügen.«

nen) beobachten, während bei der Selbsteinschätzung des jeweiligen Managements hinsichtlich der Qualität des Integrationsprozesses kein Unterschied zu ermitteln war.[82] Furtner argumentiert, dass in ihrer Studie zwar 93 Prozent der Teilnehmer klare Ziele für eine konkrete Akquisition definierten, deren Erreichung allerdings nur durch 53 Prozent der befragten Unternehmen gemessen wurde,[83] was eine kennzahlenorientierte Erfolgsbeurteilung unmöglich macht. Da der Akquisitionserfolg eigentlich nur unter Berücksichtigung der ursprünglichen Zielsetzung beurteilt werden kann (und diese bei Familienunternehmen meistens nicht ausschließlich die Maximierung der Kapitalrendite ist), bewerten einige Autoren den Akquisitionserfolg anhand der Einschätzung des Managements.[84]

Insgesamt gibt es zwar einige Studien zum Akquisitionserfolg von Familienunternehmen. Aufgrund unterschiedlicher Erfolgsdefinitionen, verschiedener Zeiträume, ungleicher Definitionen des Untersuchungsgegenstandes etc. ergibt sich hierbei jedoch kein einheitliches Bild.[85] Dies lässt die (offensichtliche) Vermutung zu, dass die Eigenschaft als mittelständisches Familienunternehmen nicht zwangsläufig mit dem Knowhow korreliert, welches für die erfolgreiche Umsetzung von Akquisitions- und Integrationsprojekten notwendig ist, und es dementsprechend einer differenzierteren Analyse bedarf.

1.4.5. Besonderheiten im Akquisitionsprozess bei mittelständischen Familienunternehmen als Verkäuferunternehmen

Neben den bereits angesprochenen Studien gibt es diverse Untersuchungen, die sich mit externen Nachfolgeoptionen für mittelständische Familienunternehmen auseinandersetzen und diesbezügliche Gestaltungsempfehlungen geben. Die Gestaltungshinweise richten sich dabei entweder an den potenziellen ex-

---

82 Vgl. Jansen 2003, S. 226. Wahrscheinlich aufbauend auf dieser Untersuchung schreibt er im Jahr 2016, bezugnehmend auf die sechste M&A-Welle (2002–2008): »Große sind gescheitert, Kleine gescheiter.« Vgl. Jansen 2016, S. 82.
83 Vgl. Furtner 2006, S. 29f. Diese Erkenntnis deckt sich mit Ergebnissen von Becker, Ulrich und Botzkowski 2016, S. 138f., in deren Stichprobe 29 Prozent der mittelständischen Käuferunternehmen gänzlich auf Kennzahlen zur Erfolgsmessung von Unternehmenstransaktionen verzichteten.
84 Vgl. zum Beispiel Furtner 2006, S. 29f. Hier waren nur vier Prozent der Studienteilnehmer unzufrieden mit den Ergebnissen bisheriger M&A-Aktivitäten. Eine ähnliche Beurteilung des Erfolgs von M&A-Aktivitäten findet sich bei Sachs 2008, S. 191ff., Reker und Götzen 2012, S. 28, Becker, Ulrich und Botzkowski 2016, S. 136ff., oder auch bei Jansen 2003, S. 226.
85 Auch Worek 2017 fasst die Ergebnisse ihrer aktuellen Literaturrecherche zum Akquisitionserfolg von Familienunternehmen folgendermaßen zusammen (S. 196): »To summarize, the findings in the performance category are contradictory. Thus, it cannot be concluded that either family or non-family firms perform better in M&A.«

ternen Nachfolger (das Käuferunternehmen) und/oder an den Übergeber (den Verkäufer), damit die mit der Übernahme bzw. der Übergabe angestrebten Zielsetzungen erreicht werden können. In internationalen Journals sind neben der oben bereits angesprochenen Fallstudie von Bjursell[86] bisher nur zwei weitere umfangreichere Fallstudien erschienen, die anhand eines konkreten Fallbeispiels die besonderen Herausforderungen beschreiben, die sich bei der Übernahme von mittelständischen Familienunternehmen ergeben. Steen und Welch erklären anhand eines Beispiels der australischen Weinindustrie, in welchen Dimensionen eine (minderheitsbeteiligte) Unternehmerfamilie gestaltenden Einfluss auf ein feindliches Übernahmeangebot nehmen kann, obwohl die Aktienmehrheit des Unternehmens am Kapitalmarkt gehandelt wird.[87] Mickelson und Worely hingegen arbeiten Besonderheiten heraus, welche sich dadurch ergeben, dass das Akquisitionsobjekt ein Familienunternehmen ist (z. B. besondere Vertragsbestandteile), und definieren Erfolgsfaktoren für die Übernahme eines mittelständischen Familienunternehmens durch einen funktional gegliederten Konzern.[88] Spezifische Besonderheiten, die sich ergeben, weil das Zielunternehmen durch personenorientierte Strukturen geprägt ist, haben auch Stich et al. aus ihrer Beratungspraxis beschrieben.[89] Eine etwas umfangreichere Arbeit aus diesem Blickwinkel ist die Dissertation von Klöckner. Er hat anhand einer umfassenden Literaturrecherche und diverser Interviews erläutert, an welchen Stellen Private-Equity-Gesellschaften bei der Übernahme von mittelständischen Familienunternehmen im deutschsprachigen Raum ansetzen, um den Unternehmenswert im Rahmen der üblichen Halteperiode von Portfolio-Gesellschaften zu steigern.[90] Götzen untersucht in seiner Dissertation hingegen explizit Buyouts

---

86 Vgl. Bjursell 2011.
87 Vgl. Steen und Welch 2006.
88 Vgl. Mickelson und Worley 2003. Sie geben beispielsweise auf S. 263 folgende zusammenfassende Empfehlungen: »1. Develop a clear vision and goals for the integration. 2. Address integration issues during due diligence. 3. Recognize and respect cultures with a goal of blending them. 4. Retain key people from the acquired organization. 5. Connect with members of the acquired company after the acquisition. 6. Utilize planning and decision-making tools. 7. Dedicate a project team and a project manager to plan the integration. 8. Hire a consultant to assist with the process.«
89 Demnach ergeben sich spezifische Unterschiede im Integrationsprozess oft durch folgende Besonderheiten: »1. Unternehmen verfügen oftmals über eine langsam gewachsene und einzigartige Wertestruktur und Kultur. 2. Fehler im Transaktionsprozess können nicht ohne weiteres durch andere Tätigkeiten kompensiert werden. 3. Ressourcen für die Transaktion stehen nur vergleichsweise begrenzt zur Verfügung (insbesondere bezogen auf Mitarbeiter). 4. Unternehmen sind in der Regel abhängiger von zentralen Schlüsselpersonen.« Stich, von Busse und Kroemer 2016, S. 353.
90 Vgl. Klöckner 2009. Ein maßgebliches Resultat seiner Untersuchung ist, dass PE-Fonds versuchen, Wertsteigerungen durch Veränderungen in der Governance-Struktur, durch die gezielte Nutzung von Managementinstrumenten und einer geänderten Finanzpraktik zu realisieren. Dabei werden diese Änderungen bei der Übernahme von Familienunternehmen

durch Managementteams als Nachfolgeoption. Anhand eines standardisierten Fragebogens ermittelt er, wie sich unterschiedliche Machtverhältnisse, Eigenkapitalanteile, Ausbildungsniveaus, Alter etc. der Managementteams auf die Governance-Strukturen, den strategischen Wandel und das Unternehmenswachstum nach der Übernahme auswirken.[91] Während sich aus den Erkenntnissen der bisher angesprochenen Publikationen meistens hilfreiche Gestaltungsempfehlungen für potenzielle Erwerber von mittelständischen Familienunternehmen ableiten lassen (sollen), hat Weber in seiner Dissertation auch explizit die Beziehung zwischen Übergeber und Nachfolger thematisiert. Anhand einiger Vorstudien und eines standardisierten Fragebogens hat er in Abhängigkeit verschiedener Nachfolgevarianten (beispielsweise MBI, MBO, externes Unternehmen) unterschiedliche Faktoren ermittelt, die den Nachfolgeerfolg beeinflussen (z. B. die Beziehungsqualität zwischen Übergeber und Nachfolger).[92] Ähnliche, allerdings ausschließlich konzeptionelle, Überlegungen umfasst auch die Dissertation von Stephan, in der Handlungsempfehlungen für die Unternehmensführung (den Übergeber) geben werden, um eine Nachfolgeregelung möglichst erfolgreich zu realisieren. Dabei wird immer wieder darauf verwiesen, dass im Rahmen dieser komplexen Problemstellung sowohl »rational-analytisch erfassbare Sachaspekte als auch emotional bedingte Verhaltensaspekte zu berücksichtigen« sind.[93] Weitere Studien, die explizite Gestaltungsempfehlungen für potenzielle Verkäufer von Familienunternehmen geben, finden sich u. a. in den Dissertationen von Hatlapa[94] oder Schmitz-Valckenberg[95]. Während Hatlapa die Sicherstellung der kontinuierlichen Verkaufsreife betont und entsprechende Gestaltungsanforderungen an das zu verkaufende Unternehmen sowie kritische Erfolgsfaktoren im Verkaufsprozess benennt, untersucht Schmitz-Valckenberg explizit Einflussfaktoren, die einen maßgeblichen Einfluss auf die Preisbildung haben.[96] Picot und Classen geben demgegenüber einen eher oberflächlichen Einblick in die unterschiedlichen Möglichkeiten, ein Familienunternehmen in

---

seinen Ergebnissen nach auch dadurch realisiert, dass der Familieneinfluss wegfällt und eine »transition from a stewardship setting to an agency setting« stattfindet. Vgl. S. 329 ff.

91 Vgl. Götzen 2014.

92 Vgl. ausführlich Weber 2009 oder eine kurze Zusammenfassung seiner Ergebnisse bei Weber 2010.

93 Vgl. Stephan 2002, S. 244.

94 Vgl. Hatlapa 2007.

95 Vgl. Schmitz-Valckenberg 2003.

96 Zusammenfassend lässt sich aus seinen Untersuchungsergebnissen eine Empfehlung für einen kaufpreismaximierenden Verkaufsprozess für mittelständische Unternehmen ableiten: Die Nachfolgeregelung sollte vor dem Verkauf geklärt sein, ein Verkauf nicht ohne M&A-Berater stattfinden, ein ausführliches Informationsmemorandum mit Stärken und Potenzialen vorhanden sein, eine sorgfältige Selektion potenzieller Käufer vorgenommen werden sowie eine Flexibilität bei Transaktionsstruktur und Vertragsgestaltung gegeben sein. Vgl. Ebd.

eine externe Nachfolgeregelung zu übergeben.[97] Die Habilitationsschrift von Löhr ist fokussiert auf den Generationenwechsel in mittelständischen Familienunternehmen unter dem Gesichtspunkt des strategischen Risikomanagements. Er beschreibt dies, indem er auf die Theorie der Realoptionen zur Beurteilung von Nachfolgestrategien zurückgreift.[98] Zudem richtet Papesch[99] seinen Fokus auf die Corporate-Governance-Strukturen in Familienunternehmen und beschreibt, wie diese ausgestaltet sein müssten, um eine erfolgreiche (interne) Nachfolge wahrscheinlich werden zu lassen.

Da es sich bei der Übernahme eines mittelständischen Familienunternehmens um eine Form der externen Nachfolgeregelung handelt, sind es, wie oben zu sehen, viele Publikationen aus dem Themenbereich Nachfolge, die entsprechende Gestaltungs- bzw. Vorgehenshinweise bereithalten. Dabei lässt sich zusammenfassend festhalten, »dass singuläre Managementstrukturen die Möglichkeiten der Unternehmensweitergabe innerhalb sowie außerhalb der Familie gravierend einschränken.«[100]

1.5. Ableitung der Forschungsfragen

Aus den bisherigen Ausführungen wird deutlich, dass das Thema der externen Unternehmensnachfolge aufgrund der Marktentwicklung und dem daraus folgenden Konsolidierungsdruck in verschiedenen Branchen sowie ungeklärten Nachfolgefragen in vielen mittelständischen Familienunternehmen in den nächsten Jahren einen Bedeutungszuwachs erfahren wird. Der Umfang dieser Aktivitäten wird in den bekannten Datenbanken protokolliert und kontinuierlich ausgewertet. Auch über die angesprochenen Zielsetzungen und Motivationen zur Durchführung von Unternehmensakquisitionen durch mittelständische

---

97 Vgl. Picot und Classen 2008. Dieser Artikel erfährt seine empirische Fundierung durch die umfangreiche Praxiserfahrung der Autoren. Es werden der Unternehmensverkauf, die Umwandlung, der Börsengang und das Joint Venture als mögliche Nachfolgeoptionen diskutiert. Dabei ist keine dieser Gestaltungen pauschal zu favorisieren, sondern deren Passung immer mit Blick auf den konkreten Einzelfall und die jeweiligen Umstände zu beurteilen.

98 Vgl. Löhr 2001. Die Arbeit basiert ausschließlich auf konzeptionellen Überlegungen. Er teilt Familienunternehmen dabei, je nachdem, wie und durch wen die Führung wahrgenommen wird, in drei Typen ein (Gründerunternehmen (Typ A), Nachfolger mit Fremdgeschäftsführer (Typ B), ausschließliches Fremdmanagement (Typ C)) und geht detailliert auf die jeweiligen Herausforderungen im Rahmen des Generationswechsels ein.

99 Vgl. Papesch 2010. Die Ergebnisse fußen auf theoretischen Überlegungen der PA- und der Stewardship-Theorie sowie einer quantitativen Umfrage mit 173 Rückmeldungen. Die Ergebnisse zeigen, dass z. B. die Einrichtung eines Beirats oder die Explizierung einer Familienstrategie sich positiv auf den internen Nachfolgeprozess auswirken können.

100 Hatlapa 2007, S. 59.

Familienunternehmen gibt es, wie oben beschrieben, hinreichende Erkenntnisse. Wenn es um den Prozess des Zusammenwachsens von zwei bisher getrennten Unternehmen geht, ist Becker et al. allerdings zuzustimmen, wenn sie schreiben:

>»Trotz dieser neuen Entwicklungen findet man kaum Antworten auf Fragestellungen zu M&A mit dem Fokus Mittelstand in der fachspezifischen Literatur, da sich diese hauptsächlich mit Konzepten, Modellen und Empfehlungen für Großtransaktionen auseinandersetzen. Doch diese Transaktionen sind besonders für jene Unternehmen, die typischerweise nicht über Fachspezialisten verfügen, besonders schwierig. Umso wichtiger erscheint die Auseinandersetzung mit […] [den] Besonderheiten im Mittelstand.«[101]

Wie oben beschrieben, sind Besonderheiten, die sich für den Akquisitions- und insbesondere den Integrationsprozess dadurch ergeben, dass das Käuferunternehmen ein mittelständisches Familienunternehmen ist, in der bisherigen Literatur erst in Ansätzen beschrieben.[102] Etwas umfangreicher hingegen ist die Literatur zu den Besonderheiten, welche sich aus der Familienunternehmenseigenschaft des Verkäufers (Übergebers) ableiten lassen. Aufgrund der überwiegenden Anzahl von mittelständischen Unternehmen, in denen eine Familie einen bestimmenden Einfluss ausübt, sind dies üblicherweise die potenziellen Zielobjekte von übernahmewilligen mittelständischen Familienunternehmen. Neben entsprechenden Gestaltungsempfehlungen in der Literatur haben sich auch in der Praxis unterschiedliche Beratungsangebote für verkaufswillige Unternehmer durchgesetzt. So hat eine vom Verkäufer initiierte Vendor Due Diligence die Zielsetzung, Informationsasymmetrien zwischen Verkäufer und Käufer durch das Gutachten einer unabhängigen Partei abzubauen.[103] Der Adressat eines solchen Dokuments ist der potenzielle Käufer. Auch wenn die begriffliche Abgrenzung nicht immer eindeutig ist, hat sich in der Praxis ebenfalls sogenannte Pre-Sale Due Diligence etabliert, deren Zielgruppe das verkaufende Unternehmen selbst ist.

>»Hauptmotiv der Pre-Sale Due Diligence ist es, gezielt Schwachstellen des Zielunternehmens zu identifizieren, um diese zu eliminieren und eine adäquate Verkaufsstrategie festzulegen. Gleichzeitig sollen die relevanten Werttreiber erkannt werden, um die eigene Verhandlungsposition zu optimieren. Ein weiteres Motiv ist, die »Verkaufsfä-

---

101 Becker, Ulrich und Botzkowski 2016, S. 1.
102 So leitet auch Worek 2017, S. 198, aus ihrer Literaturrecherche ausschließlich internationaler Journals zu M&A in Familienunternehmen u.a. folgende Fragen ab, die bisher nicht ausreichend bearbeitet worden sind: »Which features of family firms enhance and which hinder the post-merger integration process? How is the family company's culture changed through an M&A? Does the M&A process differ in family and non-family firms?«
103 Weitere Ausführung zur Vendor Due Diligence und den daraus erfolgenden Haftungsverhältnissen finden sich beispielsweise bei Pomp 2015, S. 7 ff.

higkeit« des Unternehmens festzustellen und den realisierbaren Unternehmenswert fundierter einschätzen zu können.«[104]

Vor dem Hintergrund, dass der Sicherstellung der Verkaufsreife in mittelständischen Familienunternehmen sowohl in der Literatur als auch in der Praxis eine vergleichsweise große Aufmerksamkeit geschenkt wird, ist es erstaunlich, dass es bisher nur wenige Publikationen gibt, die sich damit auseinandersetzen, ob das potenzielle mittelständische Erwerberunternehmen selbst so aufgestellt ist, dass es mit einem anderen Unternehmen potenziell zusammenwachsen kann, die hierfür notwendigen, grundlegenden Strukturen also vorhanden sind.[105] Eine der wenigen Befragungen, die diese Herausforderung explizit thematisiert, ist der Datensatz, auf den sich sowohl Reker und Götzen[106] als auch Becker et al.[107] beziehen. Hier wurde in einer geschlossenen Frage die Einschätzung zur Akquisitionskompetenz des eigenen Unternehmens abgefragt, die von 47 Prozent der Befragten als »hoch« oder »sehr hoch« beurteilt worden ist. Becker et al. haben diese Ergebnisse mit Experten aus Beratungsgesellschaften diskutiert und diesbezüglich festgehalten:

> »Bei der Einschätzung hinsichtlich der Eignung des Käuferunternehmens ist eine deutliche Differenz zwischen der Expertenmeinung und der Meinung der Vertreter der Unternehmen festzustellen. Mittelständische Unternehmen haben großes Selbstvertrauen in die eigenen Fähigkeiten und attestieren sich hauptsächlich eine hohe Eignung zur Übernahme. Die befragten Experten attestieren dem Mittelstand eine grundsätzlich fehlende Professionalität im Rahmen von M&A. Vereinzelt seien zwar professionelle Strukturen vorzufinden, allerdings sei das die Ausnahme.«[108]

Genau an dieser Stelle soll die vorliegende Arbeit ansetzen. Vor dem Hintergrund dieser kurzen Einführung sollen im Rahmen der vorliegenden Untersuchung die

---

104 Wanner 2013, S. 299.
105 Unabhängig vom Organisationstypus des akquirierenden Unternehmens gibt es grundsätzlich wenige Arbeiten, die sich explizit mit den spezifischen Ressourcen oder Kompetenzen auf der Organisationsebene auseinandersetzen, die einen Akquisitionserfolg des kaufenden Unternehmens wahrscheinlicher machen. Im deutschsprachigen Bereich ist dies z. B. die Dissertation von Kübel 2013. Aufbauend auf dem Dynamic Capabilities Ansatz und einer quantitativen Umfrage unter Mehrfachakquisiteuren entwickelte er das M&A Maturity Model®, welches versucht, die Akquisitionsfähigkeit eines Unternehmens und deren Wirkung auf den Akquisitionserfolg exakt messbar zu machen. »Im Strukturmodell mit Akquisitionsfähigkeit als einziger exogener und Akquisitionserfolg als endogener Variable wurde ein signifikanter, positiver Pfadkoeffizient festgestellt und es konnten 21,4 Prozent der Varianz von Akquisitionserfolg aufgeklärt werden.« (S. 158) Eine weitere, eher praxisorientierte Ratgeberpublikation haben Meynerts-Stiller und Rohloff 2015 veröffentlicht. Sie gehen ebenfalls davon aus, dass die Fähigkeiten zur Gestaltung von Post-Merger-Integrationsprozessen in verschiedenen Unternehmen deutlich unterschiedlich ausgeprägt sind.
106 Vgl. Reker und Götzen 2012.
107 Vgl. Becker, Ulrich und Botzkowski 2016.
108 Ebd., S. 64f.

folgenden Fragestellungen bearbeitet werden, um ein differenziertes Bild von dem beobachtbaren Verhalten mittelständischer Familienunternehmen in Akquisitions- und Integrationsprozessen zu erlangen.

- Im ersten Schritt ist hierfür, aufbauend auf einem geeigneten theoretischen Hintergrund, herauszuarbeiten, welche Charakteristika die Führung in mittelständischen Familienunternehmen prägen.[109]

Aufbauend auf einer Einführung in die Themenbereiche »Familienunternehmen« und »Unternehmensübernahmen« sowie einer kurzen Erläuterung der charakteristischen Prozessschritte sind anschließend folgende Fragen zu beantworten:

- Welche spezifischen Besonderheiten lassen sich bei Integrationsprojekten mit Beteiligung mittelständischer Familienunternehmen aufgrund der üblicherweise personenorientierten Führungsgewohnheiten beobachten?
- Welche Rückwirkungen hat substanzielles bzw. regelmäßiges anorganisches Wachstum auf die typischerweise personenorientierten Führungsprozesse in diesem Unternehmenstypus?

1.6. Aufbau der Arbeit

Zur systematischen Beantwortung der obenstehenden Forschungsfragen ist die Arbeit in 5 Kapitel gegliedert. Nach der Einführung in das Thema, der definitorischen Abgrenzung des Untersuchungsgegenstandes und der Ableitung der forschungsleitenden Fragestellungen, wird in Kapitel 2 vertiefend auf den Themenbereich Familienunternehmen eingegangen und herausgestellt, was diesen Unternehmenstypus von anderen Organisationen unterscheidet und welchen Einfluss die »klassische« Entwicklungsgeschichte eines Familienunternehmens auf die Ausprägung seiner Führungsgewohnheiten hat. Hier werden zunächst die wichtigsten betriebswirtschaftlichen Theorien zur Beschreibung von Familienunternehmen dargestellt. Die Grundlagen zu Post-Merger-Integrationsprozessen, deren Ausgang üblicherweise eine Unternehmensakquisition ist, sind in Kapitel 3 näher beschrieben. Zudem findet sich die Beschreibung eines klassischen Akquisitions- und Integrationsprozessablaufs, in welchem auch die bisherigen Erkenntnisse zu den beobachtbaren Verhaltensweisen von mittelstän-

---

109 Eine theoretische Fundierung des Führungsverhaltens in mittelständischen Familienunternehmen wird, nach Überzeugung des Autors, auch Hinweise auf die die Beantwortung folgender Frage geben, die Klöckner 2009, S. 335 im Forschungsausblick seiner Dissertation formuliert hat: »Moreover, it is not clear why family businesses do not use the same or similar methods that private equity companies employ to professionalize portfolio companies.«

dischen (Familien-)Unternehmen in den einzelnen Prozessschritten erläutert werden, in diesem Kapitel. Im 4. Kapitel werden die bisherigen Erkenntnisse über die Besonderheiten in der Führung von Familienunternehmen mit den deskriptiven Erkenntnissen über die Vorgehensweisen mittelständischer (Familien-)Unternehmen in Akquisitions- und Integrationsprozessen zusammengebracht und erste Vermutungen zu möglichen Erklärungsansätzen aufgestellt. In Kapitel 5 werden dann die aus der bisherigen Literatur und der eigenen Empirie[110] gewonnenen Erkenntnisse zusammengeführt und im Kontext der aktuellen Familienunternehmensforschung eingeordnet.

---

110 Zum empirischen Vorgehen im Rahmen der Dissertation und der Analyse der Empirie wird auf Kapitel 6, 7 und 8 der Promotionsschrift verwiesen.

2. Grundlagen zu Familienunternehmen

Die vorliegende Arbeit ist fokussiert auf Besonderheiten in Akquisitions- und Integrationsprozessen, welche sich durch das beobachtbare Führungsverhalten in Familienunternehmen ergeben. Daher erscheint es notwendig, die Besonderheiten des Unternehmenstypus Familienunternehmen näher zu beleuchten. Vor allem aus dem Blickwinkel der neueren Systemtheorie ergeben sich spannende Erklärungsansätze zum Zusammenspiel zwischen den sozialen Systemen »Familie« und »Unternehmen«, die anders konzeptualisiert sind (und deshalb andere Erkenntnismöglichkeiten versprechen) als die Erklärungsansätze in der klassischen Betriebswirtschaftslehre.[111]

Insgesamt sind die im Rahmen der Familienunternehmensforschung verwendeten Theorieangebote, aus unterschiedlichen Gründen, relativ heterogen. So handelt es sich zum einen um ein relativ junges Forschungsfeld, welches erst in den letzten Jahren eine größere Popularität erfahren hat,[112] zum anderen kommen wissenschaftliche Zugänge zu diesem Themenfeld aus ganz unterschiedlichen Wissenschaftsdisziplinen, die im üblichen Universitätsbetrieb keine gemeinsamen Schnittmengen aufweisen. Institute wie das Wittener Institut für Familienunternehmen (WIFU), an welchem Psychologen, Soziologen, Juristen und Wirtschaftswissenschaftler gemeinsam diesen (auch volkswirtschaftlich höchst relevanten) Forschungsgegenstand erkunden, waren in der Vergangenheit eine seltene Ausnahme.[113]

---

111 Die Ausführungen zu den systemtheoretischen Grundlagen der Dissertation mussten im Rahmen dieser Veröffentlichung gekürzt werden. Es wird hierzu v. a. auf Kapitel 2 der Promotionsschrift verwiesen.

112 Siehe hierzu auch die aufschlussreichen Artikel von Wimmer und Kormann 2018 und Sharma, Hoy, Astrachan und Koiranen 2007.

113 Siehe für einen kurzen Überblick über die Historie des Wittener Instituts für Familienunternehmen WIFU o. A.-b.

2.1. Geschichte der Familienunternehmensforschung

Die wissenschaftliche Bedeutung des Forschungsfeldes Familienunternehmen hat in den letzten Jahren auch international an Bedeutung gewonnen. Dies wird z. B. anhand der steigenden Anzahl wissenschaftlicher Veröffentlichungen zum diesem Themenbereich, durch Neugründung diverser thematisch fokussierter Plattformen zur Publikation wissenschaftlicher Erkenntnisse[114] oder auch in der wachsenden Zahl spezialisierter Institute an Universitäten weltweit deutlich.[115] Weitere bekräftigende Faktoren sind die gestiegene Anzahl an Artikeln zu diesem Themenfeld in hochrangigen Journals[116] und diverse Veröffentlichungen von »special issues«.[117] Jedoch darf dies nicht darüber hinwegtäuschen, dass die begriffliche Diversität und die Theorieheterogenität bei den wissenschaftlichen Veröffentlichungen in diesem Forschungsfeld auch aktuell weiterhin sehr hoch sind.[118]

Als erste Arbeit, die sich explizit mit Familienunternehmen beschäftigt, wird international häufig Calders Dissertation[119] über die Probleme kleiner Herstellungsunternehmen angeführt.[120] Vereinzelt wurden von Praktikern sog. »Family

---

114 Neben dem bereits 1988 gegründeten »Family Business Review« existieren inzwischen beispielsweise auch das »Journal of Family Business Strategy« (gegründet 2010), das »Journal of Family Business Management« (gegründet 2011) oder »Entrepreneurship: Theory and Practice« in denen (fast) ausschließlich über den Themenbereich Familienunternehmen publiziert wird.

115 Allein im deutschsprachigen Bereich gibt es neben dem WIFU an der Universität Witten/ Herdecke inzwischen weitere Institute, die sich auf die Forschung im Bereich von Familienunternehmen spezialisiert haben. Zu nennen sind hier z. B. das »Friedrichshafener Institut für Familienunternehmen« an der Zeppelin-Universität, das Institut für Familienunternehmen der WHU in Vallendar oder das »Center for Family Business« an der Universität St. Gallen. Auch international wächst die Anzahl spezialisierter Forschungseinrichtungen. Beispielhaft sind dies das »Wendel International Center for Family Enterprise« an der INSEAD, das »Cox Family Enterprise Center« an der Kennesaw State University oder auch das »Center for Family Enterprise« an der Kellogg School of Management.

116 Beispiele hierfür sind Gomez-Mejia, Nunez-Nickel und Gutierrez 2001 im »Academy of Management Journal«; Lee, Lim und Lim 2003 im »Academy of Management Review«; Anderson und Reeb 2003 im »Journal of Finance« oder Schulze, Lubatkin, Dino und Buchholtz 2001 in »Organization Science«.

117 Special Issues sind z. B. in folgenden Journals erschienen: Corporate Governance: An international Review, Entrepreneurship and Regional Development, Entrepreneurship Theory & Practice, International Small Business Journal, Small Business Economics, Journal of Business Research, Journal of Business Venturing, Journal of Management Studies oder Strategic Entrepreneurship Journal.

118 Eine Zusammenfassung der wichtigsten theoretischen Konzepte im Bereich Familienunternehmen und relevante Publikationen hierzu finden sich in den nachfolgenden Unterkapiteln sowie beispielsweise in den unterschiedlichen Beiträgen in Part I bei Melin, Nordqvist und Sharma 2014 oder kompakter bei Weismeier-Sammer, Frank und von Schlippe 2013, S. 167 ff.

119 Calder 1953.

120 So z. B. bei Sharma, Melin und Nordqvist 2014.

Business Center« finanziert und aufgebaut, wie 1962 von Léon und Katy Danco in Cleveland/Ohio, deren Zielsetzung die engere Zusammenführung von Wissenschaft und Praxis war. Allerdings waren es in den darauffolgenden Jahrzehnten eher einzelne Forscher, die sich mit den einzigartigen Herausforderungen dieses Unternehmenstypus auseinandergesetzt haben.[121] Eine leichte Zunahme der dokumentierten Forschungsaktivitäten im Bereich der Familienunternehmen fand in den 1980er Jahren statt, als 1983 ein »special issue« in der Zeitschrift *Organizational Dynamics* erschien[122] und 1988 die Zeitschrift *Family Business Review* gegründet wurde. Die vermehrten Publikationen Anfang der 1990er Jahre fokussierten sich zum einen – aus theoretischem Interesse – auf die Definition von Familienunternehmen[123] und – aus Interesse der Unternehmenspraxis – auf die Nachfolgeproblematik.[124] Eine weitere spürbare Steigerung der Forschungsaktivitäten und Veröffentlichungen ab Mitte der 1990er Jahre ist ebenfalls deutlich zu beobachten.[125] Aufgrund der überproportional umfangreichen Publikationsvielfalt vor dem Hintergrund betriebswirtschaftlicher Theorien fordern einige Autoren, die Variable »Familie« stärker in wissenschaftliche Untersuchungen einzubinden[126] bzw. stärker bewährte Theorien aus der Familienforschung in der Analyse von Familienunternehmen einzusetzen.[127] Durch den in den letzten Jahren stark gestiegenen Veröffentlichungsumfang ist, v. a. aus der Blickrichtung der klassischen Betriebswirtschaftslehre, der Trend einer deutlichen Spezialisierung der Forschungsanstrengungen zu beobachten (»the trend is moving from generalization to specialization«).[128] Trotzdem wird die Forschung zu Familienunternehmen immer ein multidisziplinäres Forschungsfeld bleiben, »[that] is distinguished from its sister disciplines by its singular focus on the paradoxes caused by the involvement of family in business«.[129] Wimmer und

---

121 Zu nennen sind hier z. B. Donnelley 1964, Ewing 1965, Levison 1971 oder Davis 1982.

122 Vgl. Organizational Dynamics, Volume 12, Issue 1, Pages 2–80, Summer 1983.

123 Vgl. z. B. Litz 1995.

124 Vgl. z. B. Handler 1989.

125 Vgl. Sharma, Melin und Nordqvist 2014, S. 2.

126 Vgl. z. B. Dyer 2003.

127 James, Jennings und Breitkruz 2012 haben hierzu 2.240 Artikel analysiert, die im Zeitraum von 1985 bis 2010 im Bereich der Familienunternehmensforschung veröffentlich worden sind, und sie haben festgehalten, dass die Analyse »vividly illustrates not only the increased dominance of publication outlets and theoretical perspectives associated with business but also the near disappearance of those associated with family«. (S. 87)

128 Vgl. Sharma, Melin und Nordqvist 2014, S. 11.

129 Sharma, Chrisman und Gersick 2012, S. 1. Eine auffällige Besonderheit in dem Aufbau von empirischen Studien mit einem quantitativen Forschungsdesign haben Yu, Lumpkin, Sorenson und Brigham a. a. O. in der Analyse von 257 quantitativen Studien herausgearbeitet. Sie fassen folgendermaßen zusammen: »[…] unlike many other established business disciplines that tend to investigate how an array of independent variables are related to a few depended variables, the family business discipline seems to be focused on how a few independent variables are related to many dependent variables.« (S. 54).

Kormann weisen in diesem Zusammenhang darauf hin, dass in vielen aktuellen Forschungspublikationen zwar mathematisch zuverlässige Relationen herausgearbeitet werden, der identifizierte Wirkungszusammenhang jedoch zu klein ist, als dass dieser für die Praxis irgendeine strategische Handlungsrelevanz haben könnte. Zukünftige Forschungsanstrengungen sollten sich demnach v. a. auch an der Praxisrelevanz der Erkenntnisse orientieren.[130]

Die bereits angesprochene Vielfalt und Heterogenität der gewählten Theoriehintergründe einzelner Forschungsarbeiten lässt es sinnvoll erscheinen, die populärsten Ansätze nachfolgend kurz vorzustellen, um grundlegende Annahmen zu erläutern und Differenzen aufzuzeigen.[131]

2.2. Wirtschaftswissenschaftliche Theorien zu Familienunternehmen

Ein substanzieller Teil der Forschungsergebnisse im Bereich Familienunternehmen ist vor dem Hintergrund der PA-Theorie, der Stewardship-Theorie und des ressourcenorientierten Ansatzes verfasst worden, weshalb diese im Folgenden noch einmal mit Bezug auf ihren Erklärungsgehalt für das Forschungsobjekt erläutert werden.[132] Aufgrund der in Publikationen der letzten Jahre gestiegenen Bezugnahme auf das Konzept des Socioemotional Wealth (SEW) wird auf dieses detaillierter eingegangen, bevor anschließend aus der Perspektive der neueren Systemtheorie auf Familienunternehmen geschaut wird.

---

130 Vgl. Wimmer und Kormann 2018, S. 152.

131 Da nachfolgend nur die populärsten (also in den aktuellen Publikationen relevantesten) Ansätze aus der betriebswirtschaftlichen Forschungstradition kurz erläutert werden, sei an dieser Stelle auf den ersten Teil (»Theoretical Perspectives in Family Business Studies«) in Melin, Nordqvist und Sharma 2014 verwiesen, in welchem zusätzlich die in der Forschung zu Familienunternehmen genutzten Theoriehintergründe aus der Psychologie und der Familientherapie (siehe hierzu von Schlippe und Schneewind 2014), der Anthropologie (siehe Stewart a. a. O.), der Soziologie (siehe Martinez und Aldrich a. a. O.) sowie auf evolutionstheoretische Ansätze (siehe Nicholson 2014) kurz und gut verständlich eingegangen wird.

132 Eine gute Übersicht über die angesprochenen Theorien im Kontext von Familienunternehmen bieten neben dem oben angesprochenen Artikel zu Agency-Konflikten von Madison, Holt, Kellermanns und Ranft 2016 auch Shukla, Carney und Gedajlovic 2014, Chrisman, Chua und Sharma 2005 und Miller und Le Breton-Miller 2006.

2.2.1. Familienunternehmen aus dem Blickwinkel der Prinzipal-Agenten-Theorie

Der PA-Theorie liegen die Annahmen zugrunde, dass einzelne Akteure ihren individuellen Nutzen opportunistisch zu maximieren versuchen[133] und zudem das Wissen sowie die Informationsverarbeitungskapazität des einzelnen Individuums begrenzt sind.[134] Die zwangsläufigen Informationsasymmetrien zwischen Prinzipal und Agent können in die Formen »hidden characteristics«, »hidden intentions«, »hidden information« und »hidden actions« unterteilt werden, die wiederum zu Agency-Kosten aufgrund adverser Selektion, »hold up« oder »moral hazard« führen und die es durch entsprechende Verträge zu minimieren gilt.[135] Da in Familienunternehmen Spannungsfelder zwischen Eigentümer und Management und zwischen Eigentümern und innerhalb gemischter Geschäftsführungen möglich sind (siehe Darstellung 1), ist der Blick auf akteursbezogene Zielkonflikte auch in der wissenschaftlichen Literatur zu Familienunternehmen außerordentlich populär.

Bereits 1932 haben Berle und Means erstmals die Konfliktproblematik, welche aufgrund der Trennung zwischen Eigentum und Management entsteht, thematisiert.[136] Auch aufbauend auf diesen ersten Überlegungen haben Jensen und Meckling 1976 einen vielbeachteten Beitrag im *Journal of Financial Economics* veröffentlicht, in welchem sie auf die potenziellen Vor- und Nachteile der Konzentration von Eigentumsanteilen eingehen und auch formalmathematisch erklären, warum es, trotz der Existenz von Agency-Kosten, eine Vielzahl von publikumsorientierten Aktiengesellschaften mit breit gestreuten Eigentumsanteilen gibt.[137] Bezugnehmend auf diese Überlegungen argumentieren Fama und Jensen 1983,

---

133 »The ›model of man‹ underlying agency and organisational economics is that of the self-interested actor rationally maximising their own personal economic gain.« Donaldson und Davis 1991, S. 51.

134 Vgl. hierzu auch Welge, Al-Laham und Eulerich 2017, S. 43 ff. Eine kritische Auseinandersetzung mit den grundlegenden Annahmen der PA-Theorie und den Folgen dieser Annahmen in Wissenschaft und Praxis findet sich bei Perrow 1986, S. 224 ff.

135 Vgl. zu einer deutschsprachigen Einführung in die PA-Theorie auch Picot, Dietl und Franck 2008, S. 72 ff.

136 »The institution here envisaged calls for analysis, not in terms of business enterprise but in terms of social organization. […] it involves the interrelation of a wide diversity of economic interests, – those of the »owners« who supply capital, those of the workers who »create«, those of the consumers who give value to the products of enterprise, and above all those of the control who wield power.« Berle und Means 1932, S. 352 f.

137 »We define the concept of agency costs, show its relationship to the ›separation and control‹ issue, investigate the nature of the agency costs generated by the existence of debt and outside equity, demonstrate who bears these costs and why, and investigate the Pareto optimality of their existence.« Jensen und Meckling 1976, S. 305.

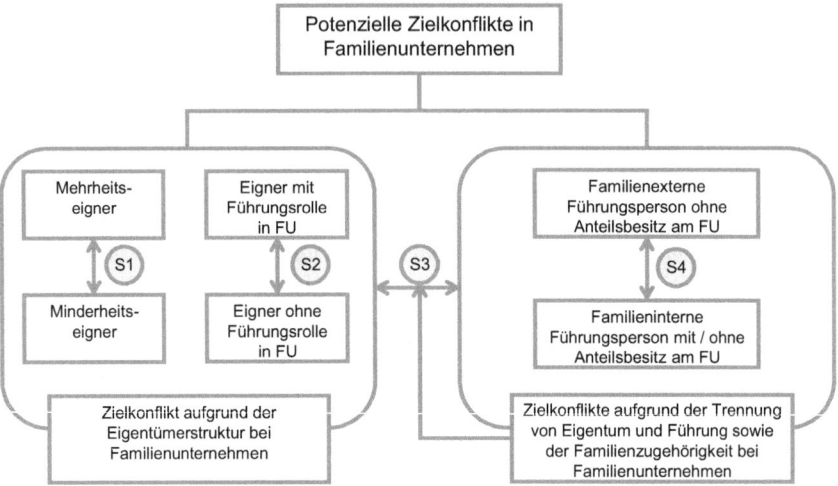

Darstellung 1: Potenzielle Zielkonflikte in Familienunternehmen (in Anlehnung an Benner (2009), S. 68)

»that separation of decision and risk-bearing functions survives in these organizations in part because of the benefits of specialization management and risk bearing but also because of an effective approach to controlling the agency problems caused by separation decision and risk-bearing functions. In particular, our hypothesis is that the contract structures of all of these organizations separate the ratification and monitoring of decisions from initiation and implementation of the decisions.«[138]

Abgeleitet aus diesen grundlegenden Überlegungen zu Agency-Kosten, welche aufgrund der Trennung von Management und Eigentum entstehen, haben sich diverse Arbeiten mit den Vorteilen und spezifischen Spannungsfeldern im Kontext von Familienunternehmen auseinandergesetzt. So können viele in der Literatur beschriebene spezifische Herausforderungen von Familienunternehmen auf das Spannungsfeld 1 und 2 (S1 und S2 in Darstellung 1), also auf Konflikte, die aufgrund der Eigentümerstruktur zustande kommen, zurückgeführt[139] und aus dem Blickwinkel der PA-Theorie analysiert werden.[140] Mit Bezug

---

138 Fama und Jensen 1983, S. 301 f.

139 Vgl. hierzu beispielsweise die aufschlussreiche (allerdings aus einem anderen theoretischen Blickwinkel argumentierende) Arbeit von Wimmer 2011b (insbesondere Kapitel 2.2. »Die Familie bzw. die Gesellschafterkonstellation als Quelle der Selbstgefährdung«).

140 Potenzielle Agency-Konflikte im Kontext von Unternehmensakquisitionen durch Familienunternehmen finden sich bei Benner 2009, S. 70 ff.

auf das Spannungsfeld S2 – Konflikte zwischen Eignern mit und ohne Füh-rungsverantwortung[141] – schreiben Zellweger und Füglistaller z. B.:

>»If an owner-manager relinquishes equity to outside owners, agency theory predicts that the changes in the incentives facing the owner-manager will cause the firm's value to decline. Specifically, as inside owners now bear only a fraction of the risk or cost of the benefits they receive, they have incentive to act opportunistically and make deci-sions that promote their personal interests as opposed to the interests of the outside owners. In this way, fractional ownership creates agency problems.«[142]

Das Spannungsfeld S3 – Interessenkonflikte aufgrund der Trennung von Eigen-tum und Führung – ist die bereits angesprochene klassische Konfliktsituation, welche auftreten kann, wenn die Eigentümerfamilie ausschließlich Fremdmanager im Unternehmen beschäftigt. Ein weiteres familienunternehmensspezifisches Spannungsfeld kann durch S4 – Interessenkonflikte zwischen familieninternen und -externen Führungspersonen – beschrieben werden. Hier können beispiels-weise Situationen aus dem Blickwinkel der PA-Theorie analysiert werden, welche häufig unter dem Stichwort Nepotismus diskutiert werden. Insgesamt setzen sich die meisten familienunternehmensspezifischen Arbeiten, die explizit auf die PA-Theorie als theoretische Hintergrundfolie zurückgreifen, mit der Beziehung zwi-schen Eigentümer und Geschäftsführung sowie mit Mehr- und Minderheitsge-sellschaftern auseinander.[143] Die Eigenheiten von Familienunternehmen zeigen sich dabei v. a. in Altruismus und »Entrenchment«[144], die sowohl positiven als auch negativen Einfluss auf das Unternehmen haben können.[145]

Unter anderem dadurch, dass in diversen Untersuchungen belegt wurde, dass eine grundlegende Annahme dieses Theoriekonstrukts, nämlich das aus-schließlich opportunistische Streben nach dem eigenen ökonomischen Nutzen, bei vielen Unternehmerfamilien nicht beobachtbar ist,[146] ist vermehrt die Ste-wardship-Theorie als Basis für Forschungsarbeiten verwendet worden, welche

---

141 Ein konkretes Beispiel für einen solchen Konflikt ist bei Graven 2012 sehr anschaulich beschrieben. Aktuelle Forschungsergebnisse diesbezüglich finden sich bei Blanco-Ma-zagatos, de Quevedo-Puente und Delgado-García 2016.

142 Zellweger 2006, S. 60.

143 Vgl. zu dieser Einschätzung Chrisman, Chua und Sharma 2005, S. 560. Eine Ausnahme hiervon ist z. B. die Arbeit von Anderson, Mansi und Reeb 2003, die sich mit Zinskosten großer Familienunternehmen auseinandersetzt.

144 »In the context of agency theory, management entrenchment permits managers to extract private benefits from owners.« Chrisman, Chua und Sharma 2005, S. 561. Siehe hierzu auch die dort angegebene Literatur.

145 Vgl. hierzu auch die Ausführungen bei ebd., S. 562.

146 »One difficulty of the traditional agency theory approach is that it seems to assume that financial return (through increasing market value and cash flow to the owners) is the ultimate goal of family business ownership. The discussion above showed however, that the agency relationships in family firms are at odds with this theory.« Zellweger 2006, S. 120.

nachfolgend detaillierter erläutert wird. Ein weiterer zentraler Kritikpunkt an diesem theoretischen Konstrukt ist, dass sich gemäß den Annahmen der PA-Theorie alle (objektiv beobachtbaren) sozialen Situationen innerhalb von Organisationen durch kausale Ursache-Wirkung-Zusammenhänge aufgrund der Dynamiken von Prinzipal-Agenten-Beziehungen beschreiben lassen.[147]

2.2.2. Familienunternehmen aus dem Blickwinkel der Stewardship-Theorie

Die Stewardship-Theorie hat sich als Gegenmodell zu den Annahmen des ausschließlich opportunistisch nutzenmaximierenden Akteurs in der PA-Theorie entwickelt.[148] Während sich diese in den wirtschaftswissenschaftlichen Forschungsdisziplinen entwickelt hat, greift das Menschenbild der Stewardship-Theorie auf psychologische und organisationssoziologische Theorieelemente zurück, um die Verhaltensweisen einzelner Akteure im organisationalen Umfeld zu erklären.[149] Die Stewardship-Theorie erlaubt somit keine simplifizierenden, mathematisch beschreibbaren, kausalen Wirkungszusammenhänge.

> »In stewardship theory, the model of man is based on a steward whose behavior is ordered such that pro-organizational, collectivistic behaviors have higher utility than individualistic, self-serving behaviors.«[150]

Aus den weiteren Grundannahmen dieses theoretischen Modells ist abzuleiten, dass das unternehmerische Geschehen kontingent ist. Es beruht auf miteinander vernetzten Entscheidungen, die in keinem deterministischen Zusammenhang

---

147 »[…] as it assumes that organized social life is nothing more than a series of contracts between people with the resources to pick and choose the contracts they like.« Perrow 1986, S. 235.

148 Als einen Ausgangspunkt zur Formulierung der Stewardship-Theorie schreiben Davis, Schoorman und Donaldson 1997, S. 20: »Therefore, exclusive reliance upon agency theory is undesirable because the complexity of organizational life are ignored.«

149 Donaldson und Davis 1991, S. 51, drücken es folgendermaßen aus: »There are, however, other ›models of man‹ which originate in organisational psychology and organisational sociology. Here organisational role-holders are conceived as being motivated by a need to achieve, to gain intrinsic satisfaction through successfully performing inherently challenging work, to exercise responsibility and authority, and thereby to gain recognition from peers and bosses. Thus, there are non-financial motivators. Moreover, identification by managers with the corporation, especially likely if they have served there with long tenure and have shaped its form and directions, promotes a merging of individual ego and the corporation, thus melding individual self-esteem with corporate prestige. Again, even where a manager may calculate that a course of action is unrewarding personally, they may nevertheless carry it out from a sense of duty, that is, normatively induced compliance.«

150 Davis, Schoorman und Donaldson 1997, S. 24.

stehen.[151] Die Voraussetzungen für eine Art der Führung nach diesem, den Annahmen der PA-Theorie teilweise diametral entgegenstehenden Menschenbild, bilden sich vielfach eher in Familienunternehmen heraus als in Publikumsgesellschaften, die sich quartalsweise gegenüber dem Kapitalmarkt rechtfertigen müssen. So kann sich ein Verantwortungsgefühl für das erfolgreiche Funktionieren des »Ganzen«[152] dann entwickeln, wenn der persönliche Umgang miteinander von Vertrauen und Fairness in den Austauschbeziehungen geprägt ist und sich nicht jeder jederzeit vor dem eigenen Ausgenutztwerden schützen muss.[153] Damit sich ein solcher auf Vertrauen und Offenheit basierender Umgang miteinander entwickeln kann, sind einige in Familienunternehmen häufig zu beobachtende Charakteristika sicherlich hilfreich.[154] Hierzu zählen beispielhaft:[155]

– Die Tatsache, dass an der Spitze dieser Unternehmen vielfach Personen stehen, die innerhalb der Organisation glaubhaft vermitteln, dass sie sich dem langfristigen Erfolg der Organisation verpflichtet fühlen (und somit als Vorbild agieren und nicht als opportunistische Maximierer des persönlichen Nutzens wahrgenommen werden)[156].

---

151 Vgl. Wimmer 2016, S. 17, sowie Davis, Schoorman und Donaldson 1997, S. 43, die herausstellen: »We also add to previous stewardship research by examining a model based on manager-principal choice rather than a determinism. According to our model, managers *choose* to behave as stewards or agents. Their choice is contingent on their psychological motivations and their perceptions of the situation.«

152 Davis, Schoorman und Donaldson 1997 schreiben hierzu: »Stewards in loosely coupled, heterogeneous organizations […] are motivated to make decisions that they perceive are in the best interests of the group.« Das bedeutet, dass es dieser Denktradition nach keine Interessenkonflikte zwischen Steward und Prinzipal gibt, da beide ihre Zufriedenheit aus der erfolgreichen Funktionsfähigkeit des Gesamtzusammenhangs gewinnen.

153 »The issue of trust is a critical aspect […].« Ebd., S. 33.

154 Die nachfolgenden Charakteristika sind natürlich nicht als deterministisch für Familienunternehmen zu verstehen. Vielmehr folgt der Autor der Ansicht von Corbetta und Salvato 2004, S. 357, dass die Familie und das oberste Führungsgremium einen entscheidenden Einfluss auf das Führungsgeschehen in einem Unternehmen haben. »As a matter of fact, the owning family has a strong influence on virtually all psychological and situational antecedents of organizational behavior. Hence, the owning family has a crucial impact in shaping the »model of man« prevailing within the organization as either the self-serving, economically rational man postulated by agency theory, or the self-actualizing, collective serving man suggested by stewardship theory.«

155 Siehe hierzu grundlegend auch die von Davis, Schoorman und Donaldson 1997, S. 27ff., beschriebenen (psychologischen und situativen) Faktoren, in denen sich die Annahmen zwischen PA- und Stewardship-Theorie unterscheiden.

156 Vgl. Wimmer 2016, S. 18. Davis, Schoorman und Donaldson 1997, S. 34, stellen diesbezüglich schon 1997 heraus, »that the management philosophy of an organization creates a context in which the choice of agency or stewardship relations are made by principals and managers.« Miller und Le Breton-Miller 2006, S. 74, gehen davon aus, dass diese positive Vorbildfunktion wahrscheinlicher ist, wenn die oberste Führungskraft Mitglied der Unternehmerfamilie ist bzw. sich dieser zumindest emotional verbunden fühlt.

– Der typischerweise langfristige Planungshorizont, der dazu führt, dass Investitionsopportunitäten durchgeführt werden können, deren Erfolg nicht anhand von Quartalsergebnissen gemessen wird, und somit eine langfristige Identifikation der Beschäftigten mit gemeinsamen (und relativ unveränderlichen) Unternehmenszielen und -werten ermöglicht.

– Das »Durchhaltevermögen« bei der Wahrnehmung von Geschäftsmöglichkeiten, welches nur durch eine sehr langfristige Zielsetzung der Eigner möglich ist.[157]

– Die vielfach langjährige Betriebszugehörigkeit sowie die Erwartungshaltung einer langfristigen Beschäftigung, die es den einzelnen Mitarbeitern und externen Führungskräften ermöglicht, sich mit den strategischen Zielen des Unternehmens zu identifizieren[158] und durch deren Zielerreichung den eigenen Selbstwert zu steigern.

Bereits 1986 hat Perrow darauf hingewiesen, dass ein implizites Menschenbild einen wesentlichen Einfluss auf unsere Handlungen hat.[159] Dafür, dass ein Menschenbild, welches den Annahmen der Stewardship-Theorie zugrunde liegt, zu Handlungen führt, die auch ökonomisch erfolgreiche Ergebnisse liefern, haben Donaldson und Davis bereits 1991 erste Hinweise geliefert.[160] Ein Erklärungsansatz ist, dass die komplexitätsreduzierende Wirkung von Vertrauen auch unter ökonomischen Gesichtspunkten zu effizienteren Kommunikationsprozessen führt als der Aufbau von immer komplizierteren Vertragsmodellen zur optimalen Angleichung der unterschiedlichen Interessenlagen.[161]

Aus dem Geschriebenen wird deutlich, dass die Prinzipal-Agenten- und die Stewardship-Theorie ihre Ursprünge in sehr verschiedenen theoretischen Traditionen haben und ihnen ein grundlegend unterschiedliches Verständnis der Steuerungsmöglichkeiten von Organisationen zugrunde liegt. Trotzdem werden diese Theorieansätze in der familienunternehmensspezifischen Literatur vielfach als komplementäre Erklärungsmuster für beobachtbare Phänomene beschrieben. Aufgrund der Heterogenität der Grundannahmen scheinen normative Gestaltungsempfehlungen aus theoretischer Sicht allerdings kaum möglich.

---

157 Zu »patient capital« vgl. auch Sirmon und Hitt 2003, S. 343, und die dort angegebene Literatur.
158 Vgl. hierzu auch Miller und Le Breton-Miller 2006, S. 78.
159 Vgl. Perrow 1986.
160 Vgl. Donaldson und Davis 1991.
161 Vgl. zur Funktion von Vertrauen grundlegend und ausführlich Luhmann 1968.

2.2.3. Familienunternehmen aus dem Blickwinkel des Ressource-Based-View

Ein weiterer, in der familienunternehmensspezifischen Literatur seit dem Bei-trag von Habbershon und Williams 1999[162] sehr populärer Theorieansatz ist der Ressource-Based-View (RBV). Dieser aus dem strategischen Management stammende Ansatz geht auf Penrose zurück, die bereits 1959 als eine der Ersten ein Unternehmen als ein Bündel von Ressourcen betrachtete.[163] Bis Wernerfelt 1984 einen vielbeachteten Artikel zu diesem Thema im *Strategic Management Journal* veröffentlichte, war diese Sichtweise auf Unternehmen allerdings relativ unbeachtet geblieben. Wernerfelt wies darauf hin, dass es sinnvoll sein kann, »to look at firms in terms of their resources rather than in terms of their products«, weil diese Perspektive einen anderen Blick auf strategische Optionen ermögli-che.[164] Aufbauend auf diesen Überlegungen hat sich der RBV, also der Blick auf die unternehmensinternen Ressourcen, als die neben der von Porter geprägten industrieökonomischen Blickrichtung[165] bedeutendste Sichtweise auf Organisa-tionen im strategischen Management entwickelt. Einen wesentlichen und viel-zitierten Beitrag zu diesem Theoriemodell leistete auch Barney, als er 1991 konstatierte, »that in order to understand sources of sustained competitive ad-vantage, it is necessary to build a theoretical model that begins with the as-sumption that firm resources may be heterogeneous and immobile«[166] und daran anschließend die folgenden vier Faktoren benannte, die Ressourcen erfüllen müssen, um einen nachhaltigen Wettbewerbsvorteil generieren zu können:[167]
- nutzenstiftend bzw. werthaltig (valuable): Eine Unternehmenseigenschaft kann demnach erst dann einen nachhaltigen Wettbewerbsvorteil generieren (und somit als Ressource im Sinne der Theorie klassifiziert werden), wenn sie dazu beiträgt, Strategien zur Effizienz- und Effektivitätssteigerung umzuset-zen. Hierbei geht es v. a. darum, dass Ressourcen helfen müssen, das eigene Angebot am Markt zu stärken.[168]

---

162 Vgl. Habbershon und Williams 1999.
163 »Thus, a firm is more than an administrative unit; it is also a *collection of productive resources* the disposal of which between different uses and over time is determined by administrative decision.« Penrose 1959, S. 24.
164 Wernerfelt 1984, S. 179.
165 Vgl. hierzu die »Klassiker« Porter 2008 (Erstauflage 1980) und Porter 2010 (Erstauflage 1985).
166 Barney 1991, S. 105.
167 Vgl. zu den nachfolgenden Punkten ebd., S. 106 ff.
168 »That firm attributes must be valuable in order to be considered resources (and thus as possible sources of sustained competitive advantages) points to be an important comple-mentarity between environmental models of competitive advantage and resource-based model.« Ebd., S. 106.

- knapp (rare): Dies bedeutet, dass ein Faktor nur dann zu einem nachhaltigen Wettbewerbsvorteil führen kann, wenn er nicht allen Unternehmen gleichermaßen zur Verfügung steht, also eine Ressourcenknappheit vorliegt.
- nicht imitierbar (imperfectely imitable): Einen andauernden Wettbewerbsvorteil stellen diese Faktoren nur dann dar, wenn sie das Kriterium der Nicht-Imitierbarkeit aufweisen, durch Wettbewerber also nicht einfach kopiert werden können.[169]
- nicht substituierbar: Ressourcen dürfen nicht durch vergleichbare oder andersartige Ressourcen, die einen strategisch vergleichbaren Ersatz darstellen, substituierbar sein.

Es wird hierbei deutlich, dass der Annahme der industrieökonomischen Sichtweise, Unternehmenserfolge ohne eine detaillierte Analyse der betreffenden Organisation erklären zu können, widersprochen wird.[170] Aufgrund der Fokussierung der Blickrichtung auf das Innenleben der Organisation und des relativ hohen Abstraktionsgrades dieses Theorieansatzes wurde seitdem sowohl in der betriebswirtschaftlichen Literatur zum Thema Familienunternehmen als auch zum Themenbereich Post-Merger-Integration immer wieder hierauf Bezug genommen.[171] Wie bereits erwähnt, wandten Habbershon und Williams dieses Konzept erstmals auf Familienunternehmen an, um familienunternehmensspezifische Charakteristika anhand einer besonderen Ressourcenausstattung

---

169 Ebd., S. 107 ff., weist darauf hin, dass Ressourcen aus drei Gründen eine Nicht-Imitierbarkeit aufweisen können: (a) aufgrund einzigartiger historischer Konditionen(Stichwort Pfadabhängigkeiten), (b) aufgrund kausaler Ambiguität (es besteht also Unklarheiten über den Kausalzusammenhang, so dass ungeklärt ist, welche Ressourcen es sich eigentlich zu imitieren lohnt) und (c) aufgrund sozialer Komplexität (so können beispielsweise Maschinen und Software einfach imitiert werden, deren gleichwertige Einbindung in die vielfältig gewachsenen sozialen Strukturen und Prozesse einer Organisation erscheint dagegen herausfordernder).
170 Vgl. zu dieser Sichtweise Porter 2008, der auf S. 24 schreibt: »Dieses Buch bietet einen umfassenden Rahmen für analytische Methoden, die dem Unternehmen helfen sollen, seine Branche als Ganzes zu analysieren und ihre künftige Entwicklung vorauszusagen, seine Konkurrenten und seine eigene Position zu verstehen und *schließlich die Analyse in eine Wettbewerbsstrategie für den betreffenden Markt umzusetzen.*« Der Widerspruch liegt in den basalen Prämissen begründet, da die industrieökonomische Sichtweise davon ausgeht, dass Ressourcen innerhalb einer Branche oder strategischen Gruppe homogen und hoch mobil sind, wodurch Wettbewerbsvorteile aufgrund von Ressourcenheterogenität nur von kurzer Dauer sein können. Vgl. hierzu auch Habbershon und Williams 1999, S. 8, oder Mühlebach 2004, S. 48 f.
171 Forschungsarbeiten zum Themenbereich Post-Merger-Integration, die sich in ihrer Konzeption eindeutig auf den RBV beziehen, sind die Dissertationen von Bachmann 2008 und Gerds 2000 oder die Habilitation von Gerpott 1993.

greifbar zu machen, die sie »familiness« nennen[172] (»familiness is defined as the unique bundle of resources a particular firm has because of the systems interaction between the family, its individual members, and the business«[173]) und die sowohl förderliche als auch hinderliche Aspekte umfassen kann.[174] Dabei werden zur differenzierenden Beschreibung dieser familienunternehmensspezifischen Ressourcen häufig leicht unterschiedliche Kategorien verwandt,[175] die nachfolgend unter Bezugnahme auf Mühlebach in aller Kürze wiedergegeben werden.[176] Familienunternehmen können, ähnlich wie allerdings auch Nicht-Familienunternehmen, einen besonderen *Wettbewerbsvorteil durch physisches Kapital*, wie bspw. einen attraktiven Standort, der sich schon über Jahrzehnte in Familienbesitz befindet, oder einen besonders innovativen Maschinenpark,[177] erlangen. Auch in Bezug auf finanzielle Ressourcen lassen sich familienunternehmensspezifische Besonderheiten beobachten, wie eine *Präferenz zur Innenfinanzierung und dem Streben nach finanzieller Unabhängigkeit*,[178] die für das Unternehmen positive wie auch hinderliche Auswirkungen haben können. Das

---

172 Auch wenn der Begriff »familiness« erstmals von Habbershon und Williams 1999 verwandt worden ist und sein Ursprung demnach aus dem Theoriegebilde des RBV stammt, weisen Autoren inzwischen darauf hin, dass die Gefahr besteht, dass die Unschärfe von »familiness« in der wissenschaftlichen Auseinandersetzung zunimmt. »In summation, due to the widespread appeal of the »familiness« construct, there was a risk of its becoming an umbrella concept with confusion as to its component dimensions, antecedents, or consequences.« Sharma 2008, S. 975. Vgl. hierzu auch kritisch Weismeier-Sammer, Frank und von Schlippe 2013, die eine systemtheoretisch fundierte Weiterentwicklung des Konzepts vorschlagen.

173 Habbershon und Williams 1999, S. 11.

174 Vgl. hierzu ausführlicher z. B. Zellweger und Mühlebach 2008, S. 64 ff.

175 Während Barney 1991, S. 101, zwischen »physical capital resources«, »human capital resources« und »organziational capital resources« differenziert, unterscheidet der ebenfalls vielzitierte Artikel von Grant 1991, S. 119, die sechs Kategorien »financial resources, physical resources, human resources, technological resources, reputation, and organizational resources.« Habbershon und Williams 1999, S. 11, nimmt darauf Bezug, unterscheidet aber wiederum (mit expliziter Bezugnahme auf Familienunternehmen) zwischen »physical capital resources«, »human capital resources«, »organizational capital resources« und »process capital resources«. Die vielbeachtete Dissertation von Mühlebach 2004 legt ihrer Analyse die Kapitalkategorien physisches Kapital, finanzielles Kapitel, Humankapital und organisationales Kapital zugrunde (S. 73 ff.). Einige Jahre später differenzieren Zellweger und Mühlebach 2008 die physischen, finanziellen, personellen, kulturellen, sozialen, wissensbasierten und intangiblen Ressourcen zur Beschreibung der Familiness in Familienunternehmen.

176 Vgl. nachfolgend Mühlebach 2004, S. 73 ff.

177 So berichtet z. B. Simon 1996, S. 145, von diversen Unternehmen, die ihre Erfolge der andauernden Technologieorientierung und einem selbst entwickelten Maschinenpark zu verdanken haben. Sowohl Simon als auch Mühlebach betonen aber, dass eine zu starke Technikverliebtheit eine hinderliche Ressource darstellen kann, wenn dieser kein entsprechender Kundennutzen gegenübersteht.

178 Vgl. hierzu stellvertretend für viele die prägnante Zusammenfassung bei Berthold 2010, S. 150.

Humankapital betrifft den Bereich des Personalmanagements, in welchem Familienunternehmen ebenfalls besondere Ressourcen (z. B. bei der Mitarbeitergewinnung und -bindung) aufweisen können, welche einen Wettbewerbsvorteil darstellen können.[179] Unter organisationalen Ressourcen werden *Strukturen und Prozesse* (z. B. schnelle Entscheidungsfindung oder überlastete Unternehmensführung) sowie die unternehmenskulturellen Eigenschaften[180] diskutiert.

Auf Basis dieses theoretischen Ansatzes sind zahlreiche Publikationen zum Thema Familienunternehmen entstanden, die versuchen, die beobachtbaren Verhaltensweisen von Familienunternehmen zu erklären sowie das theoretische Konzept weiter zu verfeinern.[181]

2.2.4. Familienunternehmen aus dem Blickwinkel des Socioemotional Wealth (SEW) Ansatzes

Eine in den letzten Jahren immer populärer gewordene Theorieressource in der Familienunternehmensforschung ist der SEW-Ansatz, welcher auf Gomez-Mejia und ihre Kollegen zurückgeht.[182] Berrone et al. sprechen sich sogar für den SEW-Ansatz als »potential dominant paradigm in the family business field« aus.[183] Die theoretische Grundlage dieses Konstrukts bildet ein verhaltensökonomisch fundiertes Modell (»behavioral agency model«)[184], also eine Verknüp-

---

179 Vgl. vertiefend z. B. Mühlebach 2004, S. 92 ff.

180 Viele Autoren (auch Vertreter des RBV) sind sich darin einig, dass die Unternehmenskultur einen wesentlichen Einfluss auf die besonderen Charakteristika von Familienunternehmen hat, ohne »Kultur« theoretisch weiter zu konzeptualisieren. Vgl. z. B. Ebd., S. 111, wenn sie schreibt: »[…][es] ist unbestritten, dass die Normen und Wertvorstellungen der Unternehmerfamilie, oft im besonderem Maße des Gründers, die Kultur im Unternehmen nachhaltig prägen. Eine starke Kultur wirkt handlungsleitend und kann damit im Ergebnis sowohl eine Quelle förderlicher als auch hinderlicher Familyness sein.«

181 So haben beispielsweise Tokarczyk, Hansen, Green und Down 2007 darauf aufbauend herausgearbeitet, dass »familiness qualities, including, but not limited to, strategic focus, customer orientation, family relationships, and operational efficiency, do contribute to a propensity for execution of an effective market orientation.«

182 Vgl. Gomez-Mejia, Takács Haynes, Núnes-Nickel, Jacobson und Moyano-Fuentes 2007.

183 Berrone, Cruz und Gomez-Mejia 2012, S. 258. Inzwischen gibt es allerdings auch Forschungsarbeiten, die sich kritisch mit den Forschungsergebnissen auseinandersetzen, welche auf dem SEW-Ansatz aufbauen. Vgl. hierzu z. B. Miller und Le Breton-Miller 2014, S. 716, wenn sie schreiben: »In most previous research, SEW preferences are not assessed directly. They are very rarely measured by stated family motivations but instead by examining governance variables of family involvement in ownership and management, coupled with generic outcomes […]. As noted, this is a hazardous inference, as these outcomes may well be linked to conditions and preferences having little to do with family SEW priorities.«

184 Vgl. hierzu Wiseman und Gomez-Mejia 1998.

fung von Aspekten der Prospect Theory von Kahnemann und Tversky[185] und der PA-Theorie. Diese theoretischen Überlegungen gehen davon aus, dass in Familienunternehmen Entscheidungen nicht nach ausschließlich ökonomischen Gesichtspunkten, sondern zur langfristigen Erhaltung des SEW der Eigentümer getroffen werden. Die Gründe hierfür sind psychologischer Natur. Berrone et al. schreiben hierzu:

> »[T]he value of socioemotional wealth to the family is more intrinsic, its preservation becomes an end in itself, and it is anchored at a deep psychological level among family owners whose identity is inextricably tied to the organization.«[186]

Im Grunde »funktionieren« Familienunternehmen genauso rational wie alle anderen Unternehmen auch, die Verantwortlichen setzen bei der Entscheidungsfindung nur einen anderen Referenzpunkt.

> »Fundamental to this theory is the notion that firms make choices depending on the reference point of the firm's dominant principals. These principals will make decisions in such a way that they preserve accumulated endowment in the firm. In the case of family principals, the emphasis on preserving SEW becomes critical.«[187]

Dabei werden unter SEW »non-financial aspects of the firm that meet the family's affective needs, such as identity, the ability to exercise family influence, and the perpetuation of the family dynasty« verstanden.[188] Das »socioemotional endowment« ist demnach konzeptualisiert

> »to capture the stock of affect-related value that a family derives from its controlling position in a particular firm. It includes the unrestricted exercise of personal authority vested in family members, the enjoyment of family influence over the business, and close identification with the firm that usually carries the family's name.«[189]

Die Verschiebung des Referenzpunktes weg von ausschließlicher Gewinnmaximierung hin zur Sicherung der nicht-finanziellen Aspekte führt dazu, dass Familienunternehmen zugleich als risikoaverser und risikofreudiger wahrgenommen werden können als Unternehmen im Streubesitz.[190] Denn Risiko ist dem-

---

185 Vgl. hierzu grundlegend die Arbeit von Kahneman und Tversky 1979. Vereinfacht ausgedrückt erklärt die Prospect Theory die Differenzen zwischen dem theoretisch ausschließlich rational nutzenmaximierenden Verhalten des Homo oeconomicus und dem beobachtbaren Verhalten von Menschen durch kognitive Verzerrungen, also durch die Verschiebung des Referenzpunktes.

186 Berrone, Cruz, Gomez-Mejia und Larraza-Kintana 2010, S. 87.

187 Berrone, Cruz und Gomez-Mejia 2012, S. 259.

188 Gomez-Mejia, Takács Haynes, Núnes-Nickel, Jacobson und Moyano-Fuentes 2007, S. 106.

189 Berrone, Cruz und Gomez-Mejia 2012, S. 259.

190 »Depending on the type of risk being considered, family firms could be both risk willing and risk averse at the same time.« Gomez-Mejia, Takács Haynes, Núnes-Nickel, Jacobson und Moyano-Fuentes 2007, S. 111. An anderer Stelle führen sie dies beispielhaft aus: »Family firms may be willing to incur a greater performance hazard, as evidenced by a greater

nach nicht objektiv zu bestimmen, sondern abhängig von dem Beobachter, der den Referenzpunkt zur Risikobestimmung subjektiv festlegt.[191] Aufbauend auf diesen grundlegenden Überlegungen und unter Bezugnahme auf weitere wissenschaftliche Erkenntnisse haben Berrone et al. fünf Dimensionen vorgeschlagen, in denen sich die nicht finanziellen Zielsetzungen, und demnach die handlungsleitenden Prämissen, von Unternehmerfamilien widerspiegeln. Diese sind:[192]

- *Family control and influence:* Ein handlungsleitender Punkt für Unternehmerfamilien sind demnach Kontroll- und Einflussmöglichkeiten, die aus der Gesellschafterrolle heraus begründet werden und deren Erhaltung einen Wert für sich darstellt.
- *Family members' identification with the firm:* Die zweite Dimension betrifft die hohe Identifikationszuschreibung zwischen Familie und Unternehmen. Dies führt z. B. dazu, dass unternehmerische Entscheidungen immer auch vor dem Hintergrund der Auswirkung ebendieser auf die Wahrnehmung der Familie getroffen werden.
- *Binding social ties:* Die sozialen Beziehungen, die Familienunternehmen zu den unterschiedlichen Stakeholdern (zu Mitarbeitern, Kunden, Lieferanten, sozialen Einrichtungen etc.) aufbauen, wie auch die Beziehungen der Familienmitglieder untereinander sind i. d. R. von Vertrauen und Reziprozität geprägt und stellen ebenfalls einen eigenen Wert dar.
- *Emotional attachment of family members:* Aufgrund regelmäßiger, meist langjähriger, zwischenmenschlicher Interaktionsprozesse in Familienunternehmen entstehen Emotionen, welche die Entscheidungsprozesse der Familienmitglieder beeinflussen können.
- *Renewal of family bonds to the firm through dynastic succession:* Eine der wesentlichen Entscheidungsprämissen bei Entscheidungsträgern in Unternehmerfamilie, stellt der inhärente Wunsch dar, dass Unternehmen als langfristig unabhängiges Unternehmen zu bewahren, um es an die nachfolgende Generation weiterzugeben.

---

probability of failure and below-target performance, if this is what it takes to protect their socioemotional wealth. Hence, they are loss averse when it comes to threats to their socioemotional wealth (relinquishing family control) even if this means accepting a greater performance hazard.« (S. 107).

191 »From this vantage point, risk bearing is subjective, representing perceived threats to a decision maker's endowment – what the person believes is important to his or her welfare, is already accrued, and can be counted on.« Ebd., S. 111.

192 Vgl. hierzu Berrone, Cruz und Gomez-Mejia 2012, S. 262 ff., und die dort angegebenen Literaturangaben.

Anknüpfend an diese theoretischen Überlegungen sind in den letzten Jahren diverse Forschungsarbeiten entstanden, welche in ihren Argumentationen auf das dargestellte Theoriekonstrukt zurückgreifen.[193]

2.2.5. Kritische Würdigung der meistverwandten theoretischen Ansätze in der wirtschaftswissenschaftlichen Forschung zu Familienunternehmen

Die vorgestellten Theoriegebilde liegen einem Großteil der in den letzten Jahren veröffentlichten, betriebswirtschaftlichen Forschungspublikationen zu Familienunternehmen zugrunde. All den vorgestellten theoretischen Überlegungen liegt dabei ein positivistisches Weltbild zugrunde, welches von der Möglichkeit der objektiven Beschreibung der Wirklichkeit ausgeht. Darüber hinaus nimmt keine dieser Theorien eine explizit organisationale Perspektive ein. Organisationale Phänomene werden in diesen Theorieüberlegungen vornehmlich über das Verhalten einzelner Akteure erklärbar. Dabei liegt, v. a. der PA-Theorie und dem SEW-Ansatz, die Annahme zugrunde, dass Zielsetzungen von Organisationen außerhalb ebendieser (nämlich im Kreis der Eigentümer) entwickelt, beschlossen und, aufgrund kausaler Wirkungszusammenhänge, einfach in den entsprechenden Organisationen umgesetzt werden können. Der ressourcenorientierte Ansatz ist aufgrund seines relativ hohen Abstraktionsniveaus sicherlich am ehesten geeignet, Hinweise zur Beantwortung der aufgeworfenen Forschungsfragen zu liefern. Trotzdem wird im nachfolgenden noch einmal auf die neuere Systemtheorie zurückgegriffen, um die Spezifika von Familienunternehmen näher zu beleuchten und aufzuzeigen, welche zusätzlichen Perspektiven und Beschreibungsmöglichkeiten bei einer Betrachtung aus diesem theoretischen Blickwinkel möglich werden.[194]

2.3. Das Familienunternehmen und die Unternehmerfamilie als zwei Sozialsysteme unterschiedlichen Typs

Organisationen sind im Verständnis der neueren Systemtheorie Kommunikationssysteme, welche sich mit Hilfe von Entscheidungen gegenüber der Umwelt ausdifferenzieren und als operativ geschlossene Systeme bezeichnet werden können. Im Rahmen der Erkenntnisgewinnung über Familienunternehmen

---

193 Vgl. Kalm und Gomez-Mejia 2016, Zellweger, Kellermanns, Chrisman und Chua 2012 oder die Dissertationen von Stankiewicz 2016 und Dehlen 2013.

194 Wie obenstehend erläutert, finden sich Ausführungen zu den theoretischen Grundlagen der neueren Systemtheorie in Kapitel 2 der Promotionsschrift.

werden deshalb i. d. R. die beteiligten sozialen Systeme »Familie« und »Unternehmen« sowie deren koevolutionäre Entwicklung betrachtet. Die spezifischen Eigenheiten des Organisationstypus »Familienunternehmen« (aber ebenso natürlich auch die »Unternehmerfamilie«) entwickeln sich in dieser Denktradition aus der koevolutionären Entwicklung und der dauerhaften strukturellen Kopplung der beiden beteiligten sozialen Systeme, welche ganz unterschiedlichen Gesetzmäßigkeiten folgen. Während viele Publikationen Unternehmen als rational agierende Systeme beschreiben, wird Familien häufig eine durch Emotionalität beeinflusste Irrationalität unterstellt, die das teilweise als irrational beschriebene Verhalten von Familienunternehmen erklären soll.[195] Diese Sichtweise ist jedoch für die Beschreibung des Geschehens in Familienunternehmen nicht besonders hilfreich, da sie erstens der Komplexität des Beobachtungsgegenstandes nicht gerecht wird und zweitens eine implizite Abwertung des beobachtbaren Verhaltens von Familienunternehmen vornimmt.[196] Um die Besonderheiten von Familienunternehmen besser zu verstehen, erscheint es dagegen hilfreich, sich intensiver mit den Eigenheiten der beteiligten sozialen Systeme und deren Zusammenspiel auseinanderzusetzen, da dies für das erfolgreiche Überleben beider Systeme von grundlegender Bedeutung zu sein scheint. Dabei sei an dieser Stelle noch einmal darauf hingewiesen, dass soziale Systeme im Rahmen der neueren Systemtheorie als Kommunikationssysteme begriffen werden und

> »[e]in Systembegriff, der davon ausgeht, dass Menschen die Elemente des Systems sind, aus der Sicht der Theorie sozialer Systeme unbefriedigend bleibt, weil damit nicht erklärt wird, was denn eigentlich das System ausmacht.«[197]

Vor diesem Hintergrund erscheint es zielführend, die Kommunikationen in Familien[198] und Unternehmen sowie deren geschichtliche Entwicklung detaillierter zu betrachten und gegenüberzustellen.[199]

---

195 Simon 2013, S. 130, schreibt hierzu: »Glaubt man dem öffentlichen Bild, dann leiden Familienunternehmen darunter, dass die Rationalität ihrer Entscheidungsfindung durch die Irratonalität (= Emotionalität) der Entscheidungsfindung in Familien beeinträchtigt wird. Diese Bild wird auch oft vom Management von Familienunternehmen vertreten [...]«.

196 So ist v. a. in älteren Publikationen zum Thema Familienunternehmen oft der Ratschlag zu lesen, eine saubere Trennung der Bereiche zu vollziehen bzw. eine Grenzklärung herbeizuführen. Vgl. hierzu beispielhaft Berenbeim 1990 oder die bei Wiechers 2006, S. 160, angegebene Literatur.

197 von Schlippe 2013, S. 147.

198 Zur Verdeutlichung sei hier abermals auf Luhmann 2005b, S. 189 f., verwiesen: »Ein zweites Problem ergibt sich daraus, daß es sich suggestiv anbietet, Familien als Systeme zu sehen, die aus Personen bestehen. [...] Diesem Problem tragen wir dadurch Rechnung, daß wir strikt zwischen einer lebensmäßigen, einer psychischen und einer kommunikativen Realität unterscheiden und auf all diesen Ebenen unterschiedliche, gegeneinander geschlossene autopoetischen Systeme annehmen. Von einem Familiensystem soll im Folgenden deshalb nur

2.3.1. Das Sozialsystem Unternehmerfamilie im westlich geprägten Kulturraum der heutigen Zeit

Um ein reelles Bild von Familienunternehmen zu erlangen, erscheint es angemessen, den Begriff der Familie ausholender zu betrachten, da der Begriff »Familie« abhängig vom Kulturkreis, aber auch vom geschichtlichen Kontext sehr unterschiedlich konzeptioniert ist. Obwohl im heutigen, westlich geprägten Verständnis von Familie wahrscheinlich die meisten Menschen in unserem Kulturkreis an die typische Kleinfamilie (Eltern, Kinder, Ehepartner) denken, hat sich dieses Verständnis in unserem Kulturkreis erst ab dem 18. Jahrhundert entwickelt.[200] Brunner weist darauf hin, dass bis dahin nur vom »ganzen Haus« gesprochen wird, welches alle dort lebenden und arbeitenden Menschen umfasste (von blutsverwandten Angehörigen des Hausherren bis hin zu Mägden, Haushaltshilfen, Gesellen etc.). Das ganze Haus war, in vollkommenem Gegensatz zu den heutigen Verhältnissen in der westlichen Gesellschaft, ein sozialer Ort, in dem es keine Trennung zwischen »privat« und »beruflich« gab.

> »Das Haus, die Wirtschaft ist das grundlegende Sozialgebilde aller bäuerlichen und bäuerlich-adeligen Kulturen. Das Bauerntum bildete bis ins 19. Jahrhundert das Fundament der europäischen Sozialstruktur und wurde in diesen Jahrtausenden vom Strukturwandel der politischen Formen der Oberschichten in seiner Substanz wenig berührt. [...] Die Bauernwirtschaft war ohne die lohnlose Arbeit der Familienmitglieder, ohne die ›Herrschaft‹ des Wirtes, des Hausherren über die Familie nicht denkbar, sie bestand notwendigerweise in der Sozialform des ›ganzen Hauses‹. Sie war stets eine auch die menschlichen Beziehungen im Hause miteinschließende ›Wirtschaft‹ im älteren Sinne.«[201]

Erst die Entwicklung der Gesellschaft in Richtung einer Dominanz funktionaler Differenzierung und der massenhaften Ausprägung von Organisationen hat dazu geführt, dass sich die außerhäusliche Lohnarbeit zur überwiegenden Beschäftigungsform entwickelt hat. Und erst durch diese Entwicklung war es möglich, dass sich soziale Systeme entwickelten, die wir heute als (Klein-)Fami-

---

auf der Ebene kommunikativen Geschehens die Rede sein. Das Sozialsystem Familie besteht demnach aus Kommunikation, nicht aus Menschen und auch nicht aus ›Beziehungen‹ zwischen Menschen.«

199 Vgl. zu den nachfolgenden Ausführungen auch Wimmer 2014b.

200 »Es ist für unser Empfinden schon auffällig genug, daß die deutsche Sprache kein eigenes Wort für Familie besitzt. Man sprach eben vom Haus. Dasselbe hat ursprünglich das vom famulus abgeleitete familia die Gesamtheit der von einem Haus, einer Burg, einem Schloß, einem Fürstenhof abhängigen Leute bezeichnet. Erst im 18. Jahrhundert dringt das Wort Familie in die deutsche Umgangssprache ein und gewinnt jene eigentümliche Gefühlsbetontheit, die wir mit ihr verbinden.« Brunner 1987, S. 89.

201 Ebd., S. 85 f.

lie beschreiben.[202] Dabei ist offensichtlich, dass sich sowohl die Funktion des »ganzen Hauses« als auch die dort vorherrschenden Kommunikationsgewohnheiten grundlegend von den in heutigen Kleinfamilien vorherrschenden unterschieden haben. Die »Funktionsentlastung«, die die Familie im Rahmen dieser Entwicklung erfahren hat,[203] erscheint »als eine Entwicklung von einer mehr herrschaftlich-institutionellen zu einer mehr partnerschaftlich-personalen Familienstruktur.«[204] Und erst diese Funktionsentlastung auf der einen Seite hat dazu geführt, dass Familien in der heutigen Zeit auf der anderen Seite zum

> »Sehnsuchtsort für Intimität, für geschützte Privatheit, für die Entfaltung höchstpersönlicher, besondere Nähe ermöglichender Beziehungen und für die Realisierung der in diese Beziehungen gesetzten persönlichen Wünsche und Hoffnungen werden [konnten]. Erst auf dem Weg in die Moderne ist als Pendant zu den aufgabenbezogenen Arbeitsverhältnissen in den Organisationen eine persönliche Nahwelt ausdifferenziert worden, die sich durch eine ganz spezifische Form der Kommunikation bildet und reproduziert, nämlich durch die Fokussierung auf Intimität«.[205]

Diese Form der Kommunikation, also Intimkommunikation, ist es, die Familien in unserem westlich geprägten Kulturkreis von anderen sozialen Systemen unterscheidet.[206] Intimkommunikation unterscheidet sich v. a. dadurch von Kommunikation in Organisationen oder auch anderen Gruppen, dass

> »sie mit Blick auf die wechselseitigen persönlichen Belange und Erwartungen keine fest eingebauten Thematisierungsgrenzen kennt. Prinzipiell kann im Miteinander alles, was

---

202 »Diese ›Familisierung‹ des ›ganzen Hauses‹ wird häufig rein ideengeschichtlich erklärt [...]. Weit zutreffender ist sicherlich die Erklärung aus der Trennung von Arbeitsstätte und Wohnung, die einen seither stark anwachsenden Teil der Bevölkerung betraf. Diese Trennung ist [...] auf die Überwindung der Hausgemeinschaft als Basis der Arbeitsorganisation [zurückzuführen].« Mitteraucher und Sieder 1977, S. 81.
203 Vgl. hierzu ausführlich ebd., S. 94ff.
204 Ebd., S. 117.
205 Wimmer 2014b, S. 30. Luhmann 2005b, S. 13, schreibt diesbezüglich: »Wir gehen im Folgenden davon aus, daß im Vergleich zu älteren Gesellschaftsformationen die moderne Gesellschaft sich durch eine Steigerung in doppelter Hinsicht auszeichnet: durch mehr Möglichkeiten zu unpersönlichen und durch intensivere persönliche Beziehungen. Diese Doppelmöglichkeit kann ausgebaut werden, weil die Gesellschaft insgesamt komplexer ist und weil sie Interdependenzen zwischen verschiedenartigen sozialen Beziehungen besser regulieren, Interferenzen besser abfiltern kann. »Oder an anderer Stelle: »In der heutigen Familiensoziologie ist wohl allgemein akzeptiert, daß »Funktionsverlust« nicht einfach Abnahme der gesellschaftlichen Bedeutung der Familie besagen kann, sondern auf funktionale Spezifikation hinausläuft mit Entlastungen auf der einen Seite und Intensivierungen auf der anderen.« (S. 198).
206 Luhmann spricht davon, dass diese Kommunikation als generalisiertes Medium den Liebescode nutzt, wie er im 18. Jahrhundert in den Vorstellungen der »romantischen Liebe« entwickelt wurde. Siehe hierzu ausführlich Luhmann 1982, wo auch thematisiert wird, was dies für die Vorstellungen von Familien in unserem Kulturkreis bedeutet.

das eigene Ich bzw. das der anderen berührt (Beobachtungen, Empfindungen, Eindrücke) zum Thema werden.«[207]

»In Familien kann erwartet werden, daß sich die Kommunikation auf Personen bezieht oder zumindest immer mit im Auge hat, was die beteiligten Bewußtseinssysteme davon spüren, davon halten, dabei erleben und in ihrer eigenen strukturdeterminierten Operationsweise daraus machen.«[208]

Es wird deutlich, dass demnach Personen im Mittelpunkt von Familien stehen. In Familien

»findet man, wie oft bemerkt, eine unbedingte Bestätigung des eigenen Selbst, der personalen Identität. Hier, und vielleicht nur hier, fühlt man sich als der akzeptiert, der man ist – ohne Vorbehalte und ohne Befristung, ohne Rücksicht auf Status und ohne Rücksicht auf Leistungen.«[209]

»Das Bild der einzelnen Mitglieder (= Personen), das in der Kommunikation konstruiert wird, bestimmt die familiären Spielregeln. Und diese Personen liefern die Entscheidungsprämissen, die in der Familie oberste Priorität genießen. Die tatsächlichen oder vermeintlichen Probleme der Familienmitglieder zu lösen bestimmt die Rationalität (!) der heutigen Familie oder »Lebensabschnittsgemeinschaft« (d. h., das war in vormodernen Zeiten, in denen die Familie – das »ganze Haus« – als ökonomische Überlebenseinheit fungierte und außerhalb der Familie für das Individuum nur sehr limitierte Überlebenschancen bestanden, nicht so).«[210]

Diese Fokussierung auf Personen ist ganz wesentlich für Familien in der heutigen Zeit. Simon geht soweit, Familien, die sich nicht vordergründig um die Wohlfahrt ihrer Mitglieder kümmern, als irrational handelnd zu beschreiben.[211] Diese emotionsgetriebene und affektgeladene Fokussierung auf Personen führt zu reziproken Beziehungen ganz eigener Qualität, bei denen Leistung und Gegenleistung zu ganz individuellen Ausgleichserwartungen führen. In diesen sehr persönlichen, wechselseitigen Erwartungskonstellationen sind allerdings, häufig gerade wegen ihrer hohen Emotionsbasiertheit, auch jene Enttäuschungspotenziale eingebaut, die Familienkonflikte letztlich ins Unbeherrschbare dynamisieren können.[212] In dem zuvor Geschriebenen ist deutlich geworden, dass westeuropäisch geprägte Familien in der heutigen Zeit die Wohlfahrt ihrer Mitglieder und die

---

207 Wimmer 2014b, S. 31.
208 Luhmann 2005a, S. 213.
209 Luhmann 2008, S. 21.
210 Simon 2013, S. 131.
211 Vgl. Ebd., S. 131.
212 Wimmer 2014b, S. 32. Vgl. zu den besonderen Risikopotenzialen, die sich aus der Gesellschafterkonstellation für Familienunternehmen ergeben, die S. 45–55 bei Wimmer 2011b und auch die Arbeiten von Rüsen 2017 und Großmann 2014.

Beziehungen (Bindungen) zueinander in den Fokus ihres Handelns stellen.[213] Konstitutiv hierfür ist Intimkommunikation, kurz: »alles, was eine Person betrifft ist in der Familie für Kommunikation zugänglich. Geheimhaltung kann natürlich praktiziert werden und wird praktiziert, hat aber keinen legitimen Status.«[214] Wenn Familie der vielleicht einzige Ort in der modernen Gesellschaft ist, in dem durch die Fokussierung auf die ganze Person »eine unbedingte Bestätigung des eigenen Selbst, der personalen Identität« stattfindet, dann stellt sich für den hier betrachteten Forschungsgegenstand unweigerlich die Frage, was für eine Auswirkung auf das Kommunikationsgeschehen einer Familie die Gesamtverantwortung für ein Unternehmen hat (und was dies wiederum für das Unternehmen bedeutet). Wie oben bereits ausgeführt, kann die Beziehung zwischen dem Sozialsystem Unternehmen und dem Sozialsystem Familie als strukturell gekoppelt beschrieben werden, d. h. dass beide Systeme in ihrer jeweiligen Entwicklung in einem koevolutionären Prozess aufeinander Bezug nehmen und das jeweils andere mit ganz bestimmten »Leistungen« versorgen (z. B. Reputationsgewinn und Finanzierung des Lebensunterhalts auf der einen und richtungsweisende Entscheidungen aus dem Eigentümerkreis auf der anderen Seite). Durch die herausragende Relevanz des Unternehmens für die Familie (nicht nur unter ökonomischen Gesichtspunkten) nimmt das Unternehmen vielfach einen ganz besonderen und zeitintensiven Platz in der Kommunikation einer Unternehmerfamilie ein.

> »Die Erwartung der uneingeschränkten wechselseitigen zeitlichen Verfügbarkeit hebt die Unterscheidung zwischen Arbeitszeit und Freizeit praktisch auf. Zeit, um sich miteinander vorrangig auf der Beziehungs- beziehungsweise Individuumsebene zu verständigen, die Thematisierung einzelner persönlicher Wünsche und Bedürfnisse, ist kaum vorgesehen, ›private‹ beziehungsweise ›individualistische‹, sprich rein persönliche Handlungsspielräume haben wenig Raum.«[215]

Die Verknappung der Kommunikationsmöglichkeiten für essentielle familiale Belange kann dabei zu erheblichen Folgekosten führen (beispielsweise fest etablierte Konfliktvermeidungsmuster, unausgeglichene Beziehungskonten, chronifizierte Erwartungsenttäuschungen, belastende Bedingungen für Heranwachsende etc.).[216] Um die dauerhafte Überlebensfähigkeit der beiden beteiligten Sozialsysteme trotz aller Herausforderungen, die sich aus dieser zusätzlichen Aufgabe für die Familie ergeben, realisieren zu können, liegt es in der Verant-

---

213 Vgl. hierzu auch von Schlippe, Groth und Rüsen 2017, S. 81 ff., die argumentieren, dass »Bindung ein »sozialisatorischer Grundprozess« [ist] und das bedeutet, dass in Familien die Beziehungen der Mitglieder zueinander im Vordergrund steht. Familien sind im Wesentlichen um Beziehungen und Bindungen herum ›gebaut‹.«

214 Luhmann 2005b, S. 193.

215 Wimmer, Domayer, Oswald und Vater 2018, S. 189.

216 Wimmer 2014b, S. 33.

wortung der Gesellschafter, die beiden Sozialsysteme in ihrem spezifischen Wechselspiel im Blick zu behalten und für die wechselseitige Vitalisierung von Familie und Unternehmen im Sinne einer »gedeihlichen Koevolution zum Wohle beider Seiten« zu sorgen, indem gezielt jene Strukturen, Regelwerke und Prozesse aufgebaut und weiterentwickelt werden, in denen diese Verantwortung realisiert werden kann.[217]

Vor dem Hintergrund eines im Hinblick auf zeitliche und kulturelle Entwicklungen durchaus heterogenen Verständnisses von »Familie« erscheint es höchst relevant, diese Unterschiede mitzudenken, »wenn es darum geht, die Koevolution von Unternehmen und Eignerfamilie in ihren hochkomplexen Wirkungszusammenhängen in den einzelnen Weltregionen angemessen zu rekonstruieren.«[218] Die Ergebnisse dieser Arbeit lassen sich demnach nicht auf andere Weltregionen übertragen, da Familie dort anders konzeptualisiert sein kann und demnach wahrscheinlich eine andere Form von Einfluss auf das Unternehmen ausübt.[219]

Im Folgenden wird noch einmal kurz auf die Gemeinsamkeiten und Differenzen zwischen den Sozialsystemen Familie und Unternehmen eingegangen, bevor die Auswirkungen eines koevolutionären Entwicklungsprozesses auf die Unternehmerfamilie und das Unternehmen näher beleuchtet werden.

2.3.2. Gemeinsamkeiten und Unterschiede zwischen Familie und Unternehmen sowie erste Konsequenzen

Im Rahmen dieser Arbeit werden Organisationen als autopoetische Systeme beschrieben,[220] die »aus Entscheidungen bestehen und die Entscheidungen, aus denen sie bestehen, durch die Entscheidungen, aus denen sie bestehen, selbst anfertigen.«[221] Im Gegensatz zu anderen Organisationen orientieren sich Unternehmen dabei vornehmlich am Funktionssystem der Wirtschaft, dessen spezifischer Code sich in Zahlung/Nichtzahlung ausdrückt.[222] Die primäre Ziel-

---

217 Siehe zu dieser Sichtweise auf die Verantwortung von Gesellschaftern Wimmer 2011a, hier S. 30 ff.

218 Wimmer 2014b, S. 32 f.

219 Eine Arbeit, die sich explizit mit den Unterschiedenen beobachtbarer Vorgehensweisen (in diesem Fall den Umgang mit Konflikten innerhalb des Gesellschafterkreises) von Familienunternehmen verschiedener Kulturkreise auseinandersetzt, ist die spannende Dissertation von Schroeder 2018.

220 Für Ausführungen zu den systemtheoretischen Grundlagen und dem auch dieser Arbeit zugrundeliegenden Organisationsverständnis vgl. v. a. Kapitel 2 in der Promotionsschrift.

221 Luhmann 1988, S. 166.

222 »Das Ausdifferenzieren eines besonderen Funktionssystems für wirtschaftliche Kommunikation wird jedoch erst durch das Kommunikationsmedium Geld in Gang gebracht, und

setzung von Organisationen, die vornehmlich im Wirtschaftssystem agieren (also Unternehmen), liegt also in der Reproduktion der dauerhaften Zahlungsfähigkeit. Zur Erreichung dieser Zielsetzung

> »entwickeln Unternehmen in ihrem Inneren funktionstüchtige Strukturen und Prozesse, sie versorgen sich mit kompetentem Personal und all den anderen Ressourcen, die man eben genau für das gewählte Leistungsportfolio zu den angestrebten Zielkosten benötigt, inklusive der Führungs- und Managementkapazitäten, die ein Unternehmen dauerhaft entscheidungs- und handlungsfähig halten. Im alltäglichen Miteinander geht es in Organisationen also um Aufgabenerfüllung und um Ergebnisorientierung. [...] Eine förderliche Unternehmenskultur, tragfähige zwischenmenschliche Beziehungen sind dazu da, um die Leistungsfähigkeit des Unternehmens voranzubringen. Sie sind an sich kein Selbstzweck.«[223]

Die Leistungsfähigkeit eines Unternehmens ist also abhängig von der Effizienz der Erledigung *sachlicher* Aufgaben, deren primäres Ziel der Verkauf von Produkten oder Dienstleistungen zur Sicherstellung ausreichender Zahlungsmittel ist. Im Gegensatz zu Familien, bei denen die Person im Mittelpunkt steht, trägt die Person in Organisationen als *Funktionsträger* zur Lösung von *Sach*problemen bei. Dafür wird sie bezahlt, und daher greift die Organisation nur sehr limitiert und funktionsbezogen auf sie und ihre Kompetenzen zu.[224]

> »Aus diesem Gegensatz zwischen Sach- und Personenorientierung bzw. der damit verbundenen unterschiedlichen Rationalisierungsformen resultiert ein prinzipiell unterschiedlicher Status des Einzelnen in Familie und Organisation. Einmal fungiert er, zugegebenermaßen simplifizierend und idealisierend, als Zweck, das andere Mal als Mittel.«[225]

Diese unterschiedlichen Rationalisierungsformen haben weitreichende Konsequenzen für den Prozess der koevolutionären Entwicklung, der die beteiligten Sozialsysteme auf ganz spezifische Weise prägt, und spiegeln sich auch in den dargestellten, unterschiedlichen Kommunikationsgewohnheiten wider. Während die in heutigen Familien westlicher Prägung vorherrschende Intimkommunikation die Person in den Mittelpunkt stellt, fokussiert die Kommunikation in Unternehmen auf Entscheidungen zur Reproduktion des Systems.[226] Beson-

---

zwar dadurch, daß sich mit Hilfe von Geld eine bestimmte Art kommunikativer Handlungen systematisieren läßt, nämlich *Zahlungen*.« Luhmann 1994, S. 14.

223 Wimmer 2014b, S. 34.

224 Simon 2013, S. 131 f.

225 Ebd., S. 132.

226 »In diesem durch spezifische emotionale Erwartungen eingefärbten familialen Kommunikationsgeschehen spielen explizite Entscheidungen daher [in Familien, Anm. d. Verf.] eine untergeordnete Rolle.« Wimmer, Domayer, Oswald und Vater 2018, S. 110. Ausführlichere Erläuterungen zu den Unterschieden, Gemeinsamkeiten und Folgen dieser strukturellen Kopplung z. B. mit Blick auf die Austauschbarkeit von Personen oder affektive Wirkungen finden sich bei Simon 2005.

dere Herausforderungen ergeben sich für im Unternehmen operativ tätige Familienmitglieder dadurch, dass sie versuchen müssen, den Anforderungen beider Sozialsysteme gerecht zu werden, auch wenn diese sich teilweise gegenseitig ausschließen.[227] So ist es für alle Beteiligten häufig nicht eindeutig, ob ein Familienmitglied als der der Organisation verpflichtete Geschäftsführer oder der der Familie verpflichtete Vater kommuniziert.[228] Insgesamt führt die Orientierung an den beiden unterschiedlichen Rationalitätsformen zu einer Reihe von paradoxalen Anforderungen, die regelmäßig bearbeitet werden müssen. Simon et al. haben in einem dreijährigen Forschungsprojekt zu den Erfolgsgeheimnissen langlebiger Familienunternehmen (alle teilnehmenden Unternehmen befanden sich mindestens in 4. Generation) insgesamt sechs Paradoxien herausgearbeitet,

> »die für Familienunternehmen spezifisch sind und an denen sich diese Unternehmen abarbeiten müssen, um sich das Potenzial für Langlebigkeit zu schaffen [...]. Es handelt sich stets um überlebenswichtige Entscheidungslagen, für die es im landläufigen Sinne keine ›richtigen‹ Lösungen gibt und bei denen man sich nicht nach reiflicher Überlegung für eine der Alternativen entscheiden kann, um daraus eine klare Orientierung für alle weiteren Schritte zu gewinnen.«[229]

Als besonders Erfolgskriterium haben sie herausgearbeitet, dass langlebige Familienunternehmen

> »in der Regel deshalb so erfolgreich [waren], weil sie sich der reinen Shareholder-Orientierung und ihrer schlichten Scheinrationalität widersetzt haben und stattdessen den Paradoxien, die sich aus der Notwendigkeit ergeben, den sich gegenseitig widersprechenden familiären und ökonomischen Werten gerecht werden zu müssen, immer

---

227 »Das, was im Lichte der einen Logik richtig erscheint, kann aus der Perspektive der anderen Logik falsch sein. Ein Vater beispielsweise kann als Unternehmer das ›Richtige‹ tun (etwa den Sohn, den er für nicht qualifiziert hält, aus dem Unternehmen fernhalten) und zugleich in der Familie eine tiefgreifende, manchmal nicht wieder gut zu machende Verletzung erzeugen, da in der Familienlogik er doch verpflichtet ist, die ihm Nahestehenden immer an die erste Stelle zu setzen. So kommt es vielfach zu der Erfahrung, die zur Paradoxie dazugehört: Was man auch tut, es ist verkehrt.« So zu lesen bei von Schlippe, Nischak und El Hachimi 2008, S. 23.

228 »Wer den Firmenchef und Familienvater in der Firma trifft, sieht ihm nicht äußerlich an, ob er nun der liebende fürsorgliche Vater oder der strenge und erfolgsorientierte Boss ist. Wenn er in der einen Rolle grüne Punkte im Gesicht hätte und in der anderen rote, wäre das alles viel einfacher. Das gilt natürlich auch für den Chef selbst: Auch er kann eigentlich nie sicher sein, als wer er wann gefragt ist. So kommt es unter dem Weihnachtsbaum zu Gesellschafterversammlungen und bei der Gesellschafterversammlung zu Familienfeiern.« Simon 2005, S. 30. Vgl. hierzu auch beispielhaft die bei von Schlippe 2013 beschriebene Darstellung einer Nachfolgesituation, welche deutlich die Irritationspotenziale aufzeigt, die entstehen können, wenn »ein und dieselbe Handlung mit unterschiedlichen Kontextmarkierungen versehen wird und damit von dem einen völlig andere Anschlüsse hergestellt werden als von dem anderen möglicherweise erwartet.« (S. 151).

229 Simon, Wimmer und Groth 2005, S. 150f.

wieder aufs Neue stellen, ohne sich endgültig und dauerhaft für die eine oder die andere Seite zu entscheiden.«[230]

Zur Aushandlung dieser jeweils zeitlich begrenzten Festlegungen für die eine oder die andere Seite haben sich in den einzelnen Unternehmen und Familien ganz unterschiedliche Strukturen, Prozesse und Institutionen entwickelt, die sich über den Zeitverlauf als funktional bzw. tragfähig erwiesen haben.[231]

2.3.3. Familie und Unternehmerfamilie zugleich: die verdoppelte Familie

Das vorstehende Unterkapitel hat in aller Kürze die grundlegenden Unterschiede ausgeführt, die zwischen den Sozialsystemen der Familie und des Unternehmens bestehen. Es ist dabei offensichtlich geworden, dass die Familie, in deren Besitz sich ein Unternehmen befindet und für welches die Familie die unternehmerische Gesamtverantwortung trägt, im Gegensatz zu einer »normalen« Familie zusätzliche Aufgaben wahrnehmen muss. Während eine »normale« Familie v. a. Geborgenheit für ihre Mitglieder und die Kindererziehung gewährleistet, muss eine Unternehmerfamilie zusätzlich die Familie so organisieren, dass das Überleben des Unternehmens gesichert wird. Das übergeordnete Entscheidungskriterium unterscheidet sich hierbei wesentlich. Während die »normale« Familie v. a. das Wohlergehen ihrer Mitglieder in den Mittelpunkt ihres Handelns stellt, muss die Unternehmerfamilie bei ihren Entscheidungen zusätzlich immer auch die Belange von Familie, Unternehmen und Eigentum ausbalancieren.[232] So haben Schlippe et al. herausgearbeitet:

> »Unternehmerfamilien sind zwar keine Unternehmen, aber sie sind auch nicht nur und ausschließlich Familien. Sie sind als eigenständige Sozialsysteme zu sehen, die von wechselhaften Identitätsanforderungen geprägt sind. Wir haben hierfür das Bild der Kippfigur gewählt: Die Familie ist sozusagen immer Familie und Unternehmerfamilie zugleich.«[233]

Dieser Gedanke verdeutlicht die Aufgaben einer Unternehmerfamilie sehr anschaulich. Zusätzlich zu den oben angesprochenen Funktionen, die eine Familie in unserem Kulturkreis wahrnimmt, muss die Unternehmerfamilie richtungsweisende Entscheidungen für das Unternehmen unter Berücksichtigung der Werte der (Groß-)Familie treffen. In vielen Entscheidungssituationen führt dies aufgrund der divergierenden Rationalitäten in Familien und Unternehmen zu

---

230 Ebd., S. 249.
231 Vgl. hierzu z. B. die Kapitel 4 und 5 in ebd.
232 Vgl. von Schlippe, Groth und Rüsen 2017, S. 101.
233 Ebd., S. 94.

widersprüchlichen Anforderungen, zu denen zugleich die Familie und die Unternehmerfamilie Lösungswege finden müssen.

»Der paradoxe Doppelauftrag, mit dem die Familie konfrontiert ist, lässt sich grundsätzlich auf die Formel reduzieren: ›Sei Familie!‹ und ›Sei Unternehmerfamilie!‹ und ›Sei beides zeitgleich!‹.«[234]

Die nachfolgende Tabelle fasst konkrete paradoxe Anforderungen zusammen, denen sich die Familie als Unternehmerfamilie gegenübersieht.

Sei Familie!		Sei Unternehmerfamilie!
Sorge für Bindung und Zusammenhalt.	↔	Triff Entscheidungen für das Unternehmen.
Beachte und wertschätze jede einzelne Person…	↔	…und wähle nur die jeweils kompetenteste/n Person/en für die Positionen bzw. Gremien aus.
Sorge dafür, dass jeder »sein Gesicht wahren« kann…	↔	… und fälle Entscheidungen, selbst wenn diese Einzelnen wehtun werden.
Binde die Familie an das Unternehmen…	↔	… und halte sie möglichst weg, um das Unternehmen vor schädlichen Familiendynamiken zu schützen.
Sorge dafür, dass die Familienmitglieder sich frei und ungezwungen entwickeln können…	↔	… und sorge durch Kompetenzmaßnahmen dafür, dass sie professionell auf mögliche Aufgaben vorbereitet sind.
Hilf mit, dass die Familie sie selbst bleiben kann…	↔	… und organisiere sie dafür. Führe also etwas Familienfremdes ein, damit sie Familie bleibt.
Erhalte die Konsensfiktion und sorge dafür, dass sich alle verstehen…	↔	… und zerstöre Konsens, wenn es für das Unternehmen wichtig ist.
Fälle Entscheidungen, die von der Familie gerecht erlebt werden…	↔	… und werde auch den Unternehmen, den Eigentümern und Mitarbeitern gerecht.

Darstellung 2: Die beiden Seiten der Paradoxie der Unternehmerfamilie (Quelle: von Schlippe et al. (2017), S. 94)

Für das Überleben des Familienunternehmens scheint es eine Grundvoraussetzung zu sein, dass diese zusätzlichen, paradoxen Anforderungen kontinuierlich durch die (Unternehmer-)Familie bearbeitet und nicht endgültig und dauerhaft entschieden werden. Insbesondere für Familienunternehmen mit einem größeren Gesellschafterkreis, bei dem die Gesellschafter weit über die Kernfamilie hinausgehen und diese sich ohne das verbindende Unternehmen i. d. R. auch nicht mehr als gemeinsame Familie verstehen würden, erscheint es notwendig, auf Seiten der Unternehmerfamilie Regelungen zu institutionalisieren, um die angesprochenen paradoxen Anforderungen kontinuierlich angemessen bear-

---

234 Ebd., S. 94.

beiten zu können. Gründer hingegen bearbeiten die divergierenden Anforderungen i. d. R. innerhalb ihres psychischen Systems und benötigen hierfür, aufgrund der Personengleichheit, keine gesonderten Kommunikationssettings mit definierten Entscheidungsregelungen. Je umfangreicher jedoch der Personenkreis ist, welcher auf der Seite der Unternehmerfamilie in Entscheidungssituationen mit berücksichtigt werden muss, desto mehr braucht es explizite Regelungen, damit die Familie ihrer Aufgabe als Unternehmerfamilie gerecht werden und mit anerkannten Verfahren und Abläufen durch Entscheidungsfähigkeit einen konstruktiven Einfluss auf das Unternehmen nehmen kann. Die Anerkennung der Tatsache, dass die Unternehmerfamilie eben nicht nur eine Familie, sondern immer zugleich auch eine Unternehmerfamilie ist, die zusätzliche Funktionen wahrnehmen und nach anderen Rationalitäten handeln muss, um die langfristige Überlebensfähigkeit der beiden strukturell aneinander gekoppelten Systeme zu gewährleisten, stellt für alle Unternehmerfamilie eine große Herausforderung dar. Die insbesondere in wachsenden Unternehmerfamilien notwendigen Strukturen dann tatsächlich umzusetzen und bei allen beteiligten Personen eine angemessene Bindungswirkung herzustellen, ist noch herausfordernder, da es einen gravierenden Prozessmusterwechsel im Vergleich zum bisherigen, historisch entwickelten, personenorientierten Miteinander bedeutet.[235]

Durch diesen koevolutionären Entwicklungsprozess der beiden Sozialsysteme bilden sich im Zeitverlauf allerdings nicht nur auf Seiten der Unternehmerfamilien Strukturen heraus, um die notwendigen, bei etablierten Familienunternehmen i. d. R. kommunikativ zu lösenden[236] Aushandlungsprozesse erfolgreich zu gestalten. Auch innerhalb der Unternehmen bilden sich durch die strukturelle Kopplung an eine Familie spezifische Strukturen heraus, welche das familienunternehmenstypische, beobachtbare Verhalten in diesen Unternehmen begründen. Auf diese, natürlich nicht deterministisch zu verstehenden, Eigenheiten wird in den nachfolgenden Unterkapiteln näher eingegangen.

---

235 Vgl. hierzu ausführlich die spannenden Erläuterungen bei ebd., S. 103 ff.
236 Nur in Gründerunternehmen oder bei der Re-Inszenierung der Kleinfamilie werden diese Aushandlungsprozesse innerhalb des psychischen Systems des geschäftsführenden Gesellschafters ausgetragen. »Das heißt, die Position des geschäftsführenden Gesellschafters ist unter anderem auch deswegen nicht ›vergnügungssteuerpflichtig‹, weil sie zwangsläufig zu großen persönlichen Konflikten für den Entscheider führen kann, der sich zwischen familiären und unternehmerischen Anforderungen hin- und hergerissen sieht. Die Paradoxie-Bewältigung erfolgt gewissermaßen intrapsychisch und ist mit den entsprechenden psychischen und mentalen Herausforderungen verbunden.« Simon, Wimmer und Groth 2005, S. 60.

2.4. Besonderheiten von Familienunternehmen

Nachfolgende Ausführungen verändern die Perspektive; der Fokus geht von der Unternehmerfamilie zum Unternehmen. Dieser Arbeit liegt die Überzeugung zugrunde, dass die Besonderheiten des beobachtbaren Verhaltens von Familienunternehmen in ihrem koevolutionären Entwicklungsprozess zwischen Familie und Unternehmen zu suchen sind. Hieraus können spezifische Ressourcen, wie sie auch der RBV[237] ausführt, erwachsen. Wie in der umfangreichen hierauf Bezug nehmenden Literatur ausführlich beschrieben wird, kann die Familie in unterschiedlichen Kapitalkategorien für das Unternehmen sowohl als förderliche als auch als hinderliche Ressource wahrgenommen werden. Zur Beschreibung der Ursachen für diese spezifische Ressourcenausbildung, so die Überzeugung des Autors, ist das Vokabular der neueren Systemtheorie ausgesprochen hilfreich. Die strukturelle Kopplung der Systeme Unternehmen und Familien kann ferner dazu führen, dass Transaktionskostenvorteile innerhalb eines Unternehmens entstehen[238] und bei Entscheidungsprozessen des obersten Führungsgremiums nicht nur ökonomische Kriterien relevant werden.[239] Auf Erkenntnisse und Forschungsergebnisse, welche auf den oben vorgestellten unterschiedlichen theoretischen Zugängen zu Familienunternehmen beruhen, wird deshalb nachfolgend auch an mehreren Stellen Bezug genommen. Allerdings gewinnen sie »durch die intensive Auseinandersetzung mit den dafür geeigneten Theoriebausteinen der neueren Systemtheorie einen veränderten Stellenwert [und] eine andere Deutungskraft.«[240]

Die nachfolgend erörterten »charakteristischen« Spezifika von Familienunternehmen sind folglich als üblicherweise beobachtbare Verhaltensweisen zu verstehen, die sich aufgrund der strukturellen Kopplung der beiden Sozialsysteme entwickeln. Natürlich erheben diese Ausführungen keinen Anspruch auf Allgemeingültigkeit, da der gemeinsame Entwicklungsprozess im Einzelfall zu sehr individuellen Ausprägungen führen kann. Um darauf aufbauend allerdings die Besonderheiten bei der Zusammenführung zweier mittelständischer Familienunternehmen zu diskutieren, erscheint es zielführend, diese typischerweise beobachtbaren Verhaltensweisen näher zu beschreiben.

---

237 Vgl. mit Bezug zu Familienunternehmen Kapitel 2.2.3.
238 Vgl. zur PA-Theorie mit Bezug zu Familienunternehmen Kapitel 2.2.1.
239 Vgl. zum SEW-Ansatz Kapitel 2.2.4.
240 Wimmer und Wagner 2013, S. 39.

2.4.1. Von der Gründungsgeschichte geprägte Personenorientierung

Da die vorliegende Arbeit in erster Linie (Führungs-)Prozesse innerhalb von Unternehmen in den Blick fasst, wird nachfolgend etwas ausführlicher dargelegt, welche Auswirkung die koevolutionäre Entwicklung der zwei Sozialsysteme auf das Unternehmen hat. Auch gilt es zu hinterfragen, an welchen Stellen das auf Sachaufgaben und die Sicherstellung der dauerhaften Zahlungsfähigkeit fokussierte Unternehmen bei Entscheidungen auf die Familie Bezug nimmt.

Um den Ursprüngen der besonderen Verhaltensweisen von Familienunternehmen näherzukommen, ist es hilfreich, sich auf die Gründungsphase zu konzentrieren. Sie ist unzweifelhaft sehr prägend, auch für Strukturen, die sich noch Jahre später beobachten lassen, denn

> »die Person des Unternehmers wirkt als organisierendes Prinzip in der Startphase des Unternehmens. Um ihn dreht sich alles, d. h., er steht im Fokus der Aufmerksamkeit von Mitarbeitern und Kunden. Seine persönlichen Eigenarten und wie er »tickt« sind daher bestimmend für die sich um ihn herum entwickelnde Kultur seines Unternehmens. Und die implizite oder explizite Rationalität seiner psychischen Strukturen ist die relevante Umwelt, an der sich die Strukturen des Unternehmens und die Geschäftsprozesse orientieren. Seine psychische Realität stellt die relativ »härtere Realität« dar, an welche die sozialen Strukturen des Unternehmens gekoppelt sind und sich anpassen.«[241]

Dabei ist die Steuerungswirkung der Gründungspersönlichkeit eher indirekter Natur, denn

> »[i]Ihr unmittelbares Umfeld übt sich darauf ein, die Erwartungen des Chefs (der Chefin) zu erspüren und entsprechend dieser Signale zu handeln. So braucht es keine direkten Anweisungen, keine expliziten Vorgaben. Alle Beteiligten lernen miteinander jeweils mit Blick auf die Aktivitäten der anderen das anzupacken, was gerade ansteht.«[242]

Ebenso wie in Familien steht in der Anfangszeit eines Unternehmens normalerweise jeder mit jedem in Kontakt, die Kommunikation von Angesicht zu Angesicht ist der Normalfall.[243] Der Unterschied zum Kommunikationsgeschehen in Familien liegt darin, dass die Kommunikation, obwohl ebenfalls personenorientiert, trotzdem durch sachliche Aufgaben bestimmt wird. Aufgrund einer sehr guten intimen Kenntnis der mitarbeitenden Personen (welche i. d. R. durch langjährige Betriebszugehörigkeit erreicht wird) entwickeln sich Aufgabenschwerpunkte und Zuständigkeiten um persönliche Begabungen, Fähigkeiten und Interessen einzelner Mitarbeiter herum und nicht aufgrund von sach-

---

241 Simon 2013, S. 137.
242 Wimmer 2014b, S. 35.
243 Vgl. zu den folgenden Ausführungen Simon 2013, S. 137 ff., und Wimmer 2014b, S. 34 ff.

lichen Notwendigkeiten. Die Kompetenzen des Einzelnen und deren Beziehung zueinander stellen das organisierende Prinzip dar und sind somit die grundlegende Basis für das jeweilige Kommunikationsgeschehen und die entsprechenden Kommunikationswege.

> »Wir können also davon ausgehen, dass überall dort, wo in Familienunternehmen ganz deutlich familiale Muster im Führungsgeschehen bzw. in den Prozessen des Miteinanders in der Aufgabenerledigung beobachtbar sind, in der Pionierphase von den prägenden Figuren (das müssen nicht nur mitarbeitende Familienmitglieder sein) auf aus dem Familienkontext vertraute Formen des Umgehens miteinander zurückgegriffen wurde. Solche Bewältigungsmuster aus der Gründerzeit wirken in der Folge wie Trampelpfade, die weiter genutzt werden, auch wenn sich die Unternehmensherausforderungen längst von den Problemen der Anfangsjahre entfernt haben. Diese verhaltenskoordinierenden Pfade haben sich schließlich zu stabilen Entscheidungsprämissen verdichtet, die den Kern der Unternehmensidentität prägen und das alltägliche Geschehen in fast allen seinen Verzweigungen anleiten und steuern.«[244]

Im Fall von sich ändernden Umweltbedingungen (geänderte Kundenanforderungen, regulatorische Auflagen etc.) können eingespielte Routinen auch kurzfristig verändert werden, da man die Fähigkeiten und Interessen innerhalb des Teams gut kennt und weiß, wer wofür angesprochen werden kann. Die zusätzliche Aufgabenübernahme geschieht i. d. R. ganz selbstverständlich, da sich alle am Wohlergehen der Gesamtorganisation orientieren und diese Fokussierung handlungsleitend wirkt. »Wo die Fähigkeiten der Beteiligten nicht ausreichen, wird *on the job* gelernt.«[245] Bei diesem Lernen handelt es sich allerdings um eine individuelle Kompetenzerweiterung einzelner Mitglieder und nicht um den Aufbau von organisationalem Wissen. Die erworbenen Fähigkeiten sind personenbezogen, so dass Familienunternehmen sich, ähnlich wie die Familie, aufgrund ihrer hohen Personenorientierung in der Situation befinden, Personen nicht ohne größere Irritationen »austauschen« zu können.[246] Letztendlich ist es das dadurch erzeugte Gefühl, dass es auf sie im Unternehmen vielleicht doch als »ganze Person«, und nicht nur als »Funktionsträger« ankommt, welches bei den Mitarbeitern von Familienunternehmen häufig zu einer ausgeprägten Identifikation mit und Einsatzbereitschaft für das Unternehmen führt, um welche sie von anderen Unternehmen vielfach beneidet werden.[247] Die beneidenswerte

---

244 Wimmer 2014b, S. 35.
245 Simon 2013, S. 138.
246 Simon 2005, S. 21 f., schreibt diesbezüglich mit Bezug auf funktional gegliederte Unternehmen: »Um es auf eine Formel zu bringen: *Im Unternehmen bleiben die Spielregeln der Interaktion und Kommunikation relativ konstant, aber die Spieler (können) wechseln.* [...] Für die Familie gilt die gegenteilige Formel: *Die Personen bleiben konstant (zumindest relativ), und die Funktionen werden getauscht.*«
247 Die Wahrnehmung, dass es innerhalb der Organisation auf die »ganze Person« ankommt, hat Laloux 2015 bei evolutionären Organisationen (der, seiner Meinung nach, höchsten

und unzweifelhaft für das Unternehmen förderliche Ressource der überdurchschnittlichen Einsatzbereitschaft der Mitarbeiter in vielen Familienunternehmen, ohne dass dafür sofort ein finanzieller Ausgleich gefordert wird, führt aber aus Reziprozitätsgründen oft auch zu spezifischen Ausgleichs- und Fürsorgeerwartungen, wie sie ansonsten eher in Familien vorherrschen.[248] Insbesondere in Krisenzeiten müssen diese Erwartungen fast zwangsläufig massiv enttäuscht werden, was wiederum zu ganz speziellen Risiken führt.

Diese während der Anfangsphase hoch funktionale Orientierung am Gründer und einigen Schlüsselpersonen wird, wie angesprochen, in den Folgejahren i. d. R. beibehalten. Dies impliziert im Wesentlichen zwei Dinge: Zum einen entwickeln sich um die zu Beginn verantwortlich handelnden Personen herum im Laufe erfolgreichen Wachstums vielfach eigene Abteilungen oder Geschäftsbereiche, so dass die auch Jahre später beobachtbaren, formalen Berichtswege innerhalb des Unternehmens vielfach keinen sachlichen Ursprungsgrund haben, sondern durch die Persönlichkeitsmerkmale und das Beziehungsgeflecht der Mitstreiter des Gründers geprägt sind.[249] Zum anderen ergeben sich aufgrund positiver Erfahrungen auch zu einem späteren Zeitpunkt der Unternehmensentwicklung strukturelle Festlegungen häufig aufgrund der handelnden Personen statt auf Basis sachlicher Notwendigkeiten.[250] Je personenorientierter und idiosynkratischer die einzelnen Verantwortungsbereiche

---

Entwicklungsstufe von Organisationen) beobachten können: »Es gibt eine Aussage, die ich in den selbstführenden Organisationen, die ich untersucht habe, immer wieder hören konnte: *Ich habe das Gefühl, hier kann ich wirklich ich selbst sein.*« (S. 145).

248 Simon 2005, S. 21 f., schreibt diesbezüglich: »Die Austauschbarkeit von Arbeitskräften wird zu einem guten Teil dadurch gewährleistet, dass sie mit Geld honoriert werden. [...] Man ist vor allem, und das ist weit wichtiger, nicht darauf angewiesen, dass sich derjenige, dem man irgendwelche Vorleistungen gegenüber erbracht hat, sich erinnert. Mit der Zahlung ist die Transaktion abgeschlossen, es bedarf keiner Buchführung und keines Hortens von Schuldscheinen, die in der Zukunft eingelöst werden können.« Im Gegensatz dazu funktioniert »die Interaktion in Familien nicht wie ein durch Geld gesteuerter Markt, sondern eher nach dem Prinzip der Tauschgeschäfte (›Ich merke mir, was du mir Gutes oder Böses angetan hast, und ich rechne damit, dass du das auch tust!‹), entwickelt sich eine unterschiedliche Dynamik, ein unterschiedlicher Umgang mit Gegenwart und Zukunft.« (S. 25).

249 Vgl. hierzu auch Wimmer, Domayer, Oswald und Vater 2018, S. 147: »Die zugrundeliegende ›Ordnung‹ erschließt sich dem Betrachter nur, wenn er versteht, warum sich in der Vergangenheit ganz bestimmte Aufgabenschwerpunkte herausgebildet haben und wer dafür zuständig war. Wie in Familien so stehen auch in Familienunternehmen die einzelnen Personen wesentlich stärker im Vordergrund als eine abstrakte Aufgabenlogik. Das, was zu tun ist, sachliche Zuständigkeiten und organisatorische Abläufe sind in der Regel auf ganz bestimmte Personen zugeschnitten.«

250 Vgl. hierzu Hennerckes 1995, S. 3, der schon 1995 schrieb: »Während die anonyme Kapitalgesellschaft Strukturen besitzt, die [...] funktionellen Erfordernissen des Unternehmens den Vorrang einräumen, richtet das Familienunternehmen seine Strukturen zweckmäßigerweise auf den Unternehmer und die gerade im Unternehmen vorhandenen personellen Ressourcen aus.«

und Aufgabenfelder auf der Führungsebene zugeschnitten sind, desto kompli-zierter gestaltet sich jedoch die jeweilige Nachfolgeregelung.

Diese wenigen Worte zeigen bereits deutlich, dass der Ursprung des »Fami-lialen«, welches Familienunternehmen häufig zugesprochen wird, üblicherweise in der Gründungsgeschichte des jeweiligen Unternehmens zu suchen ist.[251] Da diese Strukturen, eingespielten Abläufe und Routinen in der Theorie oft anhand von Entscheidungsprämissen[252] beschrieben werden, wird nachfolgend auf die Besonderheiten eingegangen, welche sich bei deren Ausbildung in Familienun-ternehmen beobachten lassen.

2.4.2. Besonderheiten bei der Ausprägung von Entscheidungsprämissen

Damit die Vielzahl der Entscheidungsanlässe innerhalb eines Unternehmens zueinander in einen förderlichen Zusammenhang gebracht wird und nicht ins-gesamt ein Chaos produziert, ist die Festlegung und Durchsetzung von Ent-scheidungsprämissen notwendig.[253] Wie oben beschrieben, basiert die Ausprä-gung von Entscheidungsprämissen auf Entscheidungen des Unternehmens.

> »Organisationen ermöglichen sich die Erzeugung interner, noch bestimmungsbedürf-tiger Komplexität durch die Entscheidung über Entscheidungsprämissen für weitere Entscheidungen. Mit »Prämisse« soll gesagt sein, dass es sich um Voraussetzungen handelt, die bei ihrer Verwendung nicht mehr geprüft werden; oder vielleicht besser: dass zwar die Relevanz für das anstehende Problem, nicht aber die Wahrheit der Prä-misse eine Rolle spielt.«[254]

Üblicherweise lassen sich Entscheidungsprämissen in entscheidbare (Entschei-dungsprogramme, Kommunikationswege und Personen) sowie unentscheid-bare (Unternehmenskultur) Entscheidungsprämissen unterteilen. Wiechers hat diesbezüglich ausgeführt, an welchen Stellen Familienunternehmen über Kom-munikationswege[255], Entscheidungsprogramme[256] oder Personen[257] auf die Fa-

---

251 Darauf, dass auch die Unternehmenskultur maßgeblich durch die beobachtbaren Hand-lungen der Unternehmerfamilie geprägt wird, ist obenstehend bereits eingegangen worden. Hier sei diesbezüglich noch einmal auf Corbetta und Salvato 2004, S. 359, verwiesen:»The impact of family dynamics on the favored »model of man« has strong organizational implications. When the model of man favored by the owner family is the selfserving, eco-nomically rational man, agency relationships will prevail in the family firm.«
252 Zu der theoretischen Konzeption von Entscheidungsprämissen vgl. Kapitel 2.2. in der Promotionsschrift und die dort angegebene Literatur.
253 Vgl. Wimmer, Domayer, Oswald und Vater 2018, S. 108.
254 Luhmann 2000, S. 222.
255 Vgl. Wiechers 2006, S. 245 f., der schreibt: »Mittels formalisierter Kommunikationswege wird also die Familie in den Informationsfluss und somit in Entscheidungsroutinen ein-

milie Bezug nehmen. Die maßgeblichen Unterschiede zu anderen Unternehmensformen bzw. die Besonderheiten von Familienunternehmen werden aber
häufig der Unternehmenskultur[258] und somit den unentscheidbaren Entscheidungsprämissen zugeschrieben.[259]

>»Insofern können wir feststellen, dass der überwiegende Teil dieser familiengeprägten
>Entscheidungsprämissen kultureller Natur ist, das heißt (weil durch direktes Ent
>scheiden nicht unmittelbar beeinflussbar), dass sich diese einmal eingespielten Muster
>nur sehr schwer verändern lassen.«[260]

Die Relevanz dieser unentscheidbaren Entscheidungsprämissen ist in der Organisationsforschung unbestritten.[261] Informale Erwartungshaltungen zeichnen
sich dadurch aus, dass ihre Einhaltung nicht direkt an die Mitgliedschaftsregel
gekoppelt werden kann, was die Frage nach der »Durchsetzbarkeit« dieser Erwartungshaltungen aufwirft. Neben negativen Sanktionierungen wie Mobbing[262]
erscheinen v. a. positive Sanktionierungen wie das Prinzip des Tausches eine
Form von Ausgleichserwartung in Familienunternehmen darzustellen, wie sie
ansonsten eher in Familien vorzufinden sind.[263] Es

---

bezogen. In der Praxis ist zu beobachten, dass ein Akquisitionsvorhaben nicht weiter verfolgt
wird, wenn seitens der Familie keine Akzeptanz zu erwarten ist […].«

256 Vgl. Ebd., S. 246 ff., der darlegt, dass sowohl bei Zweckprogrammen (»Wachstum unter
Wahrung der unternehmerischen Autorität«) als auch bei Konditionalprogrammen
(»Notfallpläne in der Personalabteilung, wenn der designierte Nachfolger kurzfristig abspringt, oder sich als untauglich erweist«) durch das Unternehmen auf die Familie Bezug
genommen wird.

257 Vgl. Ebd., S. 250 f., der ausführt, dass sich die Erwartung an eine Stellenbesetzung durch ein
Mitglied aus der Unternehmerfamilie aufgrund umfangreicher Geschichten zu und Erfahrungen mit dieser Person grundsätzlich von der Unsicherheit bei der Einstellung einer
firmenfremden, unbekannten Führungskraft unterscheidet.

258 Vgl. hierzu z. B. Denison, Lief und Ward 2004, die als Ergebnis des Vergleichs unterschiedlicher Unternehmenskulturen auf S. 40 schreiben: »The results not only show that
there are no clear cultural advantages associated with nonfamily firms, they show that there
are several cultural advantages associated with the family-owned firms.« Siehe auch die
Ausführung zur Relevanz der Kultur bei Astrachan, Klein und Smyrnios 2002.

259 Es ist hierbei darauf hinzuweisen, dass der Begriff der Unternehmenskultur in vielen Publikationen mit sehr unterschiedlichen theoretischen Konzepten oder auch atheoretisch
genutzt wird. Vgl. zu einer kritischen Auseinandersetzung der Organisationskulturdiskussion auch Jansen 2003, S. 313 ff.

260 Wimmer 2014b, S. 38.

261 »Die Erkenntnis, dass Organisationen sich nicht allein auf ihre Formalstrukturen stützen
können, ist fast so alt wie die Forschung über Organisationen selbst.« Kühl 2011, S. 119.

262 Vgl. hierzu die Ausführungen und Beispiele bei ebd., S. 125 f.

263 »Fragt man nach dem Einfluß, der durch *positive Sanktionen* ermöglicht wird, gelangt man
auf ein ganz anderes Terrain. Hier wird positiv entgolten […], daß eine begehrte Handlung
durchgeführt wird. Die Form, die dieses Medium annimmt, ist der Tausch.« Luhmann 2002,
S. 44.

»wird davon ausgegangen, dass sich das informelle Entgegenkommen gegenüber einem Kollegen, einem Vorgesetzten oder einem Untergegebenem später schon auszahlen wird. Man pflastert den kleinen Dienstweg mit Gefälligkeiten und hofft, dass der andere seinen Teil zur Wegepflege beträgt.«[264]

Diese Form der Ausgleichserwartung erinnert eher an familiale Formen des Umgangs miteinander als an ein rational nutzenorientiertes Verhalten, wie es beispielsweise durch die PA-Theorie propagiert wird.[265] Die Voraussetzung für positive Sanktionierung ist dabei Vertrauen.[266] Denn »letztlich ist dies natürlich für die Seite, die in Vorleistung geht, riskant. Man kann nie sicher gehen, ob das eigene Entgegenkommen auch erwidert wird.«[267] Vertrauen kann also als Problem der riskanten Vorleistung verstanden werden,[268] dessen Funktion die Reduktion von Komplexität durch Unsicherheitsabsorption ist. Da sich Vertrauen entwickeln muss (»Man kann Vertrauen nicht verlangen. Es will geschenkt sein.«[269]), erscheinen zeitlich langfristige, gemeinsame Interaktionszusammenhänge, wie sie in Familienunternehmen üblicherweise vorherrschen, als geeignet und notwendig, um das persönliche Vertrauen unter den Mitgliedern auszubilden.[270]

---

264 Kühl 2011, S. 124 f.

265 »Die Art des Gebens und Nehmens in familialen Verhältnissen verhindert die zeitnahe, genaue Bilanzierung von individuellen Vor- und Nachteilen. Sie folgt nicht der Logik von Leistung und Gegenleistung, d. h. keinem rein ökonomischen primär nutzenorientierten Kalkül. Sie fußt deshalb auf ganz eigenen wechselseitigen Ausgleichserwartungen und eigenen (vor allem an Gleichheit orientierten) Gerechtigkeitsvorstellungen, die das familiale Miteinander mit Blick auf längere Zeithorizonte (zumeist völlig unausgesprochen) steuern.« Wimmer 2014b, S. 31 f.

266 Vgl. hierzu grundlegend Luhmann 1968, aber auch die spannenden Ausführungen bei Möllering 2006.

267 Kühl 2011, S. 125.

268 Dies bedeutet letztendlich, dass man im Vorfeld einer Entscheidung nicht alle relevanten Informationen besitzt, um sicherzugehen, dass das geschenkte Vertrauen nicht missbraucht wird. Würde eine 100-Prozent-Sicherheit bestehen, dass das Vertrauen nicht missbraucht wird, wäre kein Vertrauen notwendig. Vertrauen basiert also auf Vorerfahrungen und vergangenheitsorientiertem Wissen, welches bewusst »überzogen« wird. (»Vertrauen beruht auf Täuschung. Eigentlich ist nicht so viel Information gegeben, wie man braucht, um erfolgssicher handeln zu können. Über die fehlende Information setzte der Handelnde sich willentlich hinweg.« Luhmann 1968, S. 30). Riskant ist Vertrauen immer deshalb, weil »[...] der Schaden beim Vertrauensbruch größer sein kann als der Vorteil, der aus dem Vertrauensbeweis gezogen wird.« (S. 30)

269 Ebd., S. 41.

270 So beschreibt ebd., S. 41, diesbezüglich: »Eine persönliche Beziehung auf der Basis von wechselseitigen Wohltaten wird typisch mit klein dosierten Leistungen eröffnet. Es werden Nettigkeiten, Hilfeleistungen, kleine Gaben, die nicht kosten, offeriert in einer Form, die für taktvolle Zurückweisung Raum läßt. Erst wenn die Freundlichkeiten erwidert werden, dankbare Anerkennung aufleuchtet und die Beziehung sich im Hin und Her bewährt hat, kann das Verhältnis vertieft werden.«

Aufgrund des vertrauensvollen, familienähnlichen Umgangs und der damit einhergehenden stark ausgeprägten Personenorientierung innerhalb von Familienunternehmen werden in Familienunternehmen, so die hier vertretene These, viele prinzipiell über Entscheidungsprogramme oder Kommunikationswege durchsetzbare Festlegungen eher über die Entscheidungsprämissen der Person entschieden. Den einzelnen Personen wird dabei ein relativ großer Handlungsspielraum eingeräumt und auf ihre situationsadäquate Entscheidungskompetenz vertraut.

>»In Familienunternehmen gibt es selten ein ausgefeiltes, schriftlich festgelegtes Regelwerk für die Arbeitsprozesse in den einzelnen Bereichen, es gibt keine genauen Stellenbeschreibungen, keine festen Kompetenzgrenzen, keine klar ausdifferenzierten Führungsebenen mit entsprechend exakt definierten Entscheidungsbefugnissen. Man vertraut hier in erster Linie auf Personen und deren Gestaltungskraft, auf deren eigenverantwortliches Mitdenken und wenn erforderlich auch auf deren Improvisationsvermögen.«[271]

Ähnlich wie in der Familie wird in Familienunternehmen

>»auf Grund der persönlichen Nähe und der besonderen wechselseitigen Vertrautheit das Verständnis für das, was man voneinander will, eigentlich unterstellt, es wird miterwartet. Man kann im Alltag mit einer »Konsensfiktion« operieren, das heißt, man geht vom Vorhandensein einer gemeinsamen Entscheidungsgrundlage aus und muss diese nicht erst durch aufwendige Aushandlungsprozesse herstellen. Nur im Konfliktfall ist man gezwungen, sich gesondert über den nun sichtbar gewordenen Dissens zu verständigen. Dieses Muster erspart viel an explizitem Kommunikationsaufwand und verlagert einiges an Konfliktpotenzial in die Psyche der beteiligten Personen.«[272]

Die erstaunliche Koordinationsleistung, Geschwindigkeit und Flexibilität im internen Zusammenspiel dieser Unternehmen basiert dabei auf dem grundlegenden Prinzip der Nachahmung.

>»Unausgesprochen steht die Erwartung im Raum, dass jeder gut daran tut, sich an den Erfolgsmustern des inneren Kreises an der Spitze des Unternehmens zu orientieren. Auf diesem Wege werden gleichzeitig konkretes Problemlösungswissen wie auch die zentralen Elemente der Unternehmenskultur weitergegeben und laufend erneuert.«[273]

So funktional diese Verhaltensmuster in den Anfangsjahren eines jeden Unternehmens sind, ist es doch relativ offensichtlich, dass die Vorteile von Organisationen, nämlich der Aufbau von organisationsinterner Komplexität durch Formalstruktur (also Entscheidungsprogramme und Kommunikationswege), um die steigende Umweltkomplexität zielgerichtet bearbeiten zu können, nicht

---

271 Wimmer, Domayer, Oswald und Vater 2018, S. 95.
272 Ebd., S. 110.
273 Wimmer 2014a, S. 6.

vollumfänglich ausgeschöpft werden und nur ein begrenzter Komplexitätsumfang auf diese Weise sinnvoll bearbeitet werden kann. So weisen Wimmer et al. zu Recht darauf hin, dass »[es] mit der enormen Zunahme an Zielkonflikten in den Unternehmen wichtig werden [wird], einen expliziteren und transparenteren Umgang mit Entscheidungsprozessen zu entwickeln und dafür die geeigneten Kommunikationsgelegenheiten einzurichten.«[274] Ein hoher Grad an Familiarität stellt nur so lange einen Wettbewerbsvorteil dar, solange die zu bewältigende Unternehmenskomplexität diesen Mustern entspricht. Vor allem schnelles Wachstum, massive Internationalisierungsschritte oder größere Übernahmen sind Veränderungen auf der Seite des Unternehmens, durch die die unternehmerische Leistungsfähigkeit der eingespielten Strukturen an ihre Grenzen gebracht wird.[275] Und auch Simon merkt an, dass »die Kunst dann darin besteht, das Unternehmen so umzubauen, dass es in seinen *Strukturen* und *Programmen* entfamiliarisiert wird, ohne die Qualitäten der familienartigen *Unternehmenskultur* zu verlieren.«[276]

Vor diesem Hintergrund werden in den nachfolgenden Unterkapiteln beobachtbare Besonderheiten in der Führung von Familienunternehmen ausgeführt, die bei Unternehmen zu beobachten sind, die eine starke Personenorientierung aufweisen und der Entscheidungsprämisse »Person« einen großen Stellenwert einräumen, so dass Unsicherheitsabsorption innerhalb des Unternehmens v. a. durch die Zurechnung auf Personen und nicht durch kommunikative Aushandlungsprozesse stattfindet.[277]

2.5. Besonderheiten in der Führung von Familienunternehmen

Zu welchen besonderen Ausprägungen bzw. beobachtbaren Verhaltensweisen in der Führung von Familienunternehmen die strukturelle Kopplung des Unternehmens an eine Familie häufig führt, wird im Folgenden erörtert.

Dabei sind die Ausführungen als typische, nicht als zwangsläufige Ausprägungen zu verstehen, da der individuelle Entwicklungsprozess zwischen Familie und Unternehmen natürlich zu unterschiedlichsten Führungssituationen führen kann und diese immer aus der Sicht eines Beobachters wiedergegeben werden. Darüber hinaus haben die nachfolgenden Erläuterungen, wie oben beschrieben, vorrangig eigentümergeführte mittelständische Familienunternehmen vor Augen, bei denen die charakteristische Personenorientierung und somit auch die

---

274 Wimmer, Domayer, Oswald und Vater 2018, S. 111.
275 Vgl. Wimmer 2014b, S. 38.
276 Simon 2013, S. 140.
277 Vgl. zu der Frage, wie Entscheidungsprozesse strukturiert sind, auch die Ausführungen bei von Schlippe, Groth und Rüsen 2017, S. 216f.

unten beschriebenen Merkmalsausprägungen in der Führungswahrnehmung
i. d. R. sehr ausgeprägt sind. Hiervon zu differenzieren sind, wie nachfolgend
noch weiter auszuführen sein wird, Familienunternehmen, bei denen z. B. aufgrund eines umfangreichen Gesellschafterkreises und ausschließlicher Fremd-
geschäftsführung Entscheidungen bereits wesentlich stärker im Rahmen kommunikativer Aushandlungsprozesse getroffen werden.

Grundlage für die nachfolgenden Ausführungen sind publizierte Ergebnisse
der nationalen und der internationalen Familienunternehmensforschung sowie
ausgewählte, empirisch gestützte Ratgeberliteratur.[278] Zielsetzung ist es, die unterschiedlichen Forschungsergebnisse zusammenzuführen und daraus ein
möglichst umfassendes Gesamtbild zu formen. Als strukturierende Grundlage
für die nachfolgenden Ausführungen wird auf sechs Aufgabenfelder des General
Managements zurückgegriffen,[279] die gewissermaßen als Suchraster für charakteristische Spezifika dienen. Dabei wird in den folgenden sechs Unterkapiteln
eine Differenzierung zwischen der prozessualen (Wie wird die Entscheidung
getroffen und deren Wirksamkeit in der Organisation sichergestellt?) und der
inhaltlichen (Welche Entscheidung wird in Bezug auf eine unternehmerische
Herausforderung getroffen?) Dimension vorgenommen.

2.5.1. Themenfeld Zukunft

Um mit der unvermeidlichen Unsicherheit der Zukunft umzugehen, lassen sich
unterschiedliche Spielarten in Organisationen beobachten. Bei diesem Aufgabenfeld geht es im Kern darum, sich mit den in der organisationalen Umwelt
wahrgenommenen Chancen und Risiken sowie mit den eigenen Kompetenzen auseinanderzusetzen, um daraus mögliche Zukunftsbilder und konkrete
Handlungsoptionen für das operative Tun abzuleiten. Die Frage, ob Familienunternehmen in diesem Aufgabenfeld von Führung beobachtbare, spezifische
Verhaltensmuster aufweisen, ist bereits vor über 20 Jahren wissenschaftlich
diskutiert worden.[280] Auch wenn es, z. B. aufgrund divergierender theoretischer
Herangehensweisen und unterschiedlichem empirischem Datenmaterial, natürlich eine Vielzahl verschiedener Forschungsergebnisse in diesem Bereich gibt,

---

278 Es sei an dieser Stelle darauf hingewiesen, dass den zitierten Forschungsergebnissen z. T.
     ganz unterschiedliche epistemologische und theoretische Überlegungen zugrunde liegen,
     welche nicht immer explizit thematisiert werden.
279 Vgl. hierzu die Kapitel 2.3 und 2.4. in der Promotionsschrift, sowie die dort angegebene
     Literatur.
280 Vgl. z. B. Harris, Martinez und Ward 1994 oder auch Wimmer, Domayer, Oswald und Vater
     1996, S. 93 ff.

wird nachfolgend versucht, die am häufigsten zitierten Charakteristika zusammenzufassen.

Prozessuale Perspektive

Der Blick auf die Spielart der Strategieentwicklung zielt darauf ab, wie (also auf welche Art und Weise, durch wen etc.) weitreichende, »strategische« Entscheidungen in einem Unternehmen getroffen werden. Dabei weisen insbesondere Familienunternehmen in der Gründergeneration charakteristische Besonderheiten gegenüber publikumsorientierten Kapitalgesellschaften auf, welche auf die koevolutionäre Entwicklungsgeschichte der beteiligten Sozialsysteme zurückzuführen sind. Wie auch in anderen Organisationen ist der Umgang mit weitreichenden, strategischen Fragestellungen i. d. R. durch die in der Vergangenheit gemachten Erfahrungen und eingespielten Muster geprägt. Da die Motivation von Gründern für den Schritt in die Selbstständigkeit regelmäßig durch ein hohes Unabhängigkeitsstreben begründet ist,[281] werden die ersten fundamentalen und weichenstellenden Entscheidungen häufig vom Gründer allein getroffen. In vielen Familienunternehmen ist zu beobachten, dass dieser gelernte Umgang mit bedeutsamen Entscheidungen, auch bei bereits jahrelang stark gewachsenen Unternehmen, beibehalten wird. Überlegungen und Entscheidungen zur zukünftigen Ausrichtung bleiben »Chefsache«. Hierfür ist oft kein eigenständiger, expliziter Strategieentwicklungsprozess notwendig, da sich die notwendigen Entscheidungen im täglichen Handeln zeigen.[282]

---

281 Vgl. die Ergebnisse bei Durst und Leyer 2011, S. 14, oder die umfangreichen Quellenangaben bei Jacobsen 2003, S. 61. Auch Wimmer, Domayer, Oswald und Vater 2018, S. 153, schreiben: »Wir haben uns bei unseren Forschungsüberlegungen immer wieder gefragt, was treibt eigentlich Firmengründer, Pioniere und ihre Familien dazu, oft mit einem so unerhört hohen Einsatz und einer so ausgeprägten Bereitschaft, auch persönlich zu investieren und Opfer zu bringen, für die Überlebensfähigkeit ihrer Unternehmen zu kämpfen? Bei allen individuellen Unterschieden sind wir doch stets auf eine gemeinsame Triebfeder gestoßen, die diese spezielle unternehmerische Kraft begründet: Man möchte sein gegenwärtiges wie künftiges Schicksal sowie das seiner Familie in wirtschaftlicher Hinsicht nicht in fremde Hände legen.«

282 »It has been found that many family owner–managers believe strategic planning demands considerable work and extra costs while not providing much new strategic insights. They therefore tend to prioritize involvement in day-to-day issues and work incrementally with strategic issues, rather than being engaged in systematic, analytical and periodical strategic planning« Nordqvist und Melin 2010, S. 17. Diese Sichtweise bestätigt auch die Untersuchung zum Planungs- und Entscheidungsverhalten deutscher Familien- und Nichtfamilienunternehmen an der HHL Leipzig: »Familienunternehmen verlassen sich bei ihrer Planung hauptsächlich auf operative Instrumente sowie die jeweilige Intuition der Führungsmannschaft des Unternehmens. Von 237 befragten Familienunternehmen nutzen 54 % operative Planungsinstrumente, während sich 28 % der Unternehmen auf Ihre Intuition verlassen. Ein geringer Anteil der Unternehmen (12 %) nutzt auch strategische Planungsinstrumente zur Steuerung des Unternehmens.« Wulf, Stubner, Brands, Roleder, Meißner und Hoffmann 2012, S. 15.

»Das Grundmuster der Zukunftsbewältigung [...] besteht im Wesentlichen darin, dass ein paar Schlüsselpersonen durch ihre ungeheure enge Verbindung sowohl zum Produkt als auch zu den Kunden mehr oder weniger intuitiv die entscheidenden Weichenstellungen vornehmen können. Dafür sind keine Strategieentwicklungsanstrengungen im Unternehmen erforderlich. Solange die Keyplayer ihre Sensoren hautnah am Puls der definierten Nische haben, kann der Rest des Unternehmens im operativen Tun mit dieser Entwicklung relativ beruhigt mitschwingen.«[283]

Dies ist die Form des Umgangs mit der Unsicherheit der Zukunft, die Nagel und Wimmer »intuitive Strategieentwicklung« nennen.[284] Offensichtlich ist, dass dieser Umgang mit bedeutungsvollen Entscheidungen charakteristische Vor- und Nachteile aufweist. Es ist relativ unbestritten, dass die sehr geringen Kosten der Entscheidungsfindung und auch die hohe Entscheidungsgeschwindigkeit vielfach einen Vorzug darstellen,[285] ohne den die Phase der Unternehmensgründung nicht gemeistert werden könnte. Aber genau diese typische, geringe Kosten verursachende, personenfokussierte Zuschreibung der Entscheidungskompetenz auf den geschäftsführenden Gesellschafter, die die hohe Entscheidungsgeschwindigkeit erst möglich macht, birgt, besonders für stark wachsende Unternehmen, große Risiken. Ursächlich hierfür ist die hohe Abhängigkeit von der situationsadäquaten Beurteilungsqualität der gesamten Organisation von einer oder wenigen Personen an der Unternehmensspitze.[286] Neben einem unerwarteten Ausfall dieses Personenkreises besteht das Risiko, dass die Quelle der Intuition, die verallgemeinernd als »eine intime Kenntnis des Geschäfts, des Marktes und der Kunden«[287] bezeichnet werden kann, verloren geht.

»Großer Ehrgeiz in Verbindung mit jahrelangen Erfolgen und eine hohe persönliche Bindung des eigenen Selbstwertgefühls ans Unternehmen führen fast zwangsläufig zur Tabuisierung erster Anzeichen von Misserfolgstendenzen. Je länger die Pioniere erfolgreich agieren konnten, umso schwieriger wird es, die Erfolgsrezepte der Vergangenheit kritisch zu überprüfen, um sich nicht angesichts veränderter Marktbedingungen in falschen Sicherheiten zu wiegen.«[288]

---

283 Wimmer, Domayer, Oswald und Vater 2018, S. 122.

284 Vgl. hierzu ausführlich Nagel und Wimmer 2014, S. 29 ff.

285 »In turn, the efficiency, effectiveness, and privacy of the decision-making process are increased. Because of the immediate availability of ownership, business, and family information, decision-makers can quickly and discretely act in the best interest of both the business and the family.« Tagiuri und Davis 1996, S. 201.

286 Die hohe Abhängigkeit des Gesamtunternehmens von ihrer Person ist den meisten Inhabern dabei durchaus bewusst. »This paper demonstrated [...] that family businesses are highly dependent on a single decision-maker, the owner. [...] Perhaps surprisingly, respondents (typically the owner) understood that the firm was highly dependent on them but had not taken steps to reduce this high level of dependence.« Feltham, Feltham und Barnett 2005, S. 13.

287 Garbsch und Sumetzberger 2010, S. 3.

288 Wimmer, Domayer, Oswald und Vater 2018, S. 123.

Darüber hinaus stößt diese Form der Bearbeitung von Fragestellungen zum Umgang mit der Ungewissheit der Zukunft an ihre natürlichen Grenzen, wenn die relevanten Organisationsumwelten so komplex werden, dass deren Wahrnehmung und die sinnvolle Bearbeitung der daraus abzuleitenden Konsequenzen von einer oder sehr wenigen Personen an der Unternehmensspitze nicht mehr in ausreichender Qualität darstellbar ist.

Relativ einig ist sich die fachspezifische Literatur darin, dass folgenreiche Unternehmensentscheidungen immer auch mit Blick auf die Wirkung für die an das Unternehmen gekoppelte Familie getroffen werden (und vice versa).[289]

Inhaltliche Perspektive
Wie bereits weiter oben immer wieder angesprochen, besteht in der wissenschaftlichen Community, trotz diverser Differenzen in den theoretischen Grundlagen der jeweiligen Untersuchungen[290], relative Einigkeit, dass Familienunternehmen nicht ausschließlich nach der kurzfristig höchstmöglichen Rendite auf das eingesetzte Kapital streben. So hat Leon Danco bereits 1975 darauf hingewiesen, dass Familienunternehmen i. d. R. einen langfristigen Planungshorizont aufweisen.[291] Die Ursachen für einen im Verhältnis zu kapitalmarktorientierten Publikumsgesellschaften typischerweise längerfristigen Planungshorizont, sind sicherlich auch in der strukturellen Kopplung an die Familie zu suchen.

»After all, what is family business about if it is not about the next generation?«[292]

Der für Familienunternehmer charakteristische Wunsch, das Unternehmen zu erhalten und an die nachfolgende Generation weiterzugeben, ist in vielen Entscheidungssituationen handlungsleitend.[293] Durch diese grundlegenden, sehr langfristig orientierten Handlungsprämissen eröffnen sich für Familienunternehmen häufig Handlungsoptionen, die börsennotierten Kapitalgesellschaften, welche sich quartalsweise am Kapitalmarkt rechtfertigen müssen, nicht zu jeder Zeit offenstehen. So können Familienunternehmen Investitionsopportunitäten wahrnehmen, deren Amortisation u. U. erst nach Jahren eintritt, die unter

---

289 Der bekannteste Ansatz zur Ausarbeitung eines konsistenten Zukunftsbildes für beide Sozialsysteme ist sicherlich der »Parallel Planning Process«, welcher bei Carlock und Ward 2001 ausführlich beschrieben ist.
290 Vgl. hierzu auch die Ausführungen in Kapitel 2.2.
291 Vgl. Danco 1975 [zit. nach Harris, Martinez und Ward 1994, S. 171].
292 Ward 2004, S. 27.
293 Vgl. hierzu beispielhaft Miller und Le Breton-Miller 2006, S. 81: »Businesses intending to accommodate future family generations are expected to exhibit a good deal of stewardship in how they manage capital and where they direct their attention. They are more apt to be financially cautious, invest more in building long term reputation, and build social capital in the form of enduring relationships with outsiders.«

langfristig strategischen Gesichtspunkten allerdings zielführend und rentabel erscheinen.[294] Die Möglichkeiten, die sich aus diesen umfangreicheren Entscheidungsalternativen für Familienunternehmen ergeben, können demnach auch unter ökonomischen Gesichtspunkten einen Wettbewerbsvorteil darstellen.

Zu den konkreten, nicht-monetären Zielen von Familienunternehmen gibt es diverse Untersuchungen. Zu den bekanntesten und meistzitierten Quellen der letzten Jahre gehören sicherlich die Arbeiten des in Kapitel 2.2.4 beschriebenen SEW-Ansatzes und die dort beschriebenen fünf Dimensionen, in denen sich, der Theorie nach, die handlungsleitenden Prämissen von Familienunternehmen widerspiegeln. Aber auch zuvor gab es eine Reihe von Forschungsarbeiten, die sich mit diesen, nach ökonomischen Kriterien irrationalen, Zielsetzungen von Familienunternehmen auseinandergesetzt haben.

Untersuchung	Ermittelte Ziele / Werte der Unternehmerfamilie
(Andersson, Carlsen und Getz 2002)	Lifestyle, Location, Unabhängigkeit, Familienvermächtnis, Wachstum, Expansion und Herausforderung
(Dunn 1995)	Status, Qualität, Schaffung von Arbeitsplätzen, Reputation der Familie innerhalb der Industrie und der lokalen Gesellschaft, Betreuung, Kundenorientierung, Zusammenarbeit der Familien, ein guter Name und gute Familienbeziehungen, Betreuung und Loyalität zu Arbeitnehmern und Kunden, Informalität und Tradition
(García-Álvarez und López-Sintas 2001)	Harte Arbeit, Familienorientierung, Wachstum, Entschlossenheit, Befriedigung, Ambition, Geschäftsorientierung, Innovation, Leistungsorientierung und Gefühl für die Familie
(Koiranen 2002)	Ehrlichkeit, Glaubwürdigkeit, Gesetzestreue, Qualität, Fleiß, Seriosität, Serviceorientierung, Verantwortung, Flexibilität, Stresstoleranz, Bedürfnisbefriedigung, Wohlbefinden der Belegschaft, Innovativität, Autonomie/ Unabhängigkeit, visionäres Top-Management, Respekt für Traditionen, gutes öffentliches Image, Einfallsreichtum, Ausdauer/ Beharrlichkeit, Sparsamkeit, Harmonie innerhalb der Familie
(Astrachan und Jaskiewicz 2008)	Herstellung von Qualitätsprodukten, Arbeitsplätze für die Familie, Reputation, Stolz, Selbstwert, Bildungsmöglichkeiten, Familieneinbindung, Möglichkeiten für den Nachwuchs/ einen selbst, gesellschaftliche Anerkennung, Unabhängigkeit

---

294 Vor diesem Zusammenhang ist auch die Diskussion über die Kapitalkosten von Familienunternehmen zu betrachten. Vgl. hierzu für eine ausführliche Übersicht die Dissertation von Velez 2016, insbesondere Kapitel 2.7.

(Fortsetzung)

Untersuchung	Ermittelte Ziele / Werte der Unternehmerfamilie
(Carlock und Ward 2001)	Einsatz, Harmonie, Loyalität, Stolz, Zusammengehörigkeit, Vertrauen, Macht, Einfluss, Integrität, Kontrolle, Unabhängigkeit, Selbstwert, Sicherheit
(Aronoff 2004)	Professionelle Organisation der Familie, Karriereambitionen, Macht, Status
(Thomas Zellweger 2007)	Unabhängigkeit, Arbeitsplätze für die Familie, Prestige
(Miguel Ángel Gallo, Tàpies und Cappuyns 2004)	Tradition, Arbeitsplatzmöglichkeiten für die Familie, Macht
(Thomas M. Zellweger und Nason 2008)	Harmonie, Familienarbeitsplätze, Familienkontrolle, Stolz, Wohlgefühl
(T. Zellweger und Mühlebach 2008)	Zugehörigkeitsgefühl, Stolz, Kontrolle, Kontinuität, Harmonie, Vertrauen, Reputation, Status, Sozialbeziehungen, Sinn, Identität, Selbstverwirklichung, Kontrolle, Macht, Sicherheit und Verschwiegenheit

Darstellung 3: Nicht-monetäre Ziele von Familienunternehmen (in Anlehnung an (Prym 2010), S. 88f.)

Auch wenn diese Übersicht nicht abschließend ist und die individuellen Zielsetzungen einzelner Unternehmerfamilien sicherlich auch von der persönlichen Lebenssituation beeinflusst werden, zeigt sie doch, dass die langfristigen Zielsetzungen von vielen familiären Einflüssen geprägt und nicht nur ökonomische Bestrebungen relevant sind.[295] Auch wenn ein kausaler Steuerungsanspruch durch die Familie, wie oben beschrieben, unrealistisch erscheint, entfalten diese Zielsetzungen durch die strukturelle Kopplung eine Wirkung in den Unternehmen. Trotz mehrpoliger Zielstrukturen gilt für Familienunternehmen, »was für alle Unternehmen gilt: Sie müssen rentabel wirtschaften.«[296]

2.5.2. Themenfeld Märkte und Umwelt

Im Kern geht es in diesem Aufgabenfeld von Führung darum, sich mit den relevanten Umwelten der Organisation intensiv auseinanderzusetzen, um relevante Impulse aufzunehmen und diese zur Aufrechterhaltung der langfristigen Reproduktionsfähigkeit zu verarbeiten. Insbesondere die sorgsame Auseinandersetzung mit sämtlichen Stakeholdern, die für die künftige Entwicklung des

---

295 Auch im ersten Satz (nach der Präambel) des Governance Kodex für Familienunternehmen findet sich ein Beispiel der charakteristisch langfristigen Ausrichtung von Familienunternehmen: »Familienunternehmen stehen unter der bestimmenden Inhaberschaft einer oder mehrerer Familien, deren Intention es ist, diese für mindestens eine weitere Generation aufrechtzuerhalten.« Kommission Governance Kodex für Familienunternehmen 2015, S. 11.

296 Simon 2005a, S. 372.

Unternehmens bedeutsam sind, ist hierbei wichtig. In diesem Zusammenhang wird oftmals unmittelbar an einen intensiven Kundenaustausch gedacht, um die organisationsintern erzeugten Vorstellungen über die Erwartungshaltungen ebendieser kontinuierlich auf ihre Passung hin zu hinterfragen.[297] Neben den Aufgabenbereichen des Kundenmanagements (Kundengewinnung, Kunden-bindung und Kundenintegration), fallen aber ebenso das Lieferantenmanage-ment, die Auseinandersetzung mit Banken und Kapitalgebern, die Kooperation mit Wertschöpfungspartnern wie z. B. Universitäten, die gesellschaftliche Ver-antwortungsübernahme in der Region oder die Verbandsarbeit in diesen durch Führung zu bearbeitenden Aufgabenbereich. Letztendlich setzt hier das an,

> »was zurzeit unter einer gezielten Markenpolitik diskutiert wird. Der Aufbau sowie das ständige Verlebendigen einer starken Marke bildet in einer Welt der permanenten Informationsüberflutung jenen erfolgskritischen Faktor, mit dessen Hilfe Marktteil-nehmer die wachsende Komplexität und Vielfalt der Angebote reduzieren und Orien-tierung gewinnen.«[298]

Dabei kann das eigene Wahrgenommenwerden natürlich nicht kausal gesteuert werden, wie dies teilweise in der Literatur impliziert wird. Da aber das Bild, welches andere von uns haben, ihr Verhalten uns gegenüber steuert,[299] ist die sorgsame Bearbeitung dieses Aufgabenfeldes von besonderer Bedeutung.

Die bisherigen Forschungsergebnisse weisen darauf hin, dass Familienun-ternehmen beim Markenaufbau und beim aktiven Grenzmanagement[300] spe-zifische Besonderheiten aufweisen, die durch den koevolutionären Entwick-lungsprozess und die kontinuierliche Bezugnahme auf eine Familie begründet sind. So wird beispielsweise konstatiert, dass Familienunternehmen z. T. über Beziehungen mit einer einzigartigen Qualität zu ihren Stakeholdern verfügen, die einen signifikanten Beitrag zur Wettbewerbsfähigkeit beitragen. Die in der ak-tuellen Forschungsliteratur beschriebenen Besonderheiten, welche sowohl pro-zessualer als auch inhaltlicher Natur sind, werden nachfolgend in aller Kürze dargestellt.

Prozessuale Perspektive
Im Rahmen der Gründungsphase vieler Familienunternehmen sind die Au-ßenkontakte meist an der Unternehmensspitze gebündelt. Der Gründer pflegt, auch auf einer persönlichen Ebene, welche weit über das Geschäftliche hinaus-

---

297 Das Kundenmanagement hat insofern eine besondere Bedeutung, da Unternehmen darauf angewiesen sind, dass die erbrachte Leistung, einen Kundennutzen erzielt der hoch genug ist, den Kunden zu veranlassen als Gegenleistung einen angemessenen Preis zu zahlen, um die Zahlungsfähigkeit des eigenen Unternehmens langfristig sicherstellen zu können.
298 Wimmer, Domayer, Oswald und Vater 2018, S. 127 f.
299 Vgl. zur Rolle von Erwartungen in sozialen Systemen auch Luhmann 1984, S. 411 ff.
300 Vgl. hierzu v. a. das Kapitel 8.1.2. bei Jansen 2003.

gehen kann, Kontakte zu wichtigen Kunden und weiteren Stakeholdern wie Lieferanten und Finanzierungspartnern. Aufgrund der personenorientierten, eher familialen Strukturen entwickeln sich häufig sehr persönliche Vertrauens- verhältnisse zwischen dem Gründer und wichtigen Stakeholdern,[301] die häufig auch nach vielen Jahren noch maßgeblich die Grundlage einer vertrauensvollen Geschäftsbeziehung prägen.[302] Diese inhärente, kulturell verankerte Personen- orientierung, führt vielfach zu einem Wettbewerbsvorteil gegenüber funktions- orientierten Konzernen.

> »Wo andere Unternehmen ihre Mitarbeiter mühsam in Kundenorientierung trainieren lassen müssen (falls das überhaupt geht) und das Endergebnis doch meist nur aus der Anwendung höchst fragwürdiger und aufgesetzter Techniken besteht, ist hier die Wichtigkeit von Personen und die Loyalität innerhalb von Beziehungen jedermann evident.[…]Eine Bindung der Kunden an das Unternehmen herzustellen, braucht in familienartigen Unternehmen nicht erst mühsam gelernt zu werden, da es ein kulturell verankerter, »selbstverständlicher« Wert ist.«[303]

In vielen Familienunternehmen ist zu beobachten, dass diese selbstverständliche Kundenorientierung nicht nur in Abteilungen gelebt wird, die klassischerweise einen engen Kundenkontakt pflegen, sondern dass auch andere Bereiche des Unternehmens, wie die Produktion,[304] intensiv und bereits frühzeitig in die Kundenkommunikation eingebunden werden, um »die Probleme des Kunden wirklich im Kern zufriedenstellend zu bewältigen.«[305] Diese Fokussierung auf

---

301 Siehe z. B. das Zitat des Juniorchefs eines Industrieunternehmens über die Einstellung seines Vaters zur Kundenbeziehung: »Er hätte nie bei einer stärkeren Auseinandersetzung dem Kunden ins Wort geredet. Auch dann nicht, wenn er sich im Recht gefühlt hat. […] Man hat nie nur das Einzelgeschäft, die Augenblicksbeziehung gesehen, sondern die laufende, län- gerfristig angelegte Geschäftsbeziehung. Also dieses Verhalten zum Kunden, das war und ist für uns ganz prägend. Übrigens, ist dies ähnlich wie in unserer Produktphilosophie – man wollte als Firma nie bloß eine Eintagsfliege am modischen Sektor sein, sondern man wollte schon etwas Stabileres bieten.« Wimmer, Domayer, Oswald und Vater 2018, S. 129.
302 Ashley-Cotleur, Kauanui und Gaumer 2013, S. 108, weisen darauf hin, dass genau diese Beziehungen bei dem ersten Generationswechsel zur Disposition stehen. »As power is transferred from the founder to the next generation, family stresses, organizational issues, and leadership characteristics of the successor take center stage. Established relationships with customers, suppliers, and employees may not receive the necessary attention, thus negatively impacting hard-earned brand equity. Failure to nurture customer relationships may cause the loss of key stakeholders, contributing to second generation business failures.«
303 Simon 2005, S. 31. So sehen dies z. B. auch Poza, Hanlon und Kishida 2004, wenn sie auf S. 101 schreiben: »Another resource unique to some family firms is creating value for the customer through an organizational culture that is rooted in close interpersonal relationships with customers and suppliers.«
304 »Gerade in kleineren und mittleren Unternehmen stehen häufig bis hin zu den Mitarbeitern aus dem Produktionsprozess alle Organisationsmitglieder in direktem Austausch mit dem Kunden.« Hilse und Wimmer 2009, S. 35.
305 Wimmer, Domayer, Oswald und Vater 2018, S. 130.

die konkreten, aktuellen Problemstellungen der Kunden führt in manchen Fällen allerdings dazu, dass Veränderungen des Gesamtmarktes, z. B. durch technologische Weiterentwicklungen, nicht rechtzeitig und umfassend genug wahrgenommen werden, um angemessen darauf reagieren zu können.[306] Das vorhandene Leistungsspektrum wird zwar laufend optimiert, die übergreifenden Spielregeln des Marktes allerdings nicht ausreichend wahrgenommen, mit der Konsequenz, dass die internen Prozesse der Leistungserstellung nicht die notwendigen Veränderungen erfahren, um weiterhin langfristig die Reproduktion der eigenen Zahlungsfähigkeit sicherzustellen (wenn beispielsweise ein Technologiesprung stattfindet und bestimmte Produkte langfristig nicht mehr nachgefragt werden).

Wie in vielen anderen Bereichen, spielen sich auch im Umgang mit Stakeholdern spezifische Routinen ein. So ist in vielen Familienunternehmen zu beobachten, dass dem Bereich der Außendarstellung und der Organisation von Austauschbeziehungen mit relevanten Stakeholdern oft eine besondere Bedeutung durch die Unternehmensspitze beigemessen wird, die auf Erfahrungswerten aus der Gründungszeit beruht.[307] Diese vielfach stark eingespielten Routinen bergen, wie angesprochen, allerdings das Risiko, dass die Erwartungshaltungen gegenüber den Impulsen der Kunden stark ausgeprägt und wenig enttäuschungsbereit konzipiert sind.[308]

Inhaltliche Perspektive
Nachdem aufgezeigt worden ist, dass Familienunternehmen durch ihre typischerweise hohe Personenorientierung vielfach in der Lage sind, besondere Beziehungen zu ihren Stakeholdern aufzubauen, sollen nachfolgend einige inhaltliche Aspekte näher beschrieben werden. So wird Familienunternehmen häufig nachgesagt, dass sie einen besonders restriktiven Umgang mit Informationen über die eigene Organisation pflegen. Sichtbar wird dies v. a. im Umgang mit Finanzzahlen.

> »Die Identifikation mit dem Unternehmen und die starke Überschneidung von persönlichem und Unternehmensvermögen führen in vielen Familienunternehmen auch zu einer restriktiven Informationspolitik. Diese mündet in manchen Familien sogar in eine gewisse Verschleierungstaktik, was z. B. die Unternehmensstruktur oder das Gesamtergebnis der Gruppe betrifft. Obgleich Familienunternehmen durch Regelungen wie die Publizität über den Bundesanzeiger […] zu einer höheren Publizität gezwungen

---

306 Vgl. hierzu auch etwas ausführlicher und mit Beispielen belegt das Kapitel 3.4.4.2. bei Wiechers 2006.
307 Allerdings wird »dieser Aufgabe« ähnlich wie im Bereich der Strategie eher intuitiv denn systematisch nachgekommen.« Wimmer, Domayer, Oswald und Vater 2018, S. 134.
308 Vgl. hierzu auch das Kapitel 9.4.2. in Wimmer und Schumacher 2009.

werden als früher, gibt es nach wie vor eine gewisse Verschlossenheit seitens der Familienunternehmen.«[309]

Diese Verschlossenheit führt teilweise so weit, dass Finanzinformationen nicht einmal innerhalb des eigenen Unternehmens kommuniziert werden.[310] Der zu beobachtende Wunsch nach Intransparenz in Bezug auf die eigene Finanzsituation, aber auch in Bezug auf weitere ratingrelevante Informationen wie Managementqualifikation oder Nachfolgeplanung, führen in der Beziehung zu Kapitalgebern zu eigentümlichen Situationen, die unten ausführlicher diskutiert werden.

Zudem wird die Kopplung an eine Familie häufig explizit genutzt, um Wertschöpfungspartner zu gewinnen oder zu binden. Die Tatsache, dass eine Familie für das Unternehmen »bürgt«, scheint einen eigenen Wert darzustellen. So erklärt Edelman, dass Familienunternehmen in vielen Regionen der Welt als vertrauenswürdiger wahrgenommen werden als andere Organisationen.[311] Dies bestätigt auch Beck, die in ihrer Studie aktuelle Veröffentlichungen zum Thema Brand Management in Familienunternehmen zusammenfasst.[312]

»Je stärker Konsumenten ein Unternehmen als Familienunternehmen wahrnehmen, desto mehr vertrauen sie ihm. Sie sehen das Unternehmen eher als eine Person an […]. Für die Unternehmen ist dieses Vertrauen ganz entscheidend: Je mehr die Konsumenten einer Firma vertrauen, desto eher sind sie bereit, eins ihrer Produkte zu kaufen.«[313]

---

309 Achtleitner, Kaserer, Günther und Volk 2011, S. 39. Diese Einstellung verdeutlichen auch zwei dort publizierte Zitate von Familienunternehmern: »Die Offenlegungspflichten, die alleine in den letzten vielleicht zehn Jahren ins Handelsgesetzbuch reingekommen sind, haben schon einiges verändert. […] Aber an der Denke, dass das Familienunternehmen oder der dahinterstehende Gesellschafter sagt, das ist meine Privatschatulle, da möchte ich mir nicht reingucken lassen, hat sich nichts verändert.« Und auf S. 85: »Rating wäre in No Go. Das würde die Familie nicht mitmachen und auch der Verwaltungsrat nicht. Darüber haben wir gesprochen. Die Ratingagenturen, die bekommen einen tiefen Einblick ins Unternehmen und das will man zurzeit nicht.«

310 So berichtet Brown aus ihrer Beratungspraxis, mit Bezug auf die Vor- und Nachteile in der Zusammenarbeit mit Fremdgeschäftsführern: »The current owners/managers will lose both personal and financial privacy. I've worked with family business owners who didn't even share financial information with family members, much less an outsider.«

311 Edelman 2014, Folie 19.

312 Vgl. Beck 2016. In die gleiche Richtung argumentieren auch Felden, Hack und Hoon 2019, S. 99, wenn sie schreiben: »Zusammengenommen liefern die aufgezeigten empirischen Ergebnisse einen Hinweis darauf, dass Familienunternehmen über die Ressource Vertrauen einen komparativen Wettbewerbsvorteil gegenüber Nicht-Familienunternehmen generieren können. Ein hohes Vertrauensverhältnis zwischen Stakeholdern und dem Familienunternehmen stellt eine einzigartige Ressource oder ein Ressourcenbündel dar, das als Treiber von Wettbewerbsvorteilen verstanden werden kann.« Auch weitere aktuelle Studien stützen diese Erkenntnis. Vgl. z.B. Russo 2017 oder PricewaterhouseCoopersAG 2016.

313 So Susanne Beck in einem Interview mit der Zeitschrift Impulse; Beck und Meier 2015.

Es ist deshalb nicht verwunderlich, dass aktuell 76 Prozent der größten Familienunternehmen weltweit die Beschreibung »Familienunternehmen« in ihrer Außendarstellung nutzen.[314] Dieser vertrauensbildende Aspekt wird oft auch dadurch gestärkt, dass das Unternehmen den Familiennamen trägt und der Unternehmer seine persönliche Glaubwürdigkeit in der Außendarstellung eng mit der des Unternehmens verknüpft.[315]

2.5.3. Themenfeld (finanzielle) Ressourcen

Die Sicherstellung der pekuniären Reproduktionsfähigkeit eines Unternehmens erfordert einen dauerhaften Aufmerksamkeitsfokus auf seine (finanziellen) Ressourcen und die entsprechenden Zu- und Abflüsse. Bei diesem durch Führung zu bearbeitenden Aufgabenfeld geht es also schwerpunktmäßig um die Beschaffung und die Verwendung von Finanzmitteln. Hierzu zählen beispielsweise die Auswahl von Finanzierungsquellen ebenso wie Routinen zur Ausschüttungspolitik oder die Etablierung eines nachhaltigen Kostenbewusstseins innerhalb des Unternehmens. Diverse deskriptive Untersuchungen haben aufgezeigt, dass es regelmäßig Differenzen in den Mustern und Ausprägungen des Ressourcenmanagements zwischen Familienunternehmen und kapitalmarktorientierten Unternehmen gibt, welche auf den familiären Einfluss zurückzuführen sind[316] und nachfolgend weiter ausgeführt werden. Ein ganzer Forschungsbereich, welcher sich mit der Messung von Performanceunterschieden zwischen Familien- und Nichtfamilienunternehmen auseinandersetzt, wird

---

314 Englisch, Hall und Astrachan 2015, S. 12. Insgesamt haben EY und das Cox Family Entreprise Center an der Kennesaw State University die 2.400 größten Familienunternehmen weltweit angeschrieben. 1.000 hiervon wurden nachträglich noch einmal telefonisch angesprochen, so dass insgesamt eine Rücklaufquote von 42 Prozent erreicht wurde.

315 Vgl. hierzu Hennerckes 2004, S. 28: »Die Verbindung zwischen Unternehmer und Unternehmen geht soweit, dass der Unternehmer seine Produkte oder Dienstleistungen nicht nur anpreist, sondern für deren Qualität sogar seine persönlich Glaubwürdigkeit in die Waagschale wirft. Das führt in manchen Fällen dazu, dass die Eigner, wie beispielsweise bei Trigema, Idee-Kaffee oder Hipp, persönlich im Fernsehen für ihre Produkte werben.« Vgl. ebenfalls Wiechers 2006, S. 280 f.

316 »The above analysis leads us to think that there is truth in the notion that FBs have a special »financial logic« of their own. [...] In addition, the fact that we found no statistically significant correlations in a large number of dimensions (industrial position, characteristics of CFO, capital structure, internationalization, financial ratios, income statement, growth and investment forecasts), suggests that many of these FBs do business in the way that the personal characteristic of their founders dictate. The founders' influence is direct if they are still alive, or continues indirectly through the tradition carried on by their successors.« Gallo, Tàpies und Cappuyns 2004, S. 314 f.

nachfolgend nicht detaillierter thematisiert.[317] Das dieser Arbeit zugrundeliegende Organisationsverständnis[318] geht mit dem Verständnis einher, dass die
Performance von einer Vielzahl von Einflussfaktoren und rückbezüglichen
Prozessen abhängig ist, so dass die Messung eines Kausalzusammenhangs zwischen Performance und Familienunternehmenseigenschaft wenig erkenntnis-
versprechend erscheint.[319]

Prozessuale Perspektive
Familienunternehmen besitzen vielfach die eindeutige Präferenz, »sich in Finanzfragen nicht wirklich in die Karten schauen zu lassen.«[320] Dieser Wunsch
nach Intransparenz führt insbesondere gegenüber Kapitalgebern zu ambiva-
lenten Beziehungen. Zum einen wird die eigene Situation ungern transparent
dargestellt,[321] zum anderen stehen häufig aufgrund einer langjährigen, persönlichen Beziehung zum Berater der Hausbank unausgesprochene Loyalitätser-
wartungen bezüglich einer »Sonderbehandlung« im Krisenfall im Raum, die im
Fall der Fälle fast zwangsläufig enttäuscht werden müssen.

> »Aus Sicht des Unternehmens bzw. der Mitglieder der Unternehmensfamilie verändert
> sich plötzlich die Rolle der Bank von einem wohlwollenden Geldlieferanten zu der eines
> Geschäftspartners mit gesellschafterähnlichen Einfluss- und Erzwingungsmöglichkei-
> ten. Der Reaktion und Anpassungsfähigkeit der verschiedenen Mitglieder der Unter-
> nehmensfamilie auf diese Rollenänderung (zum Bittsteller, Bevormundeten) kommt
> für den weiteren Krisenverlauf dabei u. U. eine entscheidende Bedeutung zu.«[322]

Dieser häufig auch unternehmensintern praktizierte intransparente Umgang
mit Finanzinformationen führt zwangsläufig zu personenorientierten Entscheidungsprozessen in Finanzfragen. Da bis auf die Unternehmensspitze kaum
weitere Mitarbeiter detaillierte Kenntnisse über die finanzielle Situation des

---

317 Vgl. zu einer Übersicht beispielsweise Garcia-Castro und Aguilera 2014, die die aktuelle
     Erkenntnissituation auf S. 85 gut darstellen: »The results of previous studies on the relati-
     onship between FIB [family involvement in business; Anm. d. Verf.] and either market- or
     accounting-based measures of FP [financial performance; Anm. d. Verf.] have been mixed,
     with researchers finding positive, negative and neutral relationships.«
318 Siehe hierzu ausführlich das Kapitel 2 in der Promotionsschrift.
319 Vgl. zu einer generellen, kritischen Auseinandersetzung zur Ermittlung von Erfolgsfaktoren
     zur Erklärung von Performanceunterschieden den vielbeachteten Beitrag von Nicolai und
     Kieser 2002.
320 Wimmer, Domayer, Oswald und Vater 2018, S. 159.
321 Es sei darauf hingewiesen, dass der Wunsch nach finanzieller Intransparenz gegenüber
     Kapitalgebern und anderen Stakeholdern vielen Familienunternehmen zwar immanent zu
     sein scheint, dieser allerdings aufgrund der regulatorischen Anforderungen an Banken
     (Basel II, III und IV), v. a. bei einer höheren Fremdfinanzierung, immer schwieriger reali-
     sierbar erscheint.
322 So Rüsen 2009, S. 252, mit Bezug auf die Beziehung zwischen Hausbank und Familienun-
     ternehmen in Krisensituationen.

Unternehmens besitzen, werden Investitions- und auch Finanzierungsentscheidungen häufig einsam und intuitiv durch den oder die geschäftsführenden Gesellschafter getroffen. Auf der einen Seite ist ein solcher Entscheidungsprozess i. d. R. sehr schnell und kostengünstig. Auf der anderen Seite ist nicht von der Hand zu weisen, dass das gesamte Unternehmen von der Angemessenheit der Situationsbeurteilung und der Risikoneigung einzelner Personen abhängig ist, ohne dass sich kommunikative Abstimmungsroutinen entwickeln könnten, um die innerhalb eines Unternehmens vorhandene Expertise in adäquater Weise in den Entscheidungsprozess einbinden zu können.[323]

> »In Familienunternehmen besteht dabei die Gefahr einer einseitigen Entscheidungskompetenz durch die Eigner sowie einer starken Traditionsverhaftung, in der neue Optionen aufgrund der statisch-historischen Entscheidungsmuster ausgeblendet werden.«[324]

Inhaltliche Perspektive

Nachfolgend wird in aller Kürze dargestellt, zu welchen inhaltlichen Ausprägungen diese »einsamen« Entscheidungen vielfach führen und welche Präferenzen sich dabei in Bezug auf die Finanzierungsgewohnheiten, die Gewinnverwendung und die Kapitalstruktur offenbaren. So ist sich die familienunternehmensspezifische Literatur relativ einig, dass das Finanzierungsverhalten dieses Unternehmenstyps stark durch das Unabhängigkeitsstreben der Eigentümerfamilie und deren Langfristorientierung geprägt ist.[325]

> »Es war den Gesellschaftern immer wichtig, dass die Abhängigkeit von Dritten, ob es jetzt Banken oder sonstige Kapitalgeber sind, relativ niedrig ist. Deswegen haben unsere Gesellschafter auch immer einen sehr, sehr konservativen Finanzierungsansatz gefahren.«[326]

Diese grundlegenden Werte, die das tägliche Handeln und die Entscheidungsfindung in Familienunternehmen typischerweise anleiten, führen üblicherweise dazu, dass in diesen Unternehmen eine Präferenz für Quellen der Innenfinanzierung, z. B. durch die Thesaurierung von Gewinnen, besteht. So argumentieren einige Autoren, dass die Präferenzzuschreibungen der Pecking-Order-Theorie

---

323 Vgl. hierzu auch Wimmer, Domayer, Oswald und Vater 2018, S. 162.
324 Benner 2009, S. 162.
325 Vgl. stellvertretend für viele z. B. Gallo, Tàpies und Cappuyns 2004, S. 309 ff., Wimmer, Domayer, Oswald und Vater 2018, S. 153 f., Berthold 2010, S. 62 ff., oder Velez 2016, S. 36 ff. Achtleitner, Kaserer, Günther und Volk 2011, S. 40, weisen weiterhin darauf hin, dass das empirisch beobachtbare Finanzierungsverhalten von Familienunternehmen nur in sehr wenigen Punkten mit den Überlegungen des kapitalstrukturtheoretischen Optimums übereinstimmt.
326 Zitat aus einem Familienunternehmen, so zu lesen bei Achtleitner, Kaserer, Günther und Volk 2011, S. 42.

auch bei Familienunternehmen (wenn auch mit einer anderen Argumentationslinie) Gültigkeit besitzen.[327]

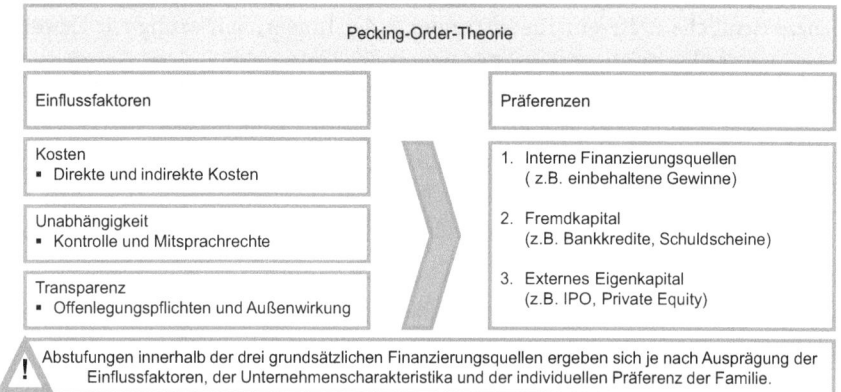

Darstellung 4: Pecking-Order-Theorie bei Familienunternehmen (Quelle: Achtleitner, Kaserer u. a. (2011), S. 41)

Auch wenn Achtleitner et al. zu Recht darauf hinweisen, dass die Pecking-Order-Theorie nur einen ersten Erklärungsansatz für das Finanzierungsverhalten von Familienunternehmen liefern kann,[328] bestätigen aktuelle Untersuchungen die dort beschriebenen Präferenzen. So haben etwa Knöll und Kettern in einer Studie zur Finanzsituation von Familienunternehmen in Deutschland im Jahr 2014 herausgearbeitet, dass über 43 Prozent der Studienteilnehmer eine Eigenkapitalquote von über 40 Prozent aufwiesen und ca. ein Viertel der Befragten keine Finanzschulden hatten.[329] Darüber hinaus bestätigen sie mit ihrer Studie weitere Annahmen:

– Unabhängigkeit von Finanzierungspartnern ist das wichtigste Ziel von Familienunternehmen.

– Neben der Selbstfinanzierung bleiben Bankkredite und Leasing die meistgenutzten Finanzierungsinstrumente.

---

327 Vgl. z. B. Blanco-Mazagatos, De Quevedo-Puente und Castrillo 2007, S. 201, die schreiben: »The pecking order model uses information asymmetry and other financial costs to explain why firms prefer internal to external finance and, when outside funds are necessary, prefer debt to equity. Issuing equity is a last resort. These arguments are valid for the family business case, but in these organizations the main cause of this funding sequence is the desire to keep control.« Zu den ursprünglichen Überlegungen der Pecking-Order-Theorie vgl. Myers 1984 und Myers und Majluf 1984, die in ihrer Argumentation von asymmetrisch verteilten Informationen zwischen Management und Eigentümern ausgehen.

328 Achtleitner, Kaserer, Günther und Volk 2011, S. 41.

329 Vgl. Knöll und Kettern 2014, S. 15 bzw. S. 17. Die Studie ist nicht repräsentativ, allerdings haben weit über hundert, teils sehr bedeutende, Familienunternehmen an der Befragung teilgenommen.

– Familienunternehmen setzen nach wie vor auf eine enge Hausbankbeziehung.[330]

Diese deutliche Präferenz für Instrumente der Innenfinanzierung zur Gewährleistung der langfristigen Unabhängigkeit des Unternehmens von externen Finanzierungspartnern führt offensichtlich dazu, dass nicht alle Wachstumsoptionen wahrgenommen werden (können).[331] Darüber hinaus führt die (dadurch selbst erzeugte) Limitierung von Finanzmitteln (und die vielfach zu beobachtende Vorbildfunktion der Eigner in Bezug auf Sparsamkeit)[332] dazu, dass ein hohes Kostenbewusstsein, quasi als kultureller Wert, im gesamten Unternehmen etabliert ist.[333]

> »Bei dieser Ausgangslage erreicht man die eigenen unternehmerischen Ziele nur mit besonderen Anstrengungen. Der Mangel an Ressourcen in Verbindung mit attraktiven, ehrgeizigen Vorhaben macht erfinderisch und schärft den Sinn für einen verantwortungsvollen Umgang mit den Mitteln, die einem zur Verfügung stehen. Wenn man mit knappen Ressourcen ehrgeizige Ziele erreichen will, dann verlangt dies nicht nur Sparsamkeit, sondern auch Einfallsreichtum und Erfindergeist auf allen Ebenen, um aus weniger mehr zu machen.«[334]

---

330 Ebd., S. 9.
331 Vgl. auch die Dissertation von Berthold 2010, der seine Erkenntnisse auf S. 205 wie folgt zusammenfasst: »Zuerst ist der Gedanke, dann folgt die Frage der Umsetzung bzw. der finanziellen Realisierung, die aber wiederum rückbezogen wird auf die ursprüngliche Idee und auf den ›Preis‹ des Wachstums. Die Umsetzung einer klugen und sinnvollen strategischen (Wachstums-)Option steht damit im Vordergrund, allerdings eben nicht um jeden Preis.« Ähnlich äußert sich auch Wimmer 2004, S. 272, wenn er schreibt: »Familienunternehmen wachsen vornehmlich aus eigener Kraft. Unternehmerische Autonomie und finanzielle Unabhängigkeit besitzen einen hohen Wert.«
332 »Von allen befragten Stakeholdern wird der Wert der Bescheidenheit als fester Bestandteil der Unternehmensphilosophie und -kultur in Familienkonzernen gefordert. Durch die effektive Vermittlung dieses Wertes im Familienkonzern, d. h. im Unternehmen sowie insbesondere in der Familie, soll der Lebensstil der Familienmitglieder wesentlich geprägt werden. Damit wird insbesondere beabsichtigt, Ausschüttungsansprüche der Eigentümerfamilie gering zu halten, um eine erfolgreiche Weiterentwicklung des Unternehmens nicht zu gefährden.« Oetker 1999, S. 72 [zit. bei Wiechers 2006, S. 295].
333 So haben Gallo, Tàpies und Cappuyns 2004, S. 312, herausgearbeitet, dass Familienunternehmen durchschnittlich geringere operative Kosten aufweisen als vergleichbare Unternehmen (nach Größe, Mitarbeiterzahl und Umsatz) der gleichen Branche und Wertschöpfungsposition. »[…] the smaller […] percentage of general expenses is probably due to other factors, such as less asset rental, less third-party research and development, less advertising, fewer consulting fees, and so forth.«
334 Wimmer, Domayer, Oswald und Vater 2018, S. 157.

2.5.4. Themenfeld Organisation

Bei diesem durch Führung zu bearbeitenden Aufgabenfeld geht es darum, die Organisation in ein angemessenes Verhältnis zu den organisationalen Anforderungen zu setzen, um unter Einbeziehung ihrer selbst gesetzten Ziele, der vermuteten Zukunft, der wahrgenommenen Anforderungen ihrer Umwelt sowie unter Einbeziehung des eigenen Umgangs mit knappen Ressourcen mit Blick auf die aktuelle und zukünftige Reproduktionsfähigkeit angemessen arbeitsfähig zu bleiben.[335] Während es in früheren Jahrzehnten vielfach ausreichend war, Optimierungen innerhalb der bestehenden Strukturen vorzunehmen, steht in dem deutlich dynamischeren Umfeld der heutigen Zeit die grundlegende Struktur der Kommunikations- und Entscheidungswege immer häufiger zur Disposition. Die besondere Herausforderung von Führungsentscheidungen liegt darin, die aufgrund geänderter Umweltbedingungen erforderlichen Veränderungsnotwendigkeiten zu erkennen und zu bearbeiten, ohne die Organisation durch häufige, kurzfristig orientierte und teilweise gegensätzliche Gestaltungsprinzipien in ihrer Leistungsfähigkeit nachhaltig zu schwächen. In diesem Aufgabenfeld von Führung gibt es ebenfalls familienunternehmenstypische Besonderheiten zu beobachten, die nachfolgend dargestellt werden. So weisen beispielsweise Wimmer et al. darauf hin, dass

> »(r)adikale Eingriffe in rascher Abfolge aufeinander […] selten beobachtbar sind. Ganz im Gegenteil, es ist eher die Tendenz festzustellen, dass die Organisations- und Führungsverhältnisse zu wenig im Fokus der Aufmerksamkeit stehen und dass deshalb vielfach zu spät auf markt- oder wachstumsbedingte Veränderungsnotwendigkeiten reagiert wird.«[336]

Prozessuale Perspektive
Wie auch in anderen Führungsdimensionen weisen Familienunternehmen in diesem Aufgabenfeld von Führung vor allem deshalb charakteristische Verhaltensweisen auf, weil sie durch die familiäre Prägung personenorientierter agieren als andere Organisationstypen. Dies führt u. a. dazu, dass den einzelnen Personen i. d. R. ein großer Handlungsspielraum eingeräumt wird und nur vergleichsweise wenige Leitentscheidungen über Entscheidungsprogramme oder Kommunikationswege festgelegt werden. Ein solches Vorgehen hat natürlich auch Auswirkungen auf die Architektur der Organisation. Während bekannte Autoren auf die Relevanz von generalstabsmäßig geplanten Kommunikationswegen und

---

335 Wiechers 2006, S. 296f.
336 Wimmer, Domayer, Oswald und Vater 2018, S. 137.

Ablaufplänen hinweisen,[337] entwickeln sich entsprechende Strukturen in Familienunternehmen i. d. R. um Personen[338] und die jeweiligen Situationserfordernisse herum, vielfach ohne dass die konkreten Verantwortlichkeiten im Vorfeld explizit definiert werden. Diese kristallisieren sich üblicherweise im Tagesgeschehen heraus, ohne dass es hierfür gesonderte Kommunikationssettings gibt, in denen man sich Zeit für eine eindeutige oder gar schriftlich fixierte Aufgaben- und Verantwortungsdefinition nimmt. In Situationen, die eine eindeutige Festlegung erfordern, ist typischerweise eine hohe Akkumulation von Entscheidungskompetenzen an der Unternehmensspitze zu beobachten.[339] Diese für viele Familienunternehmen charakteristische Form der stark zentralisierten Entscheidungsfindung steht, wie oben beschrieben, vielfach mit der Gründungsgeschichte und den seitdem eingespielten Routinen in Zusammenhang und kann in stark wachsenden Unternehmen aufgrund des gestiegenen Entscheidungsbedarfs und einer Vielzahl an Zielkonflikten zu entsprechenden Folgeproblemen

---

337 Einer der bekanntesten Vertreter dieser Ansicht ist Frederick Winslow Taylor, der bereits 1911 den als »scientific management« bekanntgewordenen Ansatz ausführlich beschrieb (vgl. Taylor 1911). Er geht dabei von wenig intrinsisch motivierten Mitarbeitern aus (»Man kann wohl ruhig sagen, in 19 unter 20 industriellen Unternehmen glauben die Arbeiter, daß es durchaus gegen ihr Interesse sei, wenn sie für ihren Arbeitgeber ihre volle Kraft aufwenden.« Taylor 1913, S. 35), deren Effizienz v. a. durch den Einsatz wissenschaftlicher Erkenntnisse im Bereich der Ablaufprozesse optimiert werden kann. Seiner Ansicht nach gibt es einen wissenschaftlich korrekten (effizientesten) Weg zur Erbringung bestimmter Leistungen. Die Ermittlung und Beschreibung dieser optimalen Prozesse sieht er dabei als Aufgabe von Führung an. »Den Leitern fällt es z. B. zu, all die überlieferten Erkenntnisse zusammenzutragen, die früher Alleinbesitz der einzelnen Arbeiter waren, sie zu klassifizieren und in Tabellen zu bringen, aus diesen Kenntnissen Regeln, Gesetze und Formeln zu bilden, zur Hilfe und zum Besten des Arbeiters bei seiner täglichen Arbeit.« ebd., S. 38.

338 Hennerckes 1995, S. 3, sieht hier ein wesentliches Unterscheidungsmerkmal zwischen Familienunternehmen und Publikumsgesellschaft. So ist auch Simon 2012, S. 92, zu verstehen, wenn er schreibt: »Aus der um den Gründer versammelten Gruppe von Individuen wird mit der Zeit ein Leitungsteam, wobei jeder um sich – d. h. an seiner Person orientiert – Organisationseinheiten bildet. Sie stellen so etwas dar wie die Erweiterung der eigenen Person und Persönlichkeit. Die Folge ist, dass das Unternehmen – auch wenn es schließlich Tausende von Mitarbeitern hat – eine vollkommen unverwechselbare Struktur aufweist. Sie ist nicht (!) von der Sach- oder Funktionslogik des Geschäfts, beispielsweise der Funktionalität von Forschungs- und Entwicklungsprozessen, der Produktion, des Vertriebs usw. bestimmt, sondern von einer Beziehungslogik, die mehr oder weniger zufällig von der personellen Zusammensetzung des Gründungs-Leitungsteams bestimmt ist.«

339 Thomas 2006, S. 11, weist als Ergebnis ihrer Studie zum Entscheidungsverhalten in Familienunternehmen auf folgendes hin: »When questioned about decision-making processes for the executive team, most non-CEO interviewees were reflective in their responses. They perceived the focus of executive meetings as being more information exchange and updating rather than opinions being sought to inform decision-making.« Auch eine Studie über Familienunternehmen aus Österreich belegt, dass in einem Großteil der untersuchten Unternehmen »die Entscheidungsmacht in erster Linie bei den UnternehmerInnen selbst [liegt] und die MitarbeiterInnen nur zum Teil in Unternehmensbelange miteinbezogen [werden].« Dörflinger, Dörflinger, Gavac und Vogl 2013, S. 95.

führen. Die Ursache dafür, dass eine Dezentralisierung und die Verteilung unternehmerischer Verantwortung auf ein entsprechend kompetentes Führungsteam vielen Familienunternehmen außerordentliche Schwierigkeiten bereitet, liegt darin, dass

> »langgediente Führungskräfte in der Regel in eine ganz andere Richtung ›erzogen‹ worden sind und weil von außen geholte Fremdmanager üblicherweise nur ganz schwer Fuß fassen können. Darüber hinaus tendieren Eigentümer an der Spitze ihres Unternehmens vielfach dazu, oft trotz bester Vorsätze, alle wichtigen Entscheidungskompetenzen weiter in der eigenen Hand zu behalten.«[340]

Die beschriebene Präferenz für die Entscheidungsprämisse Person geht konsequenterweise mit einer Vorliebe für ansonsten eher in Familien praktizierte mündliche Kommunikation einher.

> »In der Familie findet Kommunikation im Allgemeinen als Face-to-face-Kommunikation statt. Man spricht miteinander und sieht sich. Und man vergisst auch wieder, was gesagt worden ist. Was mündlich kommuniziert wird, ist nicht sehr haltbar. […] In Unternehmen hingegen ist der Rückgriff auf ganz andere Kommunikationsmedien nötig, die ganz anderen Gesetzmäßigkeiten folgen als mündliche Kommunikation. Es werden Akten, Dokumente, Abrechnungen, Bilanzen, usw. produziert. Solch schriftliche Mitteilungen können nicht so schnell vergessen werden wie mündliche.«[341]

Den durch eine mündliche und wenig institutionalisierte Kommunikation erzielten Vorteilen, wie schnelle Abstimmungsprozesse, stehen Nachteile, wie z.B. ein schnelleres Vergessen von Entscheidungen, gegenüber. Während die Bürokratieforschung schon früh auf die Relevanz schriftlicher Kommunikation und die »Aktenmäßigkeit« in Verwaltungen hingewiesen hat,[342] findet Entscheidungskommunikation in Familienunternehmen vielfach informell, nur geringfügig institutionalisiert und wenig dokumentiert statt. Zur Funktionsfähigkeit ist diese Form der Kommunikation darauf angewiesen, dass sich die handelnden Personen »von selbst« verstehen, d.h. keine großen Abstimmungsprozesse notwendig sind. Zudem hält im Verständnis einiger Familienunternehmer

> »[m]iteinander reden von der Arbeit ab. Genau genommen sind Arbeiten und Kommunizieren Gegensätze. Aufwendige Besprechungen stehlen die Zeit. Diese weit verbreitete Tendenz zur Verknappung der innerbetrieblichen Kommunikation auf das Allernotwendigste unterstellt, dass man sich ohnehin fast ›blind‹ versteht.«[343]

---

340 Wimmer, Domayer, Oswald und Vater 2018, S. 138.
341 Simon 2005, S. 26f.
342 So weist z.B. Weber 1921 [1980] bereits 1921 darauf hin, dass »das Prinzip der A k t e n - m ä ß i g k e i t der Verwaltung [gilt], auch da, wo mündliche Erörterungen tatsächlich Regel oder geradezu Vorschrift ist: mindestens die Vorerörterung und Anträge und die abschließenden Entscheidungen, Verfügungen und Anordnungen aller Art sind s c h r i f t l i c h fixiert.« (S. 126).
343 Wimmer, Domayer, Oswald und Vater 2018, S. 145.

Dass trotz vielfach knapper zeitlicher Ressourcen zur kommunikativen Abstimmung untereinander sinnvolle Arbeitsergebnisse erzielt werden, kann zum einen durch eine starke Orientierung des persönlichen Handelns der einzelnen Mitarbeiter an dem beobachtbaren Verhalten der Person(en) an der Unternehmensspitze begründet werden. Zum anderen

> »zeigt dieses Prinzip überall dort gute Ergebnisse, wo Menschen schon lange zusammenarbeiten, auf einer guten Beziehungsbasis operieren und sich die Arbeitsanforderungen nur langsam ändern.«[344]

Zusammengefasst beutetet dies, dass aufgrund des beschriebenen, an familiären Gewohnheiten orientierten Kommunikationsverhaltens in deutschen Familienunternehmen viele aufbau- und ablauforganisatorische Festlegungen nicht explizit und nach funktionalen Erfordernissen, z. B. mit Bezug auf die effizienteste Bearbeitung der Kundenanforderungen, entschieden werden, sondern sich die beobachtbaren Gegebenheiten in einzelnen Unternehmen eher durch personenorientierte und anlassbezogene Einigungen »ergeben« bzw. entwickelt haben.[345]

Inhaltliche Perspektive
Nicht nur im Hinblick darauf, wie aufbau- und ablauforganisatorische Festlegungen organisationsintern erfolgen, sondern auch in Bezug auf die inhaltliche Seite dieser Entscheidungen gibt es in mittelständischen deutschen Familienunternehmen häufig beobachtbare Spezifika.[346] So führt die Tatsache, dass sich viele strukturelle Festlegungen an Personen orientieren, dazu, dass sich das Organisationsdesign in Familienunternehmen vielfach sehr individuell entwickelt und grundsätzlich wenig Sensibilität für eine explizite Thematisierung der Frage nach den passenden Kommunikationswegen und -anlässen oder eine ausführliche Reflexion der Entscheidungsfindungsprozesse vorzufinden sind.

---

344 Ebd., S. 145.
345 Die Art und Weise, wie in vielen Familienunternehmen über Strukturentwicklungen »entschieden« wird, beschreibt Schumacher 2014, S. 122, sehr anschaulich in dem von ihm als »intuitive Organisationsdesignentwicklung« benannten Vorgehen: »Die Entwicklung der Organisation folgt bei diesem Muster in erster Linie dem Prinzip, welche Aufgaben bei welcher Person ›guten Händen‹ sind. Sachlogische oder strukturelle Aspekte sind dabei von nachgeordneter Bedeutung. Im Ergebnis führt dieses Muster in der Regel dazu, dass die Organisation sich mit personellen Veränderungen jeweils mit verändert, indem Aufgaben nicht unbedingt in der jeweiligen Abteilung bleiben, sondern mit Vertrauensträgern mitwandern.«
346 Vgl. auch die Dissertation von Heyenrath 2017, der anhand von 16 Fallstudien die Schwierigkeiten und unterschiedlichen Vorgehensweisen herausgearbeitet hat, die bei der Implementierung einer höheren Organisationsförmigkeit in Familienunternehmen zu beobachten sind.

»Das verbindliche Festlegen von Verantwortlichkeiten, der Respekt vor übertragenen Kompetenzen, das Einrichten und Pflegen von spezialisierten Kommunikationsanlässen, das offene Bewältigen von unvermeidlichen Konfliktsituationen, all das sind Fähigkeiten, die normalerweise in einer familialen Organisationskultur nicht ausgeprägt werden.«[347]

Die sich entwickelnden Kommunikations-, Abstimmungs- und Verantwortungsstrukturen können sich dabei sowohl an langjährigen, leistungsstarken und loyalen Mitarbeitern orientieren als auch an den familiären Konstellationen. So berichtet beispielsweise Ward aus seiner Beratungserfahrung:

»He created four businesses under the umbrella of a holding company and put each of his children in charge of one of the entities. […] In other words, Jacob designed the business around his vision for the family and the capabilities and number of children that he had. I see this all the time: consciously or subconsciously, a business strategy is designed with the capabilities of, the strengths and weaknesses of, and the number of children in mind.«[348]

Wie bereits angesprochen, gründen die individuell unterschiedlichen Entscheidungsmuster in Familienunternehmen i. d. R. auf den handelnden Personen und den bisher gemachten Erfahrungen und somit der Historie des jeweiligen Unternehmens.[349] Da alle unternehmerischen Entscheidungen während der Anfangszeit der Unternehmung an der Unternehmensspitze getroffen werden, ist dieses Muster der Entscheidungsfindung auch in vielen bereits stark gewachsenen Familienunternehmen noch zu beobachten.[350] Diese Tatsache führt vielfach zu einer Überlastung der Unternehmensspitze und zu einer abnehmenden Treffsicherheit von Entscheidungen, wie sie auch in der bekannten Literatur von Lebenszyklusmodellen beschrieben werden.[351]

---

347 Wimmer, Domayer, Oswald und Vater 2018, S. 140.
348 Ward 2004, S. 18f. Ähnlich berichten Gersick, Davis, Hampton und Lansberg 1997, S. 5: »Similarly, an apparently illogical expansion strategy for a growing company may make sense only when one understands the needs of coowner siblings to keep their divisions equal size, no matter what.«
349 Zu Pfadabhängigkeiten in Organisationen vgl. die spannende Dissertation von Schäcke 2006, der konzeptionell sowohl die Ursache für Pfadabhängigkeiten in Organisationen herausarbeitet sowie diese Erkenntnisse auf strategie- und organisationstheoretische Fragestellungen anwendet und so z. B. einen interessanten Blick auf die Ursachen für Widerstände in Reorganisationsprojekten ermöglicht.
350 Stellvertretend für viele weist z. B. Morris, Williams, Allen und Avila 1997, S. 387, darauf hin, dass »businesses that are family-controlled frequently have a more centralized decision-making process.« Vgl. hierzu auch Feltham, Feltham und Barnett 2005, S. 13: »This paper demonstrated, consistent with prior anecdotal evidence, that family businesses are highly dependent on a single decision-maker, the owner.«
351 So schreiben Glasl und Lievegoed 2016, S. 75, beispielsweise: »Es wird für das Unternehmen gefährlich, wenn Pioniere ihren eigenen Durchblick falsch einschätzen und daraufhin in

Die durch historische Erfahrungen geprägten Verhaltensmuster in Familienunternehmen können allerdings auch dazu führen, dass bestimmte Unternehmensbereiche bewusst von wirtschaftlich erforderlichen Veränderungsnotwendigkeiten ausgenommen werden, da ihnen andere Werte zugeschrieben und diese somit legitimiert werden. So berichtet beispielsweise Wiechers von einem deutschen Verlagshaus, welches seine auf Belletristik spezialisierte Tochtergesellschaft jahrzehntelang mit dem Argument intern quersubventionierte, dass die Aufrechterhaltung dieses Segments der gesellschaftliche Auftrag des Unternehmens sei.[352]

Ein weiterer relevanter Aspekt im Zusammenhang mit dem vorherrschenden Organisationsdesign betrifft den Bereich Corporate Governance und das Vorhandensein bzw. die Schaffung entsprechender Aufsichts- und Kontrollgremien.[353] Da es im deutschen Wirtschaftsrecht nur in Aktiengesellschaften eine rechtliche Verpflichtung zur Einrichtung eines Aufsichtsrats gibt, dessen Aufgabe die Überwachung der Geschäftsführung ist,[354] ist die Einrichtung entsprechend angemessener Kontrollgremien in den meisten deutschen Familienunternehmen aufgrund ihrer Rechtsform[355] nicht verpflichtend. Viele Publikationen empfehlen allerdings, v. a. für größere Familienunternehmen, die Einrichtung eines Aufsichtsgremiums, um die Abhängigkeit der Gesamtorganisation von einzelnen Entscheidungsträgern und deren singulärer Situationsbeurteilung durch institutionalisierte Gremien zu vermindern.[356] Die

---

ausführende Tätigkeiten hinein regieren, ohne sich ihrer beschränkten Optik bewusst zu sein.«

352 Vgl. Wiechers 2006, S. 305.

353 Vgl. hierzu ausführlich z. B. den umfangreichen Sammelband von Koeberle-Schmid und Brockhoff 2012 oder die Dissertation von Koeberle-Schmid 2009. Dass das Thema auch international von großer Relevanz ist, wird z. B. dadurch deutlich, dass es eine eigenes »IFC Family Business Governance Handbook« der International Finance Cooperation (einer Unterorganisation der Weltbank) gibt, welches sich ausschließlich mit diesem Themenbereich beschäftigt. Zielsetzung dieses Handbuchs ist »to help IFC investment and advisory services staff to identify and address basic family business governance issues with their family business clients. The Handbook may also serve as a guidance tool for IFC clients that are looking to strengthen their family governance practices.« Abouzaid 2011, S. 5.

354 Zu den rechtlichen Pflichten des Aufsichtsrats einer deutschen Aktiengesellschaft vgl. § 111 Aktiengesetz.

355 Dass der Rechtsform der Aktiengesellschaft im deutschen Mittelstand aktuell mengenmäßig keine außerordentliche Bedeutung zugemessen wird, zeigt sich z. B. daran, dass in der letzten großen Auswertung der Unternehmensgrößenstatistik des Instituts für Mittelstandsforschung die Rechtsform »Aktiengesellschaft« gar nicht explizit untersucht worden ist. Vgl. Günterberg 2012, S. 62 ff.

356 So steht im Governance Kodex für Familienunternehmen geschrieben: »Mit wachsender Unternehmensgröße und zunehmender Komplexität auf Inhaberseite wird auch denjenigen Familienunternehmen empfohlen, die dazu nicht von Gesetzes wegen verpflichtet sind, ein eigenständiges, freiwilliges Aufsichtsgremium einzurichten. Ein solches Gremium kann

personelle Zusammensetzung und die jeweilige Aufgabendefinition eines Aufsichts- oder Beirats können dabei sehr individuell ausgestaltet sein.[357] Familienunternehmen reagieren mit der Einrichtung eines solchen, freiwilligen Gremiums auf ein Kontrollvakuum, das in dieser Form in Nichtfamilienunternehmen systematisch nicht vorkommt.[358]

2.5.5. Themenfeld Personen

In diesem Aufgabenfeld von Führung geht es darum, die Leistungsfähigkeit und -bereitschaft der einzelnen Organisationsmitglieder im Sinne der langfristigen Reproduktionslogik des Unternehmens sicherzustellen. Während es in den früheren Jahrzehnten des letzten Jahrhunderts vielfach ausreichte, langfristige, stabile »Karriere- und Verweilmöglichkeiten« zu schaffen, haben sich aufgrund der sich rasant verändernden Umweltbedingungen die Stabilitätssituation der Unternehmen und die jeweilige Erwartungshaltung der (potenziellen) Organisationsmitglieder dramatisch verändert. Daher wird diesem Aufgabenbereich heutzutage eine größere Relevanz und eine höhere Komplexität zuteil. Sich schnell verändernde Umweltfaktoren führen u. a. dazu, dass Unternehmen keine glaubwürdigen Sicherheitsversprechen in Bezug auf die Stabilität des Arbeitsplatzes sowie die langfristigen Arbeitsinhalte der jeweiligen Stellen geben können. Auf der anderen Seite haben die sich aus dieser Situation für die einzelnen Mitarbeiter ergebenden Anforderungen dazu geführt, dass eine deutlich geringere langfristige Bindungsbereitschaft zu beobachten ist, also in viel umfangreicheren Maße Beschäftigungsopportunitäten ausgewählt werden, die zur individuellen Lebenssituation und -planung passen.[359] Um die Leistungsfähigkeit und Leistungsbereitschaft der einzelnen Mitglieder einer Organisation zu gewährleisten, ist im Rahmen des Personalmanagements dafür Sorge zu tragen, dass auf die Autonomiebestrebungen und unterschiedlichen Interessenslagen der Beteiligten angemessen eingegangen wird.[360] Insgesamt sind bei der Wahr-

---

helfen, die Qualität und Objektivität bei der Beratung und Kontrolle der Unternehmensführung zu sichern.« Kommission Governance Kodex für Familienunternehmen 2015, S. 17.

357 Vgl. hierzu auch das interessante Kapitel »Der Beirat als Beratungs- und Kontrollinstanz« bei Hennerckes 2004, S. 266 ff.

358 Vgl. Wiechers 2006, S. 310.

359 Santer 2014, S. 266, schreibt diesbezüglich: »Diese parallelen rasanten Veränderungen machen das Thema Kopplung zwischen Person und Unternehmen heute wesentlich anspruchsvoller als noch vor 20 Jahren und es ist mehr als verständlich, dass wir in dem vergleichsweise kurzen Zeitraum dieser Entwicklungen vielfach noch am Anfang eines Lernprozesses stehen.«

360 Dass die sorgfältige Ausgestaltung der Kopplung von Organisation und Person in heutigen Zeiten immer wichtiger wird, führen auch Wimmer, Domayer, Oswald und Vater 2018,

nehmung der klassischen Aufgaben im Bereich Personalmanagement charakteristische Unterschiede zwischen Familienunternehmen und ihren kapitalmarktorientierten Pendants zu beobachten, auf welche nachfolgend eingegangen wird.

Prozessuale Perspektive
Grundsätzlich sind die Aufgaben im Bereich Personalmanagement ganz offensichtlich auf das Engste mit anderen Führungsdimensionen verwoben, da Strategie-, Organisations- oder Ressourcenentscheidungen stets vor dem Hintergrund ihrer personellen Implikationen zu fällen sind. Zum einen sind die vorgegebenen Möglichkeiten und Grenzen der handelnden Personen zu berücksichtigen, zum anderen können notwendige Entscheidungen zur Beibehaltung der nachhaltigen Reproduktionsfähigkeit der Gesamtorganisation nicht aufgrund von personenbezogenen Grenzen abgelehnt werden.[361] Ähnlich wie auch in anderen Führungsbereichen wird die Entscheidungsfindung im Bereich des Personalmanagements, v.a. in Familienunternehmen, welche sich in der Pionierphase befinden,[362] durch die Koevolution zwischen Familie und Unternehmen sowie von den prägenden Persönlichkeiten beeinflusst. Diese an Personen und weniger an funktionalen Sachthemen orientierte Entscheidungsfindung führt dazu, dass entsprechende Entscheidungen eher intuitiv, aus dem Bauch heraus, als strategisch motiviert und »objektiv« begründbar getroffen werden. Sehr anschaulich dargestellt hat dies z.B. Domayer anhand der paradoxalen Anforderung der Potenzialeinschätzung von Personen. Zur intuitiven Spielart der Potenzialeinschätzung schreibt er:

> »Dieser Form liegt die Annahme zugrunde, dass die beste Entscheidungsgrundlage in einem sicheren Gefühl des Entscheidungsträgers bezogen auf eine bekannte oder auch unbekannte Person liegt. [...] Zurückgeführt wird die Kompetenz für solche Entscheidungen auf so etwas wie ›Menschenkenntnis‹, die man hat oder nicht, die auch die Qualität einer Führungskraft ausmacht.«[363]

S. 168, aus: »Je komplexer und anspruchsvoller die Binnenverhältnisse einer Organisation werden, je höher das geforderte Qualifikationsniveau der Beschäftigten wird, umso sorgfältiger ist auf die Beziehungen, auf die wirksame Kopplung von Person und Organisation zu achten, nicht zuletzt deshalb, weil Unternehmungen heutzutage in ihrer Leistungsfähigkeit immer abhängiger von der Eigenmotivation ihrer Beschäftigten werden.« Eine ähnliche Meinung vertritt Domayer 2002, S. 33: »[...], die Abhängigkeit der Organisationen von den Personen steigt. Immer mehr bedarf es des eigenständigen, mitdenkenden, verantwortungs- und risikobereiten Mitarbeiters, der Entscheidungen in ungewissen Situationen treffen kann und sich in unsicheres Gelände hinausbewegt.«

361 Vgl. auch Wimmer, Domayer, Oswald und Vater 2018, S. 168.
362 Vgl. hierzu die Ausführungen bei Domayer 1997.
363 Vgl. Domayer 2002, S. 36. So erzählt auch Freudenberg, dass diese Vorgehensweise im Unternehmen Freudenberg üblich war: »Früher war die Führung sehr persönlich; es gab z.B. keine Personalakten oder andere formale Systeme. Man kannte sich, und hatte Vertrauen,

Die Vorteile einer solchen Entscheidungsfindung liegen u. a. darin, dass Entscheidungen rasch und ohne großen Aufwand getroffen werden können. Auch wenn »Intuition« aufgrund der paradoxalen Aufgabenstellung immer ein unverzichtbarer Bestandteil der Potenzialeinschätzung sein wird, gehen mit dem alleinigen Vertrauen auf das Bauchgefühl einzelner Personen Risiken einher, welche v. a. bei wachsenden Unternehmen zu Problemen führen können. Wie auch in anderen Führungsdimensionen ist beispielsweise die gesamte Organisation weiterhin abhängig von der gefühlten Situationsbeurteilung weniger Personen, ohne dass die Organisation über das notwendige Vokabular verfügt, um Unterschiede zwischen einzelnen Personen thematisierbar zu machen und auf einer organisationalen Ebene Lernerfolge zu erzielen.[364] In Bezug auf die Art und Weise, wie Personalentscheidungen in Familienunternehmen getroffen werden, ist demnach häufig ein eklatanter Unterschied zwischen der Vorgehensweise in typischerweise personenorientierten Familienunternehmen und funktionsorientierten, organisationsförmigen Publikumsgesellschaften zu beobachten.[365] In funktionsorientierten Konzernen versucht man sich i. d. R. weniger auf die Eigenheiten von Personen zu konzentrieren und stattdessen die Anforderungen an eine spezifische Stelle aufgrund der organisationalen Erfordernisse zu definieren, die in ein konkretes Anforderungsprofil für potenzielle Bewerber münden und »objektiv« bewertet werden können (siehe Darstellung 5).

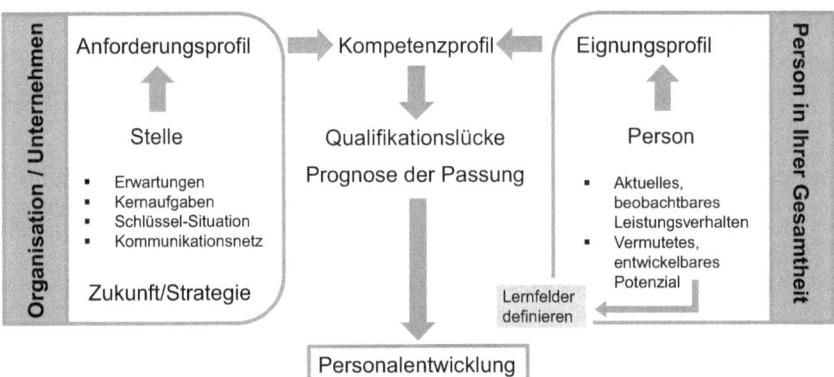

Darstellung 5: Logik der Mitarbeiterpotenzialeinschätzung (in Anlehnung an Domayer (2014), S. 54)

---

wie natürlich auch Vorlieben oder Abneigungen. Der Stil war eben familiär, patriarchalisch […].« Vgl. das Interview bei Simon, Wimmer und Groth 2005, S. 139.
364 Vgl. hierzu ausführlicher Domayer 2002, S. 36.
365 Vgl. für einen gut dokumentierten Auswahlprozess, welcher die unternehmenskulturellen Spezifika explizit einschließt, Hülsbeck und Kurz 2016.

Familienunternehmen agieren im Rahmen von Personalentscheidungen üblicherweise anders.

»Worauf geschaut wird, ist das gute Zusammenspiel der Personen. Kategorien wie
Vertrauen und vermutete Loyalität zum Unternehmer sind meist wesentliche Faktoren,
die übrigens mit einem guten Bauchgefühl, also intuitiv, eingeschätzt werden. Die
Überprüfung der Übereinstimmung mit den zentralen Werten der Unternehmer, die
sich ja auch in bestimmten Charaktereigenschaften zeigen, stellt ebenfalls ein wichtiges
Element im Entscheidungsprozess dar. Dabei sind Familienunternehmern Fachwissen
und Fachkompetenz trotz alledem sehr wichtig. [...] Diese personenzentrierte Vorgehensweise in Einschätzungsprozessen lässt die strukturierte Erfassung von Aufgaben
und Anforderungen bzw. von Kompetenzen für eine Arbeitsstelle weitgehend unberücksichtigt. Allerdings spielen diese Kriterien sehr wohl eine Rolle, werden jedoch
implizit und intuitiv im Hintergrund angewandt.«[366]

Diese Fokussierung auf die gesamte Person im Auswahlprozess erklärt auch,
warum sich Entscheidungsträger in Familienunternehmen bei der (seltenen)
Auswahl externer Führungskräfte

»nicht nur die Kandidaten genau ansehen, sondern auch deren Partner und das gesamte
private Umfeld. [...] dieses Dazupassen zur Familie und das Sicherheit-Gewinnen über
eine entsprechende Vertrauenswürdigkeit [ist] ein zentrales Selektionskriterium.«[367]

Inhaltliche Perspektive

Die beschriebene Orientierung an den (vermuteten) Werten und Charaktereigenschaften von Personen anstatt an »objektiven« Qualifikationsmerkmalen[368]
bei Personalentscheidungen führt dazu, dass Familienunternehmen i. d. R. junge

---

366 Domayer 2014, S. 54 f. Der besondere Fokus auf die jeweilige Person ist ein Grund dafür, dass
»freie, unstrukturierte Interviews nach wie vor die Standardlösung bei der Beurteilung von
Bewerbern und eigenen Mitarbeitern dar[stellen] – vor allem in kleinen und mittelständischen Unternehmen.« Nachtwei und Schermuly 2009, S. 2.

367 Wimmer, Domayer, Oswald und Vater 2018, S. 172. Hierzu passt auch, dass Corvetta 2013,
S. 102, im Rahmen seiner Dissertation empirisch herausgearbeitet hat, dass »die Beziehung
der Eigner zu dem/n Fremdmanager/n im Wesentlichen auf: (1) einem engen Vertrauensverhältnis [...] mit (2) gemeinsamen Ziel- und Wertevorstellungen, (3) persönlicher, direkter Information und Kommunikation, (4) einer engen Zusammenarbeit und damit auf
einer informellen Beziehung mit persönlicher Bindung sowie (5) Performance (Leistung)
des angestellten Managers und weniger auf: (1) Kontrolle und (2) Kosten durch Fremdmanagement« basiert.

368 So schreiben Nachtwei und Schermuly 2009, S. 6: »Insbesondere in kleineren Firmen oder
Familienunternehmen spielt der ›Nasenfaktor‹ bei der Bewerberauswahl eine entscheidende
Rolle. Die Frage, ob der Bewerber ins Team und zur Kultur des Unternehmens beziehungsweise der Geschäftsleitung passt, ist dann ein wichtiges Kriterium.« Hülsbeck, Plass
und Pohlmeier 2016, S. 12, schreiben hierzu durchaus kritisch: »Die gängige und oft gehörte
Empfehlung lautet hier, die Mitarbeiter zunächst nach ihrer Passung zum Unternehmen
auszuwählen und dann deren Fähigkeiten ›on the job‹ zu entwickeln. Schaut man sich dazu
die empirische Evidenz als auch die Ausgestaltung in Unternehmen an, ergibt sich ein

Leute ausbilden, diese an das Unternehmen binden und aus diesem Pool später auch ihre Führungskräfte rekrutieren. Da der Blick in Familienunternehmen üblicherweise stark auf die jeweilige Person gerichtet ist, gibt es auch in größeren Familienunternehmen nur selten explizit ausformulierte Stellenbeschreibungen sowie schriftliche Anforderungs- und Kompetenzprofile für eine zu besetzende Stelle.

> »Das stößt dann an Grenzen, wenn die Organisation komplexer wird und neue Funktionen rasch hinzukommen. Dies zeigt sich in der Praxis vor allem dann, wenn neue Führungsebenen besetzt werden sollen. Dann fehlt sozusagen das Vokabular zur Beschreibung der Anforderungen, während die gewohnten Kategorien nicht mehr ausreichend sind, um Personen noch adäquat beurteilen zu können.«[369]

Solange es keine explizit formulierte Anforderungsbeschreibung gibt, ist aber auch die explizite Beurteilung der erbrachten Leistung anhand vorher definierter Erwartungen kaum möglich, so dass auch die Bereiche der Mitarbeiterbeurteilung und der daran anschließenden Karriereplanung familienunternehmensspezifische Besonderheiten aufweisen. So zitieren beispielsweise Poza und Alfred einen Fremdmanager[370] in einem Familienunternehmen mit den Worten:

> »Bonuses are performance-based, but we have very loose goals. In fact, goal-setting is nonexistent, which means that the bonus is subjective.«[371]

Dass incentive-basierte, also an im Vorfeld klar definierten Zielgrößen ausgerichtete, Entlohnungssysteme in Familienunternehmen weniger häufig vorzufinden sind als in publikumsorientierten Kapitalgesellschaften, bestätigen auch andere Untersuchungen.[372] Mit häufig im Vorfeld nur unpräzise definierten Erwartungshaltungen geht fast immer auch eine wenig planbare Karriereperspektive einher. Während es in größeren Organisationen und Dienstleistungs-

---

differenziertes Bild. So ist es zwar richtig, dass die Auswahl auf Grundlage einer organisationalen Passung […] die Fluktuationsrate senkt, allerdings hängt die Bindung und Zufriedenheit – und damit indirekt die Produktivität – der Mitarbeiter von der Passung der Mitarbeiterfähigkeiten zu den Stellenanforderungen […] und der Beziehung zur Führungskraft ab […].«

369 Domayer 2014, S. 55.
370 Vgl. zu der Auswahl, der Zusammenarbeit und den Erfolgsfaktoren von externen Geschäftsführern in Familienunternehmen die interessante Studie von Müller, Pfeiffer und Hülsbeck 2016.
371 Poza, Alfred und Maheshwari 1997, S. 143.
372 So schreibt Knoch 2015, S. 26, in einer Zusammenfassung der Studie von Keese und Hauer 2014: »Vielerorts fehlt es auch an einer systematischen variablen Vergütung. Häufig wird das nach Ermessen gesteuert, da die Vergütungssysteme nicht mit Zielgrößen verknüpft sind. Zudem gebe es in vielen Familienunternehmen keine klare Gruppierung zwischen Senior, Middle und Lower Management. Das sorge spätestens dann für Zündstoff, wenn Firmen mit professionellen Vergütungsstrukturen übernommen werden und plötzlich der Abteilungsleiter mehr verdient als der Geschäftsführer.«

unternehmen, wie Beratungsgesellschaften, üblich ist, das eigene »Vorankommen« anhand klar vorgegebener Karrierestationen verfolgen zu können, ist dies in Familienunternehmen gewöhnlich nicht möglich.[373] »Karriere machen« bedeutet hier üblicherweise, in den engeren Kreis der Personen aufgenommen zu werden, die in einem hervorgehobenen Nähe- und Vertrauensverhältnis zur Eigentümerfamilie stehen und die Geschicke des Unternehmens mitbestimmen.[374] Auch wenn dies auf den ersten Blick für potenzielle Führungskräfte nicht besonders attraktiv erscheint, werden Familienunternehmen bei Hochschulabsolventen aktuell als attraktive Arbeitgeber wahrgenommen.[375]

Mit den vielfach fehlenden Beurteilungskriterien gehen üblicherweise auch wenig ausgeprägte Feedbackmechanismen einher.[376] Unklare Beurteilungsgrundlagen führen darüber hinaus fast zwangsläufig zu einer geringeren Nachvollziehbarkeit von Personalentscheidungen seitens der Belegschaft, was zur Demotivation von Leistungsträgern führen kann, sobald der Verdacht aufkommt, dass Stellen eher nach Sympathie oder persönlicher Vertrautheit vergeben werden als nach Kompetenz. Ein solcher Umgang mit Mitarbeitern geht oftmals damit einher, dass sinnvolle Weiterbildungs- und Entwicklungsmaßnahmen, insbesondere im Bereich der Führungskräfte, nicht identifiziert und durchgeführt werden.

»Dass in die Qualifikationsentwicklung von Führungskräften gezielt zu investieren ist, um ein den heutigen Anforderungen entsprechendes Niveau an Professionalität gewährleisten zu können – diese Notwendigkeit stößt ebenso auf viel Unverständnis.«[377]

---

373 Hülsbeck, Plass und Pohlmeier 2016, S. 24, schreiben diesbezüglich: »Die wenigen Managementfunktionen sind oft auf absehbare Zeit besetzt, so dass eine Beförderung nur selten vorkommt und im Falle einer vakanten Stelle eine ganze Reihe langjähriger Mitarbeiter sowie mögliche Kandidaten von außen um diese konkurrieren.«

374 Vgl. Wimmer, Domayer, Oswald und Vater 2018, S. 148.

375 So hat Mohnen 2016 aufgezeigt, dass eine »Gute Arbeitsatmosphäre/Teamgeist« der wichtigste Faktor (46,88 Prozent) zur Wahl eines Arbeitgebers ist und dieses Kriterium von 82,70 Prozent der Befragten bei Familienunternehmen als »besser« im Vergleich zu großen Nicht-Familienunternehmen eingeschätzt wurde. Allerdings wurden weitere wichtige Faktoren zur Wahl des Arbeitgebers (z. B. »Gute Karriereperspektiven und Entwicklungsmöglichkeiten«, »Attraktive Vergütung und Sozialleistungen« oder »Internationalität«) bei Familienunternehmen z. T. auch schlechter beurteilt. Anzumerken ist hierbei sicherlich, dass die Studie nicht repräsentativ ist, da ausschließlich Teilnehmer des »Karrieretag Familienunternehmen« befragt wurden, welche wahrscheinlich eine gewisse Präferenz für diesen Unternehmenstypus aufweisen.

376 So zitieren Poza und Alfred 1996 einen Fremdmanager mit den Worten: »I really love working for these people, but I need more structure. It's nice to be treated like family, but I'd like to know more about where my job begins and ends and how I'm doing.« Zur Ausgestaltung derartiger Feedbackmechanismen vgl. bspw. Nagel, Oswald und Wimmer 2008.

377 Wimmer, Domayer, Oswald und Vater 2018, S. 171.

Ausschlaggebend ist hierbei die durch die Unternehmensspitze vorgelebte Führungspraxis.[378] Wenn dort einer expliziten Weiterentwicklung von Führungskompetenzen kritisch gegenübergestanden[379] und unternehmerische Verantwortung fast ausschließlich im Top-Management wahrgenommen wird, führt dies offensichtlich zu einer hohen Abhängigkeit von Einzelpersonen und deren situationsadäquater Beurteilungskompetenz. Ganz anders dagegen sieht die zugeschriebene Relevanz von hoher Fachkompetenz in produktbezogenen Bereichen aus. Hier wird auf ein hohes fachlich-technisches Niveau geachtet, wobei auch hier dem Lernen am Arbeitsplatz und dem Lösen konkreter Probleme ein hoher Stellenwert eingeräumt wird.[380]

Diese besondere Personenorientierung und die sich hierdurch entwickelnden unternehmenskulturell geprägten Umgangsformen führen allerdings auch vielfach dazu, dass die Mitarbeiter sich eher als »ganze Person« statt als »Funktionsträger« wahrgenommen fühlen, was wiederum zu einer besonders ausgeprägten Identifikation mit dem Unternehmen und einer enormen Einsatzbereitschaft führen kann.[381] Diese spezielle Leistungskultur führt jedoch auch dazu, dass zwischen funktionsbezogenen Konflikten und solchen, die rein persönlicher Natur sind, häufig nicht unterschieden werden kann. Wenn Fehler passieren, werden diese üblicherweise Personen (= Schuldigen) zugerechnet, von denen eine entsprechend reumütige Unterwerfung gefordert wird. In diesen besonders personenorientierten Kulturen existieren demnach häufig keine erfolgreich erprobten Muster einer konstruktiven Konfliktaustragung.[382]

---

378 So weist Meyer 2007, S. 38, darauf hin, dass: »[C]harakteristisch für all diese [in Familienunternehmen beobachtbaren; Anm. d. Verf.] Führungsstile ist, dass Inhaber durch ihre Allmacht und das damit einhergehende Kontroll- und Versorgungsverhalten die Lernfähigkeit der Mitarbeiter begrenzen.[…] Damit schwächen sie ihre Mitarbeiter, weil sie ihnen eigenverantwortliches Denken und Handeln abnehmen. In der Folge verkümmern Kompetenzen, Fähigkeiten und Potenziale von Führungskräften und Mitarbeitern.«

379 Entsprechende Kompetenzen und Führungsfähigkeiten werden, v. a. von Unternehmensgründern, vielfach als Begabung bzw. Veranlagung angesehen und nicht als entwickelbare Fähigkeiten. Da sie selber ihre Fähigkeiten vielfach fast ausschließlich in gemachten Praxiserfahrungen gesammelt haben, ist es ihnen – von Ausnahmen abgesehen – fremd »sich bewusst und gezielt in Lernsituationen zu begeben, in denen es um die Weiterentwicklung des eigenen Führungs-Knowhows geht.« Wimmer, Domayer, Oswald und Vater 2018, S. 171.

380 Ebd., S. 171.

381 Die durch die strukturelle Kopplung zwischen Familie und Unternehmen entwickelten Strukturen und Muster können zu einzigartigen Wettbewerbsvorteilen in Bezug auf die Mitarbeitermotivation und -loyalität führen, wie schon Tagiuri und Davis 1996 geschrieben haben.

382 Vgl. Wimmer, Domayer, Oswald und Vater 2018, S. 174. Zur Konfliktbearbeitung in Familien und Familienunternehmen siehe die spannenden Ausführungen bei von Schlippe 2014.

2.5.6. Themenfeld Gegenwart

Bei diesem Aufgabenfeld von Führung geht es darum, dafür Sorge zu tragen, dass es kontinuierlich eine möglichst aussagekräftige und »realitätsgerechte« Selbstbeschreibung der aktuellen Situation des Gesamtunternehmens und seiner Teilbereiche gibt, um hieraus Handlungsfelder für die Zukunft abzuleiten.[383] Da Unternehmen ihr Überleben nur sicherstellen können, wenn sie es dauerhaft schaffen, ihre Zahlungsfähigkeit zu reproduzieren, also die Reproduktionslogik unseres Wirtschaftssystems nicht nachhaltig verfehlen, liegt ein besonderer Schwerpunkt dieser Selbstbeschreibung bei Unternehmen auf wirtschaftlichen Faktoren. Um möglichst innerhalb des Unternehmens ein gemeinsam geteiltes Bild über die aktuelle Situation zu erlangen, ist es notwendig, im Vorfeld Akzeptanz über die relevanten Steuerungsgrößen und deren Erhebungsmethoden herzustellen. Dabei ist darauf zu achten, dass die Kennzahlen ausreichend inhaltsreiche Beschreibungen der aktuellen Gesamtsituation liefern. Zudem müssen diese mit einem vertretbaren Aufwand erstellt werden können und in einem solchen Maße in das unternehmensinterne Kommunikationsgeschehen Eingang finden, dass alle Unternehmensebenen die für sie relevanten Steuerungsgrößen erhalten, verstehen und interpretieren können. Nur so kann sichergestellt werden, dass die wahrgenommene Selbstbeobachtung auch einen sinnvollen Einfluss auf die relevanten Leitentscheidungen im Unternehmensalltag hat.

Bis vor wenigen Jahren gab es kaum eigenen Forschungsanstrengungen im Bereich »Controlling in mittelständischen Familienunternehmen«.[384] Vor allem im deutschsprachigen Raum wurde zwischenzeitlich aber erkannt, dass die vielfach zitierte Koevolution zwischen Familie und Unternehmen dazu führt, dass dieser Unternehmenstypus bei der Anfertigung entsprechender Selbstbeobachtungen typische Charakteristika aufweist, die sich vom beobachtbaren Vorgehen in kapitalmarktorientierten Publikumsgesellschaften unterschei-

---

383 Horváth, Gleich und Seiter 2015, S. 29 f., beschreiben die Aufgaben dieser, in der betriebswirtschaftlichen Literatur unter Controlling diskutierten, Dimension folgendermaßen: »Unsere Analyse anhand von Praxis und Literatur lässt die Controllingaufgaben als eine Funktion erkennen, die durch die Koordination von Planung, Kontrolle sowie Informationsversorgung die Führungsfähigkeit von Organisationen zu verbessern hilft. [...] Es geht also darum, dass einzelne betriebliche Teilfunktionen im Hinblick auf eine wirksame zielorientierte Unternehmenssteuerung anders als bisher so zusammengefasst werden, dass es über die Koordination, Integration und Verdichtung der notwendigen Führungsinformationen zu einer Zentralisation von Planungs- und Kontrollinformationen im Sinne einer Effizienzsteigerung der Unternehmensführung kommt (kommen soll).«

384 Als Ergebnis ihrer ausführlichen Literaturrecherche in diesem Bereichen halten Senftlechner und Hiebl 2015, S. 592, fest: »The topic of MA [management accounting; Anm. d. Verf.] and MC [management controll, Anm. d. Verf.] in FBs has recently attracted great research interest; since 2008, the number of publications has greatly increased.«

den.[385] Erste Hinweise darauf, welche Auswirkungen die dauerhafte, strukturelle Kopplung der Organisation an eine Familie für die Ausgestaltung der entsprechenden Führungsaufgaben hat, werden nachfolgend dargestellt.

Prozessuale Perspektive
Ähnlich wie auch in anderen Aufgabenfeldern von Führung werden Entscheidungen darüber, welche Steuerungsinstrumente eingesetzt werden, wie und wie häufig entsprechende Daten erhoben werden, wer die ermittelten Ergebnisse einsehen darf etc., vielfach an der Unternehmensspitze getroffen, ohne dass innerhalb des Unternehmens eine gemeinsame Meinungsbildung stattfindet oder überhaupt ausführlicher über diese Themen kommuniziert wird. Wimmer et al. schreiben diesbezüglich:

> »Der Umgang mit Geld und alles, was damit zusammenhängt, besitzt in Familienunternehmen eine charakteristische Färbung, die vielfach auch in typisch patriarchalischen Denkweisen ihre Wurzeln hat. Wenn's um die Finanzen geht, trifft man in der Regel auf einen ganz besonders geschützten Intimbereich jener Mitglieder der Eigentümerfamilie, die sowohl in der Familie wie im Unternehmen das Sagen haben. Übers Geld redet man nicht offen.«[386]

Dieser familienunternehmenstypische Umgang mit Finanzinformationen erwächst aus der strukturellen Kopplung an eine Familie und der, vor allem in der Pionierphase, engen Verflechtung zwischen Privat- und Firmenvermögen und kommt so in Nicht-Familienunternehmen systematisch nicht vor. Das Ausschließen der eigenen wirtschaftlichen Situation aus der organisationalen Kommunikation hat für ebendiese allerdings weitreichende Folgen. So wird nicht nur nicht darüber gesprochen, welche Daten wie erhoben werden müssen, um ein angemessenes Bild der aktuellen Unternehmenslage zu erlangen, sondern es wird ebenfalls nicht über die Ergebnisse und die daraus abzuleitenden Handlungsfelder gesprochen. Diese nicht vorhandene organisationsinterne Kommunikation über Themen, die für die eigene Reproduktionsfähigkeit so elementar

---

385 So konstatieren Duller, Feldbauer-Durstmüller und Hiebl 2014, S. 26: »Die Besonderheiten von Familienunternehmen haben auch Auswirkungen auf die Ausgestaltung des Controllings.«
386 Wimmer, Domayer, Oswald und Vater 2018, S. 175. Ähnlich beschreiben dies auch Hilse und Wimmer 2002, S. 354f. Hiebl 2017, S. 12, verweist darauf, dass »[i]n vielen KMU aber die Eigentümer die Verantwortung für strategische Controlling-Instrumente wie etwa die strategische Planung gar nicht an andere Personen übergeben. Vielmehr verantworten sie derlei Instrumente häufig selbst, weil mit der Betreuung dieser Instrumente auch ein relativ großer Einblick in die mögliche bzw. beabsichtigte Zukunft des Unternehmens verbunden ist und viele Eigentümer diese Zukunftsvorstellungen nur ungern mit Mitarbeitern oder externen Dienstleistern teilen möchten.«

sind, ist wahrscheinlich in keinem anderen Organisationstypus zu beobachten.[387] Sie führt dazu, dass eine Übernahme unternehmerischer Verantwortung für Teilbereiche des Gesamtunternehmens durch Führungskräfte fast unmöglich ist,[388] da keine Informationen zur Beurteilung der Leistung der Teilsysteme vorliegen oder über diese nicht kommuniziert wird.[389]

Inhaltliche Perspektive

Die beschriebene Art und Weise, wie Leitentscheidungen im Bereich der Selbstbeobachtung vieler Familienunternehmen getroffen werden, macht bereits deutlich, dass klassische Controlling-Instrumente, deren Zielsetzung eine für ein größeres Publikum möglichst transparente Beschreibung der aktuellen Situation ist, in Familienunternehmen in geringerem Maße eingesetzt werden als in Nicht-Familienunternehmen. Aktuelle empirische Forschungsergebnisse weisen darauf hin, dass der Einsatz von entsprechend institutionalisierten Instrumenten in mittelgroßen Unternehmen mit steigendem Familieneinfluss abnimmt.[390] Andere Untersuchungen zeigen, dass das generelle Controlling-Knowhow mit steigendem Familieneinfluss geringer ausgeprägt ist.[391] Einig sind sich die Autoren allerdings darin, dass es neben dem Familieneinfluss weitere wichtige

---

387 Da Unternehmen hauptsächlich der Reproduktionslogik des gesellschaftlichen Funktionssystems der Wirtschaft unterliegen und ihr Überleben nur sicherstellen können, wenn sie dauerhaft ihre Zahlungsfähigkeit gewährleisten können, wäre dies (überspitzt ausgedrückt) ähnlich, als wenn in Gerichten nicht über Recht und Unrecht oder in Universitäten nicht über Wahrheit diskutiert werden würde.

388 Wimmer, Domayer, Oswald und Vater 2018 schreiben diesbezüglich auf S. 176: »Wenn es unter den gegebenen wirtschaftlichen Rahmenbedingungen darum geht, die unternehmerische Verantwortung im Unternehmen auf breitere Schultern zu verlagern, so ist die Transparenz bezogen auf die eigene wirtschaftliche Entwicklung, das Verfügenkönnen über Echtzeitformationen zur Diagnose der eigenen Situation, d.h. ein entsprechendes Repertoire an Kennzahlen die zentrale Voraussetzung, um so etwas wie Eigenverantwortung überhaupt erst erwarten zu können.«

389 Hilse und Wimmer 2002, S. 355, schreiben beispielsweise: »Über die Kennzahlen des Unternehmens und ihre jeweils aktuelle Ausprägung wird häufig nur im engsten Kreise gesprochen; in manchen Betrieben, vor allem Kleinstbetrieben, werden diese nicht einmal regelmäßig ermittelt oder sie können nicht fachkundig gelesen und interpretiert werden.«

390 Vgl. Hiebl, Feldbauer-Durstmüller und Duller 2013, S. 141: »Our results indicate that medium-sized firms that have higher levels of family influence establish fewer MA [management accounting; Anm. d. Verf.] departments, use fewer strategic MA instruments and operational planning instruments and show lower levels of MA formalisation.« Zu ähnlichen Ergebnissen kommen auch Hiebl, Duller, Feldbauer-Durstmüller und Ulrich 2015, S. 395 f.: »Our [...] analyses [...] provide evidence that independent of the two alternative ways of measuring, the level of family influence serves as a significant predictor for different aspects of MA usage. We find that higher family influence is negatively associated with the use of MA.« oder Speckbacher und Wentges 2012, S. 40: »[...] firms which are predominantly family-owned and where all or some of the members of the TMT are family members make significantly less use of multi-perspective performance measures.«

391 Vgl. Andric und Kammerlander 2015, S. 26.

Faktoren gibt, die den Umfang der Controlling-Aktivitäten beeinflussen[392], und dass die fehlenden Aktivitäten von Familienunternehmen in diesem Bereich nicht notwendigerweise negativ zu beurteilen sind.[393] Allerdings wird in diversen Publikationen darauf hingewiesen, dass der umfangreichere Einsatz von Controlling-Instrumenten helfen kann, die vielfach angesprochene intuitive Entscheidungsfindung in diesem Unternehmenstypus transparenter, nachvollziehbarer und faktenbasierter durchzuführen und so die beschriebene Abhängigkeit von der adäquaten Situationsbeurteilung einer bzw. weniger Person(en) an der Unternehmensspitze zu verringern.[394] Die »tendenziell vorherrschende geringere Bedeutung des Controllings« in Familienunternehmen[395], die weniger ausgeprägten Controlling-Aktivitäten und die Tatsache, dass die Unternehmensspitze vielfach »eine besondere Aura der Exklusivität um alle Finanzfragen«[396] aufbaut, führen demnach fast zwangsläufig dazu, dass innerhalb des Unternehmens häufig nur ein kleiner Personenkreis um die eigene wirtschaftliche Situation weiß und dass es »zur Degradierung kompetenter Führungskräfte zu teuer bezahlten Adjutanten kommt.«[397]

Ein in diesem Zusammenhang bisher wenig erforschter Gegenstand ist die Frage nach der Angemessenheit der vorhandenen Controlling-Systeme in Bezug auf die unterschiedlichen Zielsetzungen von Familienunternehmen. In den zi-

---

392 In fast allen aktuellen Untersuchungen zu diesem Themenbereich wird auf die Variable »Unternehmensgröße« Bezug genommen. In kleineren Unternehmen kommen demnach aufgrund von geringeren (personellen und finanziellen) Ressourcen sowie einer geringen Unternehmenskomplexität weniger Controlling-Instrumente zum Einsatz als in größeren Organisationen. Darüber hinaus spielen weitere Umweltfaktoren, wie die Ausbildung des CFOs oder die spezifischen Informationsbedürfnisse von Kapitalgebern, eine wesentliche Rolle in der Ausgestaltung der jeweiligen Controlling-Instrumente. Vgl. hierzu Hiebl 2017, S. 6 ff., und die dort angegebenen Literaturhinweise.

393 So weisen Andric und Kammerlander 2015, S. 26, darauf hin, dass »Intuition und Erfahrung als besondere Ressourcen betrachtet werden und ihnen dadurch ein höherer Wert beigemessen wird als standardisierten Controlling-Methoden.« Ähnlich argumentieren auch Hiebl, Feldbauer-Durstmüller und Duller 2013, S. 141: »In line with stewardship theory, firms that have higher levels of family influence, mutual trust and tacit firm and market knowledge, as well as high value commitment, lower the demand for mechanisms to control, coordinate, plan and budget.«

394 Vgl. beispielhaft Giovannoni, Maraghini und Riccaboni 2011, S. 126, die darauf hinweisen, »that management accounting can affect the transfer of knowledge across generations and between the owner family and the management team, thus representing and reproducing the priorities, values, and vision of the entrepreneur.« Mit Bezugnahme auf diverse Quellen gehen López und Hiebl 2015, S. 106 ff., darauf ein, »that SMEs using more management accounting adapt faster to the surrounding environment. This was considered a consequence of the implementation of strict internal controls that provide tools to react to and neutralize external threats.«

395 Duller, Feldbauer-Durstmüller und Hiebl 2014, S. 29.

396 Wimmer, Domayer, Oswald und Vater 2018, S. 176.

397 Wiechers 2006, S. 335.

tierten Forschungsergebnissen ist v. a. das Vorhandensein von Controlling-In-strumenten untersucht worden. Die Ergebnisse lassen dementsprechend keine Rückschlüsse darauf zu, wie sich die Erreichung der nicht-monetären Zielset-zungen regelmäßig angemessen mit Hilfe institutionalisierter Beobachtungs-routinen beschreiben lässt. Vor allem in Familienunternehmen, in denen die Eigentümerfamilie nicht mehr operativ tätig ist, erscheint es sinnvoll, Routinen zu entwickeln, die der Familie helfen zu beobachten, ob die nicht-monetären Ziele verfehlt werden.

Insgesamt weisen Familienunternehmen auch in dieser Führungsdimension beobachtbare Verhaltensweisen auf, die sich auf die koevolutionäre Entwicklung von Unternehmen und Familie zurückführen lassen. Auch hier führt diese ge-meinsame Entwicklungsgeschichte natürlich nicht deterministisch zu identi-schen Merkmalsausprägungen. Allerdings weisen die zitierten Untersuchungen darauf hin, dass es gewisse Verhaltensmuster gibt, die in vielen Familienunter-nehmen »typischerweise« zu beobachten sind.

2.6. Zwischenfazit: Die Besonderheiten in der Führung von Familienunternehmen sind auf eine hohe Personenorientierung zurückzuführen

In diesem Kapitel sind zu Beginn die grundlegenden und in der (betriebswirt-schaftlichen) Familienunternehmensforschung populärsten Theoriekonzepte erläutert worden, um anschließend die dauerhafte strukturelle Kopplung zwi-schen den Sozialsystemen Familie und Unternehmen als grundlegende Ursache für familienunternehmenstypische Verhaltensweisen zu identifizieren.[398] Um die beobachtbaren Verhaltensweisen von Familienunternehmen besser zu verstehen, ist in aller Kürze auf die Entwicklungsgeschichte der Familie in unserem Kul-turkreis, die Unterschiede zwischen den Sozialsystemen Familie und Unter-nehmen und die zusätzlichen, paradoxen Anforderungen an eine Unterneh-merfamilie eingegangen worden. Darauf aufbauend sind die Besonderheiten dargestellt worden, welche sich aus dieser Konstellation für das Unternehmen und dessen Entscheidungsprämissen ergeben. Letztendlich ist es v. a. die in Fa-milien übliche Fokussierung auf die einzelne Person, die das Geschehen in Fa-milienunternehmen von anderen Organisationen unterscheidet und organisa-tionale Besonderheiten begründet. Diese Personenorientierung ist in eigentü-mergeführten Unternehmen oft besonders ausgeprägt, weshalb die anschließend ausgeführten Spezifika in der Führung von Familienunternehmen mit einem

---

398 Vgl. zur theoretischen Konzeption und Bedeutung des Begriffs »strukturelle Kopplung« das Kapitel 2.2.6. der Promotionsschrift und die dort angegebene Literatur.

solchen Unternehmenstyp vor Augen verfasst worden sind, welcher empirisch einen Großteil der Unternehmen in Deutschland repräsentiert.[399]

Insgesamt gibt dieses Kapitel einen ersten Eindruck über typische, zu beobachtende Verhaltensweisen in der Führung von Familienunternehmen, welche ursächlich auf die strukturelle Kopplung zwischen Familie und Unternehmen sowie auf die besondere Personenorientierung zurückzuführen sind, und sowohl positive als auch negative Auswirkungen auf die Leistungsfähigkeit des Unternehmens haben können.

---

399 Vgl. Gottschalk, Egeln, Kinne, Hauer, Keese und Oehme 2017, S. 10, die ermittelt haben, dass 87 Prozent aller deutschen Unternehmen (ohne öffentliche Unternehmen) eigentümergeführte Familienunternehmen darstellen.

3.   Grundlagen zu Post-Merger-Integrationsprozessen

3.1.   Unternehmensübernahmen als Ausgangsbasis für Post-Merger-Integrationsprozesse

Der Ausgangspunkt eines Integrationsprojekts ist üblicherweise eine Mergers & Acquisitions (M&A)-Transaktion, wobei dieser Begriff nicht eindeutig definiert ist. Während im angloamerikanischen Raum seit Jahrzehnten eine Vielzahl von Publikationen, Leitfäden und Lehrbüchern zu diesem Thema vorliegt, fand eine systematische, wissenschaftliche Auseinandersetzung in Deutschland erst ab den 1980er Jahren statt.[400] Auch wenn es eine Vielzahl von unterschiedlichen Definitionen zu M&A gibt,[401] zielen die meisten dieser Definitionen auf den Transfer von Eigentumsrechten und die Übertragung von Weisungs- und Kontrollbefugnissen ab.[402] Da ein Übergang dieser Befugnisse alle Bereiche eines Unternehmens betrifft, stellt das Thema im Kern zwar eine wirtschaftswissenschaftliche Fragestellung mit den Schwerpunkten Strategisches Management, Organisationstheorie, Kapitalmarkttheorie und Volkswirtschaftslehre dar. Es spielen dabei aber natürlich auch (auf der vertrags-, gesellschafts-, arbeits- und steuerrechtlichen Ebene sowie mit kartellrechtlichen und umweltrechtlichen Impli-

---

400 Vgl. Jansen 2016, S. 127, oder Wirtz 2017, S. 8.
401 Vgl. beispielsweise die Differenzierung zwischen der deutschen und der angelsächsischen Bestimmung und Verwendung bei Jansen 2016, S. 128ff.
402 Vgl. die Übersichtstabelle bei Wirtz 2017, S. 9f., oder die grafische Darstellung der Vielzahl empirischer Phänomene, die mit dem Begriff M&A beschrieben werden, bei Jansen 2003, S. 29. Auch das nachfolgende Zitat von Picot 2008, S. 3, zeigt die Vielfalt von Transaktionsvarianten, die unter dem Begriff M&A subsummiert werden: »Entsprechend der komplexen Natur der betroffenen Unternehmen beinhalten die Merger & Acquisitions erhebliche verfahrensmäßige Besonderheiten aufgrund ihrer vielfältigen nationalen und internationalen Erscheinungsformen, insbesondere bei Unternehmenskäufen und -verkäufen, Unternehmenszusammenschlüssen, Kooperationen, Allianzen und Joint Ventures, Unternehmenssicherungen und -nachfolgen, Management Buy-out und Buy-in, Private-Equity Beteiligungen, Public-Private-Partnerships (PPP), Börsengängen [...] Umwandlungsmaßnahmen, Restrukturierungen, Outsourcing.«

kationen) juristische sowie (organisations-)soziologische und psychologische Aspekte eine entscheidende Rolle.[403] Das Querschnittsthema M&A wurde wissenschaftlich deshalb bereits aus unterschiedlichen Perspektiven beleuchtet. In der vorliegenden Arbeit stehen mit den spezifischen Besonderheiten in Akquisitions- und Integrationsprozessen sowie mit der Rückwirkung dieser Prozesse auf die Führung in Familienunternehmen organisationale Aspekte im Fokus, weshalb im Weiteren sowohl auf wirtschaftswissenschaftliche Theorien als auch auf die soziologische Systemtheorie zur Beschreibung beobachtbarer Phänomene zurückgegriffen wird.

Im Sinne eines systemtheoretischen Organisationsverständnisses handelt es sich bei Post-Merger-Integration um das Zusammenwachsen von zwei (bisher getrennten) Organisationen durch den Aufbau von Binnenstrukturen, die Entscheidungen wahrscheinlich werden lassen, die es dem Unternehmen ermöglichen, sein Leistungsspektrum auch zukünftig zu marktfähigen Konditionen anzubieten. So werden die Leistung und die Funktion von Organisationen darin gesehen, dass Anschlussentscheidungen getroffen werden, ohne vorherige Entscheidungen infrage zu stellen.[404] Da die Art und Weise der Entscheidungsfindung und das Zusammenspiel einer Vielzahl von rückbezüglichen Einzelentscheidungen dafür verantwortlich sind, wie erfolgreich eine Organisation nachhaltig eine ausreichend umfangreiche monetäre Gegenleistungen für sein Leistungsangebot am Markt erlösen kann, ist der Strukturaufbau bzw. die Etablierung von viablen (im Sinne von funktionsfähigen) Entscheidungsprämissen und Kommunikationsroutinen innerhalb des neuen Gesamtunternehmens die wesentliche Aufgabe im Rahmen der Post-Merger-Integration.

Bevor detaillierter auf die bisherigen Erkenntnisse zu den spezifischen Besonderheiten von Integrationsprojekten und zum Umgang mit ebendiesen in mittelständischen Familienunternehmen eingegangen wird, werden nachfolgend grundlegende Erkenntnisse zum Markt für Unternehmenskontrolle und zum Thema Unternehmensakquisitionen dargestellt, welche i. d. R. den Ausgangspunkt für Integrationsanstrengungen bilden.

---

403 Jansen 2016, S. 127.

404 Vgl. Baecker 2003, S. 34. »Der Preis besteht in der Bereitschaft, auf Entscheidungen mit Entscheidungen zu reagieren, ohne die vorherigen Entscheidungen in Zweifel zu ziehen. […] Darin besteht die Leistung und Funktion der Organisation: in der Ermöglichung von Anschlußentscheidungen ohne Infragestellung vorheriger Entscheidungen.«

3.1.1. Merkmalsausprägungen von Unternehmenszusammenschlüssen bei mittelständischen Familienunternehmen

Die angesprochenen vielfältigen Transaktionssituationen, die mit dem Begriff M&A beschrieben werden, erfordern eine Spezifizierung dahingehend, welches Phänomen im Fokus der nachfolgenden Ausführungen stehen soll.

Wöhe et al. differenzieren Unternehmensverbindungen aufgrund ihrer Bindungsintensität (also aufgrund von Unterschieden in ihrer wirtschaftlichen und rechtlichen Selbstständigkeit) zwischen Kooperationen (Gemeinschaftsunternehmen, Kartelle etc.) und Konzentrationen (Beteiligungen, Fusionen etc.).[405] Wirtz klassifiziert diese Unterteilung in Unternehmenszusammenschlüsse »im weiten Sinn« (Unternehmenskooperationen und -verknüpfungen) und »im engen Sinn« (ausschließlich Unternehmensverknüpfungen).[406]

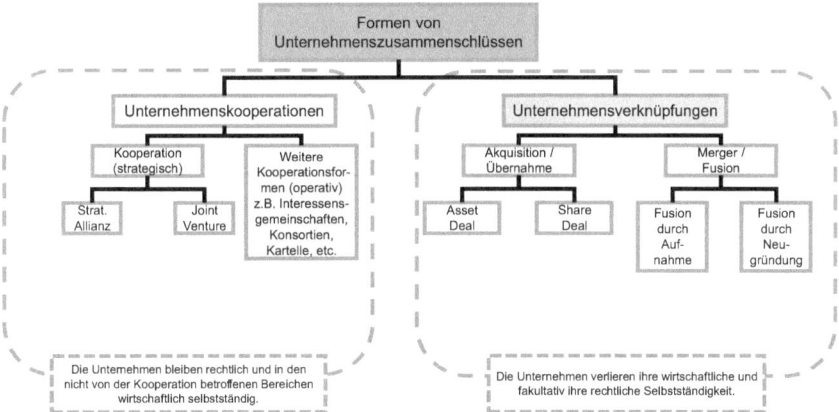

Darstellung 6: Formen von Unternehmenszusammenschlüssen (in Anlehnung an Wirtz (2017), S. 12)

Da der Schwerpunkt im weiteren Verlauf dieser Arbeit auf dem Integrationsprozess nach Unternehmensübernahmen liegt, wird nachfolgend nicht weiter auf den Bereich der Unternehmenskooperationen eingegangen.[407] Auch der Bereich von Fusionen wird nicht im Detail thematisiert, da entsprechende Zusammenführungs- und Managementprozesse aufgrund geteilter Macht- und spezifischer Abhängigkeitsverhältnisse ganz eigenen Herausforderungen unterliegen.[408] Die

---

405 Vgl. Wöhe, Döring und Brösel 2016, S. 237 ff.
406 Vgl. Wirtz 2017, S. 12.
407 Vgl. hierzu z. B. Ebd., S. 12 ff., oder die umfangreichen Ausführungen bei Jansen 2016, S. 217–287.
408 Vgl. hierzu u. a. Jansen 2016, S. 263 ff., und die dort angegebene Literatur. Ein gut dokumentiertes Beispiel einer gescheiterten Fusion zweier Familienunternehmen, findet sich in

möglichen unterschiedlichen Ausprägungen sind allerdings auch bei Unternehmenszusammenschlüssen im engen Sinn ausgesprochen umfangreich, wie die nachfolgende Übersicht anschaulich verdeutlicht.

Merkmale	Ausprägung von Unternehmenszusammenschlüssen				
1. Typus des Zusammenschlusses	Akquisition (Erhalt der rechtlichen Selbstständigkeit)			Verschmelzung (Bildung einer rechtlichen Einheit)	
2. Partnersymmetrie aus Sicht des Verkäufers	Unterordnung (Akquisition)		Überordnung (Reverse Merger)		Gleichordnung (Mergers of Equals)
3. Finanzierung	Barzahlung (Cash Offer)		Fremdfinanzierung (Leveraged Buy Out)		Aktientausch (Share Offer)
4. Vortragsweise beim Ziel-Management	Freundlich (Friendly Takeover)			Unfreundlich (Unfriendly / Hostile Takeover)	
5. Vortragsform	Auktion / Bietungsverfahren		Direktangebot an Verkäufer		Indirektes Angebot über Makler
6. Erwerber	Finanzinvestor		Private Equity		Strategischer Investor
7. Wertschöpfungsrichtung	Wettbewerber (horizontal)	Vor-/nachgelagerte Prozesse (vertikal = up/down stream)	Komplementäre Geschäftsbereiche (konvergent)		Unverwandte Geschäftsbereiche (lateral / konglomerat)
8. Zielsetzung / Motive	Operative Ziele (Kosten-/Wachstumssynergie = economies of scale and scope)	Strategische Ziele (Zugang zu HR, Technologie, Wissen, Markt, Standardisierung)	Spekulative Ziele (Gewinn bei Devestition bzw. Exit)	Management-Motive (Jobsicherung, Gehalt, Erhöhung von Macht und Einfluss)	Zeit-Motive (Zeitgewinn gegenüber Eigenentwicklung = economies of speed)
9. Nationalität	Grenzüberschreitender Zusammenschluss (Cross Border Transaction)			Nationaler Zusammenschluss	
10. Exit	Verkauf an Dritte (Trade Sale)		Börsengang / Teilplatzierung (IPO bzw. Equity Carve Out)	Kein Exit	

Darstellung 7: Ausprägung von Unternehmenszusammenschlüssen (Quelle: Jansen (2003), S. 30)

Diese Übersicht verdeutlicht, dass Unternehmensübernahmen sehr vielfältige Ausgestaltungen annehmen können, weshalb eine differenzierte Analyse unbedingt erforderlich ist.[409] Insbesondere bei der Analyse von Fallbeispielen ist es daher unerlässlich, die spezifischen Ausprägungen zu berücksichtigen, da diese Unterschiedlichkeiten die Komplexität und Eigenheiten eines Integrationsprozesses maßgeblich beeinflussen.[410]

Wie unten näher ausgeführt wird, deuten aktuelle Studien darauf hin, dass der Unternehmenstypus des Familienunternehmens eine Präferenz für bestimmte

---

der bereits angesprochenen Publikation von Bjursell (vgl. Bjursell 2011). Ein weiteres, anschaulich beschriebenes Beispiel eines letztendlich gescheiterten Joint Ventures mit Beteiligung eines Familienunternehmens findet sich in der Dissertation von Muraitis 2016.

409 Hierauf wies Jansen 2003, S. 4, schon 2003 in den Ansatzpunkten und Motiven für seine Dissertation hin: »Zum anderen wird in entsprechenden Handbüchern von dem Post Merger Management gesprochen, wobei zu vermuten steht, daß hier eine große Anzahl von differenzierenden Analysen notwendig sind, um die verschiedenen Anforderungen des Fusionsmanagements bei unterschiedlichen Nationalitäten, Unternehmensgrößen, Branchen oder zentralen Kapitalien für die Wertschöpfung herauszuarbeiten.«

410 So verfolgen z. B. Private-Equity-Gesellschaften aufgrund ihrer ausschließlichen Zielsetzung der Renditemaximierung (vgl. hierzu auch die anekdotischen, aber interessanten Ausführungen bei Waldau 2013) durch Finanzierungs- und interne Prozessoptimierungen meist andere Integrationsziele als ein strategischer Investor, welcher Kosteneinsparungen durch die Zusammenlegung operativer Wertschöpfungsprozesse erzielen möchte.

Ausprägungsformen aufweist. So ist davon auszugehen, dass Unternehmensübernahmen gegenüber Fusionen i. d. R. bevorzugt werden, da die langfristige Unabhängigkeit ein ganz wesentliches, handlungsleitendes Motiv in diesem Unternehmenstypus darstellt.[411] Die Untersuchung von Sachs belegt diesbezüglich zwar, dass eine Vielzahl der Unternehmenszusammenschlüsse von Familienunternehmen Akquisitionen sind, jedoch stellen Gemeinschaftsunternehmen und strategische Allianzen, vor allem in Zusammenhang mit Internationalisierungsstrategien, ebenfalls interessante Optionen für deutsche Familienunternehmen dar.[412] In Bezug auf die Finanzierungsvorlieben kann davon ausgegangen werden, dass Akquisitionen oft bar bezahlt und entweder aus Eigenmitteln oder über Bankkredite finanziert werden.[413] Ein Aktientausch würde dem angesprochenen Unabhängigkeitsstreben wiedersprechen und die Nutzung komplexerer Finanzprodukte eine überdurchschnittlich hohe Transparenz verlangen[414] sowie der eher konservativen Finanzierungspolitik vieler mittelständischer Familienunternehmen widersprechen.[415] Ebenso kommt eine feindliche Über

---

411 Vgl. für Unternehmensgründer die Ergebnisse in Durst und Leyer 2011, S. 14, sowie die umfangreichen Quellenangaben in Jacobsen 2003.

412 Vgl. hierzu Sachs 2008, S. 169 f. Zu den Markteintrittsstrategien von deutschen Familienunternehmen im Internationalisierungsprozess vgl. auch das Kapitel »Angewandte Markteintrittsstrategien« bei Wolf 2011, S. 179 ff.

413 Vgl. hierzu beispielhaft die Ausführungen bei Sachs 2008, S. 179 f.: »Die Akquisitionen wurden in den meisten Fällen selbst oder von Banken und sonstigen Institutionen finanziert. Instrumente der Außenfinanzierung oder die Kapitalfreisetzung sind nur bei wenigen Unternehmen zum Einsatz gekommen.« Zu einem ähnlichen Ergebnis kommen auch Becker, Ulrich und Botzkowski 2016, S. 116 ff., die ermittelt haben, dass Akquisitionen mittelständischer deutscher Unternehmen zu 40 Prozent durch Eigenkapital und zu 60 Prozent durch Fremdkapital finanziert werden, wobei Bankkredite und bestehende Kreditlinien die mit Abstand bedeutendsten Fremdkapitalfinanzierungsformen sind.

414 Vgl. hierzu auch die Ausführungen in Kapitel 2.5.3.

415 Vgl. Berthold 2010, S. 150, der schreibt: »Die der Finanzierung des Unternehmens zugrundeliegenden Motive und Zielsetzungen kennzeichnen sich zumeist durch eine eher konservative Finanzierungspolitik und eine starke Bilanz (Präferenz zugunsten der Innenbzw. Selbstfinanzierung und eine komfortable Eigenkapitalausstattung) sowie das Streben nach finanzieller und damit unternehmerischer Unabhängigkeit von der Einflussnahme Dritter (z. B. familienfremde Gesellschafter, Banken) aus.« Eine interessante Arbeit über bislang eher unkonventionellen Finanzierungsmöglichkeiten in Familienunternehmen findet sich bei Renner 2016. Er schreibt auf S. 182: »Privat platzierte Fremdkapitalinstrumente stellen für Familienunternehmen eine ideale Finanzierungsalternative dar, da zum einen relativ günstige Konditionen erreichbar sind, aber auch längere Laufzeiten abbildbar sind, welche mit klassischen Finanzierungslösungen, wie Bankkrediten, oftmals nicht in der Form möglich sind. Da auch weitere Anforderungen von Familienunternehmen, wie die Möglichkeit, vollständige Kontrolle über das Unternehmen auszuüben, die Abhängigkeit von einzelnen Kapitalgebern zu minimieren, die Zusammensetzung des Investorenkreises zu kontrollieren und, wenn dies so gewünscht wird, Verschwiegenheit über die Finanzierung zu wahren, erfüllt sind, kommt diese Finanzierungsform dem Wesen von Familienunternehmen in ihrer Finanzierung entgegen.«

nahme nur äußerst selten vor, da die Zielobjekte i. d. R. privat gehaltene und nicht börsengelistete Unternehmen sind. Dabei ist, zumindest nach der Erstansprache, in vielen Fällen ein direkter Kontakt auf Eigentümerebene zu beobachten,[416] welcher gezielt zur Differenzierung von anderen potenziellen Kaufinteressenten genutzt werden kann.[417] Die mit einer Unternehmensakquisition verbundenen Zielsetzungen sind, so die Ergebnisse der bisherigen Untersuchungen, meistens operativer Natur und vielfach auf die Erhöhung des eigenen Marktanteils ausgerichtet,[418] weshalb davon auszugehen ist, dass v. a. direkte Wettbewerber interessante potenzielle Übernahmekandidaten darstellen. In Bezug auf die absolute Häufigkeit grenzüberschreitender Akquisitionen, im Vergleich zu den nationalen Unternehmenszusammenschlüssen, liegen, nach Wissen des Autors, keine gesicherten Erkenntnisse vor. Es ist davon auszugehen, dass diese Entscheidung abhängig von der strategischen Ausrichtung und der aktuellen Marktsituation des jeweiligen Unternehmens getroffen wird.[419] Da die Zielsetzung mittelständischer Familienunternehmen als Käuferunternehmen oft in der Steigerung der eigenen Marktpräsenz liegt, werden i. d. R. strategisch motivierte Zukäufe getätigt, für die es keine im Vorfeld geplante Exit-Option gibt.

3.1.2. Der Markt für Unternehmenskontrolle und seine historische Entwicklung[420]

»Neben dem Markt für Produkte und Dienstleistungen hat sich ein Weltmarkt für Unternehmen entwickelt.«[421] Während in den klassischen wirtschaftlichen Theorien (und im Alltagsverständnis) von einem neoklassischen Marktver-

---

416 Becker, Ulrich und Botzkowski 2016, S. 107 f., haben ermittelt, dass bei 82 Prozent der Befragten eine direkte Ansprache des Zielunternehmens stattfindet.

417 Vgl. zu den Differenzierungsvorteilen, die akquisitionsinteressierte mittelständische Familienunternehmen, z. B. im Vergleich zu ausschließlich renditeorientierten Finanzinvestoren, im Akquisitionsprozess ausspielen können, die Ausführungen bei Benner 2009, S. 233–267.

418 Vgl. auch die Ausführungen in Kapitel 1.2.

419 Während die Region des potenziellen Akquisitionsobjekts für 76 Prozent der Befragten ein wichtiges Kriterium (Platz 4) war, wurde das Kriterium »Sprache/Kulturkreis« nur von 21 Prozent als ausschlaggebendes Merkmal für eine Akquisitionsentscheidung benannt. Vgl. Becker, Ulrich und Botzkowski 2016, S. 104 f.

420 Vgl. zu der historischen Entwicklung des M&A Marktes und der einzelnen »Wellen« sowie den entsprechenden Erklärungsansätzen die Ausführungen in Anhang A der Promotionsschrift.

421 So beschrieb Rubens Ricupero, der von 1995–2004 amtierender Generalsekretär der Welthandels- und Entwicklungsorganisation der Vereinten Nationen (UNCTAD) war, die Entwicklung der globalen Wirtschaft in den letzten Jahren. Vgl. Jansen 2003, S. 28. In einem vielzitierten Artikel beschreiben Jensen und Ruback 1983, S. 6, den »market for corporate

ständnis ausgegangen wird, welchem zur Erklärung der Funktionsfähigkeit diverse Annahmen zugrunde liegen,[422] führt Jansen systematisch aus, dass diese Annahmen im »Markt für Unternehmenskontrolle« nicht gegeben sind.[423] Als Ergebnis hält er fest, dass das (neo-)klassische Marktverständnis kein ausreichendes Erklärungsmodell für den Markt für Unternehmenskontrolle liefert, da (1) eine auch für Entscheider schwierig zu beschreibende Güterqualität vorherrscht, (2) eine nicht negativ, aber theorieabweichend gemeinte Präferenz von Managern beim Kauf zu beobachten ist, (3) eine fehlende Endkunden-Orientierung dominiert, (4) eine systematische Marktintransparenz mit erheblichen, aber nicht kalkulierten Informationsasymmetrien herrscht sowie (5) überschießende Aktienkurse durch eine unzureichende Leistungsextrapolation des Käufermanagements durch die Kapitalmärkte und (6) eine oligo- bis monopolistische Angebotsstruktur mit einer undurchsichtigen und unvernetzten Intermediärstruktur den Markt kennzeichnen.[424]

Die neoklassische Markttheorie erklärt die beobachtbare Entwicklung im Markt für Unternehmenskontrolle also nicht. »Doch was verursacht das Phänomen M&A als Ganzes?«, fragt auch Müller-Stewens noch 2016.[425] Es ist zwar relativ viel über die konkreten Zielsetzungen hinter individuellen, einzelnen Transaktionen bekannt, eine allgemein anerkannte, konsistente Theorie zur Erklärung der beobachtbaren Marktentwicklung existiert jedoch nicht. Eine solche erscheint allerdings erstrebenswert, da aus historischer Sicht der Markt für Unternehmenskontrolle in Wellenbewegungen stattgefunden hat, dieser Markt also von seiner Natur her zyklisch ist.[426] Rathenow erkennt in dem Verständnis und der Nutzung des Wellenphänomens einen zentralen Faktor, um die Erfolgswahrscheinlichkeit einer Unternehmensakquisition zu erhöhen.[427] Das vielbeachtete Wellenphänomen wird üblicherweise am Verlauf des US-amerikanischen Marktes für Unternehmenskontrolle beschrieben, da dieser als »Wiege des Marktes für Unternehmenskontrolle« gilt, für den Daten zu Unterneh-

---

control [...] as a market in which alternative managerial teams compete for the right to manage corporate resources.«

422 Jansen 2003, S. 36, führt hier (1) die Homogenität der Güter, (2) die Präferenzlosigkeit und Rationalität der Marktteilnehmer, (3) die Markttransparenz, (4) die unmittelbaren, kostenunwirksamen Anpassungsprozesse, (5) die Punktförmigkeit des Marktes in Bezug auf Raum und Zeit und (6) die polypolistische, atomistische Marktteilnehmerschaft aus.

423 Vgl. hierzu die Erläuterungen auf den S. 35–45 bei ebd.

424 Ebd., S. 45.

425 Müller-Stewens 2016, S. 22.

426 Vgl. Tschöke und Mailänder a. a. O., S. 52.

427 Vgl. Rathnow 2016, S. 140 ff.; Benner 2009, S. 92 f., führt als eine familienunternehmensspezifische Herausforderung die Ausblendung der Zyklizität im Markt für Unternehmen an. Seiner Meinung nach »haben lediglich Familienunternehmen mit ausgeprägtem Portfoliodenken und überdurchschnittlicher Größe diese Entwicklungen antizipiert.«

menstransaktionen seit dem Ende des 19. Jahrhunderts vorliegen[428] und der auch zu Beginn des neuen Jahrtausends als »Leitmarkt für das M&A-Geschehen« angesehen wird.[429]

Mögliche Ursachen für die angesprochenen Marktschwankungen differenziert Jansen nach saisonalen, konjunkturellen und strukturellen Erklärungsansätzen.[430] Saisonale Schwankungen, z. B. eine signifikante Steigerung der Transaktionszahlen zum Jahresende oder im Frühjahr, begründet er mit unterschiedlichen Informationsgraden von und über Unternehmen im Jahresverlauf (Bilanzpressekonferenzen etc.). Konjunkturelle Schwankungen hingegen beschreiben das Phänomen, dass eine Übernahme mit branchenweiter Wirkung weitere Konzentrationsentwicklungen in dieser Branche auslösen kann. Jansen bezieht sich u. a. auf eine Studie des Beratungshauses A. T. Kearney, welche die Konsolidierungstendenzen von Branchen in einem vierphasigen Lebenszyklusmodell beschreibt.[431]

– Start: Dekonzentration durch Deregulierung. Marktanteile der Einzelnen sinken.
– Kampf und Größe: Sechs Jahre »progressiver Anstieg der Konzentration« über alle Branchen hinweg zu beobachten.
– Endspiel der Konzentration: Konzentration geht weiter, aber mit abgeschwächtem Wachstum. Die drei Branchenführer vereinigen 50 Prozent des Marktes.
– Die Welt ist verteilt. Re-Start: Drei Branchenführer haben bis zu 75 Prozent Marktanteil. Die kartellrechtlichen Probleme führen zu loseren Allianzbildungen.

Strukturelle Schwankungen sind historisch betrachtet dagegen v. a. durch Veränderungen im Regulierungsumfeld oder durch die Umsetzung maßgeblicher, zu der jeweiligen Zeit aktueller Managementtheorien begründet.

Unabhängig von der inhaltlichen Begründung der beobachtbaren Wellenbewegungen besteht die Vermutung,

> »dass M&A-Wellen immer dann entstehen, wenn sich eine neue Logik zur Wertsteigerung von Unternehmen abzeichnet, die zunehmend die mentalen Strukturen der Entscheidungsträger zu prägen beginnt. M&A wird dann als Reaktion und Instrument zur Erschließung neuer zukünftiger Wertsteigerungspotenziale betrachtet. Es formiert

---

428 Hierbei ist darauf hinzuweisen, dass es keine einheitliche Datengrundlage gibt und zur Rekonstruktion auf eine Vielzahl amerikanischer Einzelstudien zurückgegriffen werden muss. Vgl. hierzu beispielsweise die Literaturhinweise bei Jansen 2016, S. 72.
429 Vgl. Müller-Stewens 2016, S. 22.
430 Vgl. hierzu und im Folgenden ausführlicher Jansen 2016, S. 72 ff.
431 Vgl. Ebd., S. 73. Für eine aktuelle Branchenbetrachtung in Bezug auf M&A-Aktivitäten im deutschen Markt siehe das Kapitel 4.3 in Düsterhoff und Kunisch 2016.

sich eine neue Antwort auf die Frage, aus was zukünftig ein Surplus bzw. Synergien erwartet werden können.«[432]

Durch die Verfolgung dieser von den Aktienmärkten erwarteten Wertsteigerungslogik steigt wiederum der Aktienkurs des entsprechenden Unternehmens, was verstärkend auf die Entwicklung wirkt, da dies den Unternehmen höhere Investitionssummen ermöglicht. Da mittelständische Familienunternehmen sich i. d. R. dadurch auszeichnen, dass sie sich nicht den Logiken des Kapitalmarktes unterwerfen müssen,[433] ist fraglich, ob die mentalen Strukturen der Entscheidungsträger in gleichem Maße durch aktuelle »Managementtrends« beeinflusst werden und dies ebenfalls zu einer Steigerung der Transaktionsanzahl durch diesen Unternehmenstypus führt.

3.1.3. Resümee zum M&A-Markt

Aus den bisherigen Ausführungen ist deutlich geworden, dass unter dem Schlagwort »M&A« diverse Sachverhalte diskutiert werden, Unternehmenstransaktionen dementsprechend sehr unterschiedliche Formen annehmen können und deshalb vielfach nur im Rahmen einer differenzierten Betrachtung miteinander vergleichbar sind. Die anschließend dargestellten Ausführungen zum Markt für Unternehmenskontrolle offenbaren, dass diesem Marktgeschehen die neoklassischen Marktannahmen nicht zugrunde liegen, weshalb es unterschiedliche theoretische Ansätze zur Erklärung der empirischen Datenlage gibt. In der empirischen Beschreibung des beobachtbaren Marktgeschehens gibt es allerdings die zusätzliche Herausforderung einer teilweise inkonsistenten Datenlage, so dass eine Auswertung über verschiedene Datenbanken hinweg teilweise zu unterschiedlichen Ergebnissen führt. Trotzdem lassen sich sowohl im US-amerikanischen als auch im deutschen Markt für Unternehmenskontrolle Wellen/Phasen analysieren, denen jeweils ganz eigene Markttreiber zugrunde lagen. Unabhängig von den individuellen Treibern der einzelnen Wellen scheinen grundlegende Bedingungen für einen wachsenden M&A-Markt (1) eine hohe Liquidität und Kassenbestand bei den Unternehmen, (2) ein sicheres Investitionsumfeld und (3) ein besonderes Wertsteigerungspotenzial zu sein.[434]

Von dem beobachtbaren Marktgeschehen wird nachfolgend der Fokus auf das konkrete Vorgehen im Rahmen der einzelnen Transaktion gelegt, um erste Erkenntnisse zu den Besonderheiten in Post-Merger-Integrationsprozessen mittelständischer Familienunternehmen offenzulegen.

---

432 Müller-Stewens 2016, S. 44.
433 Vgl. hierzu die Ausführungen in Kapitel 1.1.
434 Vgl. Jansen 2016, S. 97.

3.2. Akquisitionsprozesse in mittelständischen Familienunternehmen

In den nachfolgenden Ausführungen wird, aufbauend auf diversen Studien und dokumentierten Erfahrungsberichten, eine kurze Einführung in den Ablauf von Unternehmensakquisitionsprozessen gegeben. Dabei werden die untenstehenden drei Phasen, in welche ein Übernahmeprozess klassischerweise unterteilt wird, kurz beschrieben und auf erste familienunternehmensspezifische Besonderheiten eingegangen.

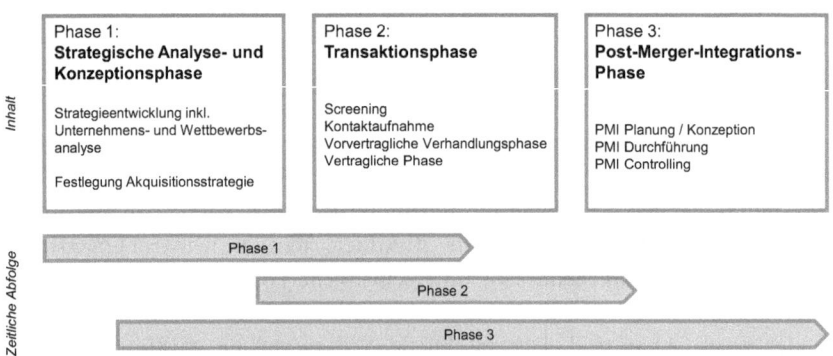

Darstellung 8: Phasen des Akquisitionsprozesses (eigene Darstellung)

3.2.1. Strategische Analyse- und Konzeptionsphase

Auch wenn in der Literatur und in der Praxis der Begriff Post-Merger-Integration sehr präsent ist, sind sich wissenschaftliche Autoren[435] und erfahrene Praktiker[436] einig, dass wesentliche Weichen für die erfolgreiche Zusammenführung zweier

---

435 Vgl. beispielhaft Jansen 2000, S. 36: »Zunächst suggeriert der Begriff ›post‹ eine Nachlagerung der Integrationsaktivitäten nach den anderen Prozessen der Transaktion. Die Integration sollte hingegen weit vor dem eigentlichen Zusammenschluss beginnen (i. S. einer Pre-Merger-Integration).« Auch Lucks und Meckl 2015, S. 133, bezeichnen die »strategischen Vorgaben, [als] einen wichtigen, vielleicht den zentralen Erfolgsfaktor für eine M&A-Transaktion [...]. Passt die strategische Ausrichtung nicht, so hilft langfristig in den meisten Fällen wohl auch eine gute operative Abwicklung des M&A-Prozesses nicht, um nachhaltig Wert für das Unternehmen zu schaffen.«

436 Das folgende Zitat des Leiters M&A der Georgsmarienhütte Holding GmbH verdeutlicht dies: »Auf Basis unserer jahrelangen Erfahrungen lässt sich eine goldene Regel ableiten: Beim Einfädeln und der Umsetzung eines Deals kann das Thema PMI-Prozesse nicht früh genug zur Sprache kommen.« Vgl. Gerds und Schewe 2011, S. 270.

Unternehmen v. a. vor Beginn der Vertragsverhandlungen durch eine fokussierte Auswahl der potenziellen Übernahmekandidaten gestellt werden.

>»Ausgangspunkt für ein M&A-Projekt ist immer eine belastbare Deal-Strategie. Wenn die Strategie mit Blick auf Marktumfeld, Wettbewerb sowie interne Stärken und Kompetenzen nicht stimmig ist, das Projekt im Laufe der Zeit strategisch aus dem Ruder läuft oder erkennbar ist, dass der Übernahmekandidat das strategische Ziel nicht erfüllen kann, dann sollte das Projekt abgeblasen werden. Je früher, desto geringer der Schaden.«[437]

Erfahrene Praktiker sehen allerdings genau hier bei vielen Unternehmen die Gründe für die hohen Misserfolgsraten, die Unternehmensübernahmen häufig nachgesagt werden.

>»Im Gegensatz zur sich anschließenden target-bezogenen Transaktionsphase, die heutzutage [...] als weitgehend standardisiert bezeichnet werden kann, zeigen Unternehmen qualitative Schwächen in dem einem Merger vorauslaufenden grundlegenden und allgemeinen Strategieprozess. Die Konsequenzen daraus wirken sich unmittelbar sowohl auf die Transaktion, ganz besonders aber auf die Integration aus [...].«[438]

Die bisherige praxis- sowie die wissenschaftsorientierte Literatur weist generell darauf hin, dass Unternehmensakquisitionen und deren Planung in die strategischen Überlegungen des Gesamtunternehmens eingebunden sein sollten.[439] Hierauf wird an dieser Stelle explizit hingewiesen, da die Empirie zeigt, dass in mittelständischen Familienunternehmen oft die Entscheidung zur Durchführung einer Unternehmenstransaktion nicht in ausreichendem Maße aus gesamtunternehmensstrategischen Überlegungen abgeleitet wird,[440] sondern dass so weitrechende Entscheidungen nicht selten aufgrund einer sich kurzfristig

---

437 Lucks 2013a, S. 29.
438 Meynerts-Stiller und Rohloff 2015, S. 41. Ähnlich sind auch Haspeslagh und Jemison 1992, S. 282, zu verstehen, wenn sie schreiben: »Jedoch sind wir der Meinung, dass eigentlich zu viele Firmen nicht genügend über die Merkmale, Art und Qualität der *Unternehmens*strategie nachdenken.«
439 Vgl. Wirtz 2017, S. 136ff.
440 Vgl. hierzu die Umfrage von Becker, Ulrich und Botzkowski 2016, S. 83, die belegt, dass in der Stichprobe nur bei 59 Prozent der befragten mittelständischen Unternehmen eine systematische Einbettung der M&A-Aktivitäten in die Gesamtunternehmensstrategie stattfindet. Auch in der Untersuchung von Reker und Götzen 2012, S. 16, gaben nur 52 Prozent der befragten mittelständischen Unternehmen an, dass M&A-Aktivitäten systematisch in unternehmensstrategische Überlegungen eingebunden sind. Zu einem ähnlichen Ergebnisse kamen ebenfalls Ecker und Heckemüller 2005, die schreiben: »Acht der befragten Unternehmen gaben an, dass der strategische Fit im Vordergrund steht, während ebenso viele Unternehmen sich durch Opportunitäten ohne klare Strategie leiten lassen.« Auch Sachs 2008, S. 133, der fast ausschließlich sehr große Familienunternehmen befragt hat, differenziert in seiner Auswertung regelmäßig zwischen Unternehmen mit (68 Prozent der befragten Unternehmen) und ohne M&A-Strategie.

ergebenden Opportunität getroffen werden.[441] Da Unternehmensakquisitionen i. d. R. als risikoreicher einzuschätzen sind als die Realisierung interner Wachstumsoptionen, sollten grundsätzlich gewichtige strategische Überlegungen die geplanten Unternehmenszukäufe notwendig erscheinen lassen, um dieses erhöhte Risiko zu rechtfertigen.[442]

Zur Eruierung denkbarer Akquisitionsbedarfe im Rahmen eines regelmäßigen Strategieprozesses[443] kann beispielsweise die strategische Bilanz (siehe Darstellung 9) genutzt werden.[444] Dabei werden auf der Aktivseite die positiven, auf der Passivseite entsprechend die negativen Effekte der einzelnen Faktoren in Relation zum Wettbewerb abgetragen. Die Passivseite zeigt so die strategischen Engpässe auf, die u. U. durch eine Akquisition geschlossen werden können. Darauf aufbauend kann eine Akquisitionsstrategie formuliert werden, in welcher die wesentlichen Motive und die mit einer Akquisition zu erreichenden Zielsetzungen formuliert werden. Dabei ist es wichtig, dass sich die Verantwortlichen der iterativen Einflussfaktoren zwischen Akquisitions- und Gesamtunternehmensstrategieüberlegungen bewusst sind.[445] Die explizite Auseinandersetzung mit Zukunftsfragen ist in personenorientiert geführten, mittelständischen Familienunternehmen vielfach nicht besonders ausgeprägt, weshalb auch eine aus gesamtunternehmensstrategischen Überlegungen abgeleitete, explizite Akquisitionsstrategie bei diesem Unternehmenstypus häufig nicht vorhanden ist.

Die explizite Formulierung einer Akquisitionsstrategie unterstützt dabei, wesentliche Einflussfaktoren zu berücksichtigen und eine erste Vorstellung

---

441 Beispielhaft sei hier auf ein Zitat von Salvato, Lassini und Wiklund 2007, S. 295, verwiesen, die insgesamt 18 mittelständische Familienunternehmen untersucht haben: »In every one of our cases, identifying, potential targets is always the result of spontaneous, rather than planned, processess. The firms identify specific opportunities thanks to different inputs.« Oder auch Benner 2009, S. 160: »In der empirischen Untersuchung wurde deutlich, dass in einem Großteil der Familienunternehmen die Haltung vorzufinden ist, dass Akquisitionen primär aus Gelegenheiten entstehen und man sich darauf nicht vorbereiten kann.«

442 Vgl. Lucks 2013b, S. 17, der darauf hinweist, dass v. a. akquisitionsunerfahrene Unternehmen, Unternehmensübernahmen als ›Second-best‹-Lösung ansehen sollten, die nur zu wählen ist, wenn sich die strategischen Ziele durch organisches Wachstum nicht erreichen lassen. Vgl. zu möglichen Entscheidungskriterien für externes Unternehmenswachstums die Ausführungen im Kapitel 3.4.2. bei Jansen 2016 und die dort angegebene Literatur oder ausführlicher und mit Bezug zu familienunternehmensspezifischen Besonderheiten Benner 2009, S. 118–153.

443 Vgl. grundlegend zu Strategieprozessen z. B. Nagel und Wimmer 2014 oder mit einem konkreten Bezug zu Akquisitionsprozessen in Familienunternehmen die Ausführungen bei Benner 2009, S. 118–153. Etwas kompakter mit explizitem Bezug zu Akquisitionsprozessen in mittelständischen Unternehmen finden sich entsprechende Überlegungen in Kapitel 5.1. bei Furtner 2006, S. 70–76.

444 Das von Jansen 2016, S. 298, entwickelte Modell wurde von Benner für Familienunternehmen weiterentwickelt, so dass nicht nur Unternehmensziele, sondern auch die Ziele der Eigner Berücksichtigung finden. Vgl. Benner 2009, S. 157.

445 Vgl. hierzu auch Haspeslagh und Jemison 1992, S. 282.

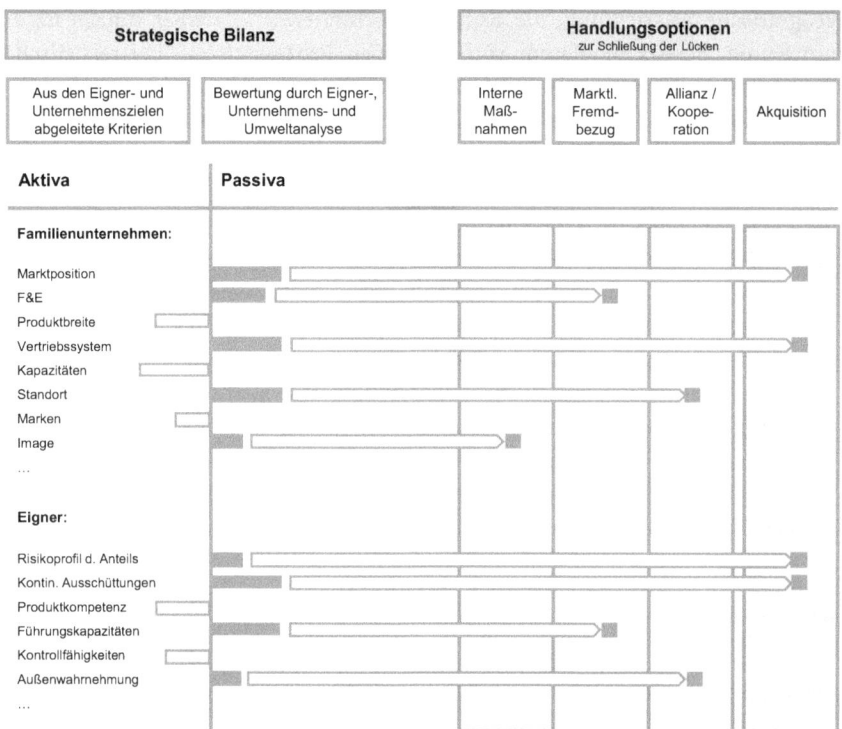

Darstellung 9: Beispielhafte strategische Bilanz eines Familienunternehmens zur Bestimmung der Akquisitionspotenziale (in Anlehnung an Benner (2009), S. 157)

von den notwendigerweise durchzuführenden Aufgaben und deren Umfängen zu entwickeln.[446] Zusätzlich dienen die dort dokumentierten Festlegungen als Grundlage zur Beurteilung konkreter, sich zufällig ergebender oder systematisch erschlossener Akquisitionsopportunitäten. Die Akquisitionsstrategie beinhaltet dafür neben den grundsätzlichen strategischen Zielsetzungen, welche durch die Forcierung externen Unternehmenswachstums erreicht werden sollen, auch konkrete Überlegungen zu dem optimalen Profil eines potenziellen Übernahmekandidaten, z. B. mit Bezug auf die vorhandenen Wertschöpfungsprozesse, die

---

446 Bereits 1983 hat Möller 1983, S. 126 ff., in seiner Dissertation Hinweise dafür gefunden, dass Akquisitionen, denen eine ausführliche und schriftlich dokumentierte Planung vorausging, erfolgreicher waren als Akquisitionen ohne Planung. Weiterhin hält er fest (siehe S. 127), dass »[E]ine schriftliche Formulierung der Strategie und der Planung ein Indikator für eine intensivere Beschäftigung mit dem Planungsproblem ist [...]. Sie erscheint notwendig, da die Personen in den Unternehmen lediglich austauschbare Rollenträger sind.« Außerdem stellt er schon damals fest, dass »[...], ›bessere Planung‹ der bedeutendste Lerneffekt bei den Zusammenschlüssen ist.«

geografische Ausrichtung, die Kundenstruktur usw.[447] Darüber hinaus ist es notwendig, bereits in diesem vorbereitenden Prozessschritt eine realistische Einschätzung darüber zu entwickeln, ob die Komplexität des in der Akquisitionsstrategie beschriebenen, angestrebten anorganischen Wachstums mit den vorhandenen Ressourcen erfolgreich realisiert werden kann.[448] Furtner weist in diesem Zusammenhang z. B. darauf hin, dass »mittelständische Unternehmen die Frage nach ausreichend Kapazitäten in der Regel ohne große Analyse mit einem klaren Nein beantworten können.«[449] Neben der Frage nach ausreichenden personellen Kapazitäten stellt sich in vielen mittelständischen Familienunternehmen auch die Frage nach der notwendigen Fach- und Beurteilungskompetenz, da gewisse Leistungen nicht problemlos von externen Dienstleistern eingekauft werden können.[450] Die bisherige Literatur lässt den Schluss zu, dass dieser für den Transaktionserfolg wichtigen Phase in mittelständischen Familienunternehmen regelmäßig nicht genügend Aufmerksamkeit geschenkt wird und die zur sinnvollen Bearbeitung einzelner Prozessschritte/Arbeitspakete[451] notwendigen Ressourcen nicht in ausreichendem Maße zur Verfügung stehen.

---

447 Vgl. hierzu mit Bezug zu den konkreten Besonderheiten von Familienunternehmen das Kapitel 5.3.1. bei Benner 2009, S. 159–176.

448 Vgl. hierzu Furtner 2006, S. 76 ff., die in diesem Kontext vom »potenziellen Handlungsspielraum für externes Wachstum« spricht. Auch Benner 2009, S. 173, weist darauf hin, dass »[e]ine Realisierung [der Akquisitionsstrategie; Anm. d. Verf.] nur möglich ist, wenn die dafür notwendigen Ressourcen und Fähigkeiten seitens des Unternehmens und der Eigner vorhanden sind.«

449 Furtner 2006, S. 79.

450 So schreibt Benner 2009, S. 184: »Zu beachten ist jedoch, dass die Informations- und Anbahnungskosten dieser Leistungen sehr hoch sind und nicht alle notwendigen Leistungen hinzugekauft werden können. Auch die mitunter sehr speziellen Anforderungen und Kenntnisse, die das Familienunternehmen hinsichtlich der Akquisitionsstrategie formuliert hat, können kaum durch Externe abgedeckt werden. Vor diesem Hintergrund ist der Aufbau einer eigenen, im Familienunternehmen verankerten Akquisitionskompetenz zu prüfen.« Ähnlich, allerdings ohne direkten Bezug zu Familienunternehmen, klingt dies auch bei Meynerts-Stiller und Rohloff 2015, S. 42: »Schwieriger stellt sich die Situation bei Unternehmen dar, die für beide Schritte, die Pre-Merger-Strategieentwicklung und das Target-Screening, externe Beraterunterstützung benötigen. Die Grenzen zwischen Dienstleistern, die nur Daten generieren, und Beratern, die mit einer dezidierten Empfehlung einen erheblichen Einfluss auf die Entscheidung selbst ausüben, sind fließend. Dieser externe Ratschlag kann die Fähigkeit des eigenen Managements, die Konsequenzen ihrer Entscheidungen realistisch einzuschätzen, schwächen und kann über den Verlauf des Mergers hinweg zur Diffusion zwischen internen und externen Verantwortlichkeiten führen. Um kraftvoll den Herausforderungen einer Integration und der damit verbundenen Veränderungen und Belastungen begegnen zu können, ist es unerlässlich für die Organisation klar und sichtbar machen zu können, wer an welcher Stelle belastbar Verantwortung übernimmt und auch in kritischen Situationen dafür einsteht.«

451 Eine Beschreibung einzelner Prozessschritte findet sich bei Lucks und Meckl 2015, S. 111–138.

3.2.2. Transaktionsphase

3.2.2.1. Screening und Kontaktaufnahme

Nachdem einige auch für die spätere Zusammenführung der operativen Leistungsprozesse der zukünftig zusammenwachsenden Unternehmen relevante Festlegungen im Rahmen der angesprochenen strategischen Überlegungen getroffen worden sind, beginnt die Transaktionsphase i. d. R. mit dem Screening des Marktes nach potenziellen Übernahmekandidaten.[452] Interessant ist in diesem Zusammenhang die Beobachtung von Benner, der mit Bezug zu Familienunternehmen schreibt,

> »dass die Literatur diese Phase als sekundär und unproblematisch beschreibt. Die eigene Erhebung ergab hingegen zahlreiche Herausforderungen, die von der mangelnden Verkaufsbereitschaft des Zielunternehmens bis hin zu dem schwierigen Kontaktaufbau mit der Eignerstruktur des Unternehmens reichen.«[453]

Üblicherweise wird, aufbauend auf der dokumentierten Akquisitionsstrategie, eine Long List mit ca. 15 potenziellen Zielunternehmen erstellt, welche eine Passung mit den in der Akquisitionsstrategie definierten Kriterien aufweisen.[454] Die in dieser Liste befindlichen Unternehmen werden anschließend intensiver analysiert,[455] um daraus eine Short list (ca. ein bis drei Unternehmen) abzuleiten, zu denen eine Kontaktaufnahme forciert wird. Daraufhin erfolgt die individuelle

---

452 Das beschriebene Vorgehen bezieht sich auf einen nachfrageorientierten Zugang zu potenziellen Übernahmekandidaten. Während der Markt für die Übernahme kapitalmarktorientierter Unternehmen meist aktiv durch Investmentbanken getrieben wird, sind es im Bereich der mittelständischen Unternehmen entweder persönliche Kontakte der Eigentümer/Geschäftsführer oder spezialisierte M&A-Vermittler, die den Zugang zu potenziellen Übernahmeopportunitäten ohne eigene Suchanstrengungen ermöglichen. Jansen 2016, S. 306, spricht in diesen Fällen von einem angebotsorientierten Zugang. Auch zur zielführenden Beurteilung angebotsorientierter Akquisitionsopportunitäten erscheint die Erstellung einer dokumentierten Akquisitionsstrategie hilfreich. Eine trennscharfe und einheitliche Abgrenzung der Aufgaben zu den verschiedenen Phasen existiert dabei nicht. Ebd., S. 306 ff., und Meynerts-Stiller und Rohloff 2015, S. 40 ff., rechnen die Identifizierung und die Ansprache des potenziellen Zielobjekts beispielsweise der Transaktionsphase zu, während Lucks und Meckl 2015, S. 121 ff., dies noch als Teil der Strategiephase beschreiben.
453 Benner 2009, S. 185.
454 Eine solche Liste kann entweder durch interne Fachleute, welche die Informationen aus unterschiedlichen Quellen zusammentragen (v. a. spezialisierte Datenbanken, aber auch das im Unternehmen über Marktbegleiter vorhandene Wissen) oder mit Hilfe externer Dienstleister wie Makler oder M&A-Boutiquen erstellt werden. Wie auch Meynerts-Stiller und Rohloff 2015, S. 42, erörtern, sollte die Auswahl der externen Berater mit großer Sorgfalt erfolgen.
455 Der Sammlung von nicht öffentlichen Informationen kommt hierbei eine große Bedeutung zu. Zur Gewinnung ebendieser sollten sämtliche im Unternehmen vorhandenen Ressourcen, wie z. B. persönliche Kontakte von Schlüsselmitarbeitern, sowie u. U. externe Branchenexperten genutzt werden.

Kontaktaufnahme in der für den Einzelfall zielführendsten Art und Weise.[456] In der Praxis ist beobachtbar, dass mittelständische Familienunternehmen von potenziellen Akquisitionsopportunitäten häufig durch das jahrzehntelang gepflegte (Branchen-)Netzwerk der Mitglieder der Inhaberfamilie erfahren.[457]

Im Rahmen der Transaktionsanbahnung werden dann üblicherweise verschiedene Dokumente erstellt, welche die Vertraulichkeit der ausgetauschten Informationen sicherstellen sollen (Non Disclosure Agreement) und dem Verkäufer ein Bild über die Einschätzungen und Intentionen der potenziellen Kaufinteressenten vermitteln soll (Letter of Intent/Memorandum of Understanding).[458] Die weiteren, auch für die Integration wesentlichen Aspekte in der Transaktionsphase sind:

– Die Erhebung von Informationen über die Zielgesellschaft, um die strategische Passung und ihre Potenziale zu validieren sowie den Integrationsaufwand abschätzen zu können.
– Die Fixierung eines Kaufpreises und entsprechender Vertragsgestaltungen, welche den Interessen von Käufer und Verkäufer gerecht werden.[459]

3.2.2.2. Informationssammlung/Due Diligence

Das Erheben von kaufpreis- und integrationskostenrelevanten Informationen über die Zielgesellschaft erfolgt mithilfe diverser Due Diligence[460], die insgesamt eine realistische Beurteilung des aktuellen und zukünftigen Leistungspotenzials sowie der entsprechenden Risiken zur Zielsetzung haben. Jansen beschreibt die Funktionen der Due Diligence als (1) Beschaffung und Bewertung relevanter Informationen über das Kaufobjekt und damit über die Unternehmensbewertung, (2) Einschätzung der erforderlichen Garantien und Gewährleistungen aus den identifizierten Risikopositionen und (3) Dokumentation für spätere Beweiszwecke über die Informationstransparenz zum Zeitpunkt des Kaufes.[461] In welchem Umfang Due-Diligence-Anstrengungen von dem potenziellen Käufer

---

456 Beispielsweise eine direkte Ansprache auf Ebene der Eigentümer, eine indirekte Ansprache auf Geschäftsführerebene oder eine mittelbare Ansprache durch eine dritte Partei, wie z. B. M&A-Berater o. ä. Vgl. zu den unterschiedlichen Ansprachemöglichkeiten auch Jansen 2016, S. 309. Familienunternehmensspezifische Besonderheiten diskutiert Benner 2009 auf S. 188 f.
457 Vgl. hierzu Benner 2009, S. 188.
458 Vgl. ausführlich Jansen 2016, S. 310 ff.
459 Vgl. Meynerts-Stiller und Rohloff 2015, S. 43.
460 Die Due Diligence bezeichnet die »gebotene Sorgfalt«, mit der beim Kauf oder Verkauf eines Unternehmens geprüft wird. Vgl. hierzu ausführlicher z. B. Höhne 2013, S. 5.
461 Jansen 2016, S. 315.

vorgenommen bzw. beauftragt werden, unterscheidet sich z.T. deutlich.[462] Bei einer geschlossenen Frage an 34 akquisitionserfahrene mittelständische Unternehmen ergab sich in Bezug auf die Durchführung von Due Diligence folgendes Bild (siehe Darstellung 10).

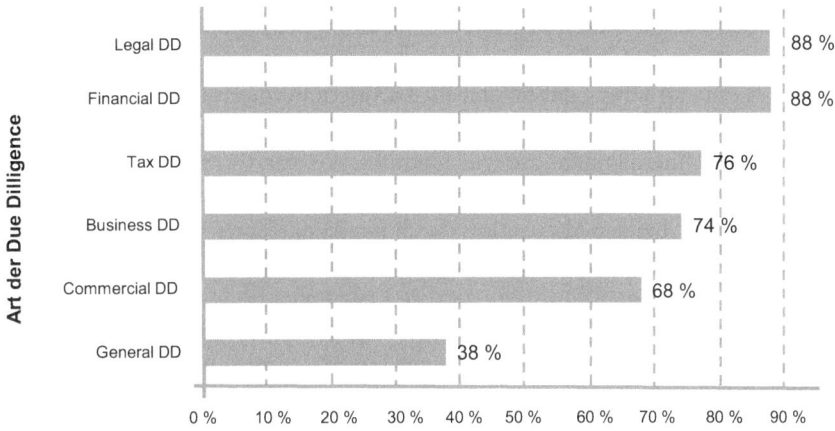

Nennung [N=34] (Mehrfachnennung möglich)

Darstellung 10: Art der durchgeführten Due Diligence in mittelständischen Käuferunternehmen (Quelle: (Becker, Ulrich und Botzkowski 2016), S. 110)

Die genaue Abgrenzung der einzelnen Due Diligence ist teilweise schwierig, da einzelne Teilbereiche Überschneidungen aufweisen und sich z.T. gegenseitig beeinflussen, weshalb eine optimale Koordination der entsprechenden Prüfungen zur Erlangung eines schlüssigen Gesamtbildes des potenziellen Zielobjekts unerlässlich ist. Die Erfahrung zeigt, dass Financial Due Diligence (FDD), Legal Due Diligence (LDD) und Tax Due Diligence (TDD) vielfach als separate Projekte bei unterschiedlichen, spezialisierten Dienstleistern beauftragt werden.[463] Ein durchaus kontrovers diskutierter Ansatz ist die Durchführung einer sogenannten Cultural Due Diligence.[464] Der grundlegende Gedanke, auch »weiche« Fak-

---

462 Wie bereits in Kapitel 1.4.3 ausgeführt, ist die Durchführungsquote von Due Diligence im Zeitverlauf der angesprochenen Studien durchgehend angestiegen, so dass man die These aufstellen kann, dass in zeitlicher Hinsicht ein kontinuierlicher Bedeutungszuwachs bei der Durchführung von Due Diligence bei mittelständischen Käuferunternehmen stattgefunden hat.

463 Vgl. Höhne 2013, S. 17.

464 Strähle 2004 schlägt folgende Definition vor: »Eine Cultural Due Diligence ist (a) ein prozessinduziertes (b) holistisches Vorgehen, bei dem (c) die Unternehmenskultur(en) eines oder mehrerer Unternehmen im Rahmen eines M&A mit dem Ziel untersucht werden, (d) wechselseitige kulturelle Auswirkungen abzuschätzen und somit (e) kurz- und lang-

toren bei der Beurteilung eines möglichen Akquisitionsobjekts mit einfließen zu lassen, erscheint dabei nachvollziehbar und angebracht,[465] da im Post-Merger-Integrationsprozess Menschen und Systeme zusammenfinden sollen, die in den überwiegenden Fällen nicht »die gleiche Sprache« sprechen, weil sie in unterschiedlichen Unternehmenskulturen sozialisiert worden sind.[466] Allerdings erscheint es durchaus fragwürdig, Kultur quantitativ messbar machen zu wollen, um aufbauend auf diesen Ergebnissen handlungsleitende Gestaltungsempfehlungen zu formulieren.[467]

Die Herausforderung des potenziellen Käuferunternehmens liegt im Rahmen der Due Diligence darin, eine dem Projekt angemessene Herangehensweise zur Analyse des Unternehmens und zur Identifikation von Chancen und Risiken zu entwickeln, bei dem Kosten und Nutzen in einem sinnvollen Verhältnis zueinanderstehen.[468] Bei der Akquisition durch familiengeführte Unternehmen ergeben sich spezifische Herausforderungen teilweise dadurch, dass einige Familienunternehmen eine Akquisition zwar in Erwägung ziehen, bis zum Abschluss des Kaufvertrags ihre Kaufabsichten allerdings nicht öffentlich darlegen möchten. Dies macht persönliche Besichtigungen und Gespräche mit Mitarbeitern des Zielobjekts durch die verantwortlichen Entscheidungsträger fast unmöglich.[469] Spezifika bei der Beurteilung der Attraktivität eines familiengeführten Unternehmens ergeben sich z. B. auch durch die in Kapitel 2 angesprochene starke Abhängigkeit der Gesamtorganisation von einzelnen Personen. Bei der Due Diligence gilt es deshalb die historisch gewachsenen Organisations- und Entscheidungsstruktur und die enge persönliche Bindung von Familienmitgliedern zu wichtigen Stakeholdern kritisch zu beleuchten und auf mögliche Risiken zu bewerten.[470]

---

fristig orientierte kulturelle Maßnahmen zur erfolgreichen Gestaltung der Transaktion zu entwickeln.«

465 Vgl. zu den »weichen« Faktoren im Post-Merger-Prozess z. B. die Dissertation von Palm 2012, der fünf Grundpfeiler herausgearbeitet hat, die für eine erfolgreiche Post-Merger-Integration von Unternehmenskulturen relevant sind. Hierzu zählen das Kulturverständnis, eine klare Zielvorstellung und Umsetzungswillen im Top-Management, interkulturelles Training und Schulungsmaßnahmen, interkulturelle Integrationsteams und Mediatoren sowie ein ganzheitliches interkulturelles Kommunikationskonzept.

466 Meynerts-Stiller und Rohloff 2015, S. 158.

467 So z. B. vorgeschlagen in dem bekannten Buch von Cartwright und Cooper 1996. Jansen 2003, S. 331, formuliert hingegen in seiner 12. These: »*Projekte statt Projektionen! Dethematisierung der Kultur als einzig adäquate Kulturintervention.*«

468 Vgl. Höhne 2013, S. 18. Die einzelnen Umsetzungsschritte und Inhalte der angesprochenen Due Diligence werden nachfolgend nicht detaillierter thematisiert und stattdessen auf die umfangreichen Ausführungen bei ebd. oder Berens, Brauner und Strauch 2011 verwiesen.

469 Vgl. Benner 2009, S. 195. In umgekehrter Art und Weise gilt dies auch für den Kauf von Familienunternehmen, deren Eigentümer ihre Verkaufsabsichten nicht öffentlich darlegen möchten.

470 Vgl. hierzu auch ebd., S. 195.

3.2.2.3. Unternehmensbewertung

Neben der Erhebung von Informationen über das Zielobjekt zur Beurteilung der strategischen Passung steht die Fixierung des Kaufpreises und der entsprechenden Kaufvertragskonditionen im Mittelpunkt der Transaktionsphase. Die im Rahmen der Due Diligence ermittelten Erkenntnisse fließen in die Unternehmensbewertung mit ein.[471] Dabei ist die Bewertung eines so komplexen Gebildes wie einer lebenden Organisation keine »genaue Wissenschaft, sondern stets eine von Mängeln und Fehlern geprägte Kunst«.[472] Peemöller differenziert grundsätzlich zwischen objektbezogenen Werttheorien (»das Unternehmen, wie es steht und liegt«), welche dogmengeschichtlich in den Wirtschaftswissenschaften eine bedeutende Rolle spielen[473] und auf die Substanz des Unternehmens abzielen, sowie subjektbezogenen Werttheorien, welche den Wert der Güter aus ihrem Gebrauchswert und damit unter Berücksichtigung der subjektiven Ziele, Möglichkeiten und Vorstellungen eines Subjekts ermitteln.[474] Dieser Dichotomie der entsprechenden Nachteile der objektiven Unternehmensbewertung (v. a. die Unmöglichkeit der Ermittlung eines objektiven Wertes, da sich dieser aus einer Subjekt-Objekt-Beziehung ergibt) sowie der subjektiven Unternehmensbewertung (v. a. die nicht nachvollziehbare Subjektivität) zu entkommen wird durch die Analyse der Funktion der Unternehmensbewertung versucht. Das von der Kölner Schule entwickelte konzeptionelle Leitbild der »funktionalen Werttheorie« zielt darauf ab, den Wert eines Bewertungsobjekts im Hinblick auf eine gegebene Zielsetzung unter Berücksichtigung des Entscheidungsfeldes des Bewertenden abzuleiten, d. h. die Gesamtheit seiner Handlungsmöglichkeiten, die ihm in einer bestimmten Situation zur Zielerreichung zur Verfügung stehen, im Sinne der subjektiven Werttheorie zu berücksichtigen. Es lassen sich dabei jedoch wissenschaftliche Urteile über den Wert abgeben, da sein Zustandekommen nachvollziehbar ist.[475] Die Hauptfunktionen der Unternehmensbewertung lassen sich demnach differenzieren in die Bera-

---

471 Berens und Strauch 2011, S. 16, weisen allerdings zurecht darauf hin, dass das »Abbildungsobjekt der Due Diligence das Unternehmen selbst, seine Struktur, die Fähigkeiten seiner Mitarbeiter sowie seine Marktchancen und -risiken und zunächst nicht eine Wahrscheinlichkeitsverteilung zukünftiger Entnahmeerwartungen« ist.
472 Schmidlin 2011, S. 277.
473 Sowohl der Produktionskostentheorie der Prägung von Adam Smith als auch der Arbeitswerttheorie von David Ricardo sowie dem Gedanken der »geronnenen Arbeitszeit« von Karl Marx liegt diese Grundfigur der objektbezogenen Wertermittlung zugrunde (vgl. hierzu auch Jansen 2016, S. 318). Bis in die 1960er Jahre haben objektive Werttheorien, die das Unternehmen losgelöst von Personen beurteilen und gegenwarts- bzw. vergangenheitsbezogene Verhältnisse stark betont haben, die Literatur eindeutig dominiert (vgl. Peemöller 2012b, S. 5).
474 Vgl. Peemöller 2012b, S. 6f.
475 Ebd., S. 7.

tungs- (bzw. Entscheidungs-), die Vermittlungs- und die Argumentationsfunktion.[476] Im Rahmen von Unternehmensübernahmen sind i. d. R. verschiedene Anspruchsgruppen mit unterschiedlichen Interessenslagen beteiligt,[477] welche zwangsläufig Interessensunterschiede aufweisen. Mit Bezug auf den Kaufpreis liegen die größten Interessensunterschiede offensichtlich zwischen dem Käufer und dem Verkäufer. Im ersten Schritt nimmt die Unternehmensbewertung sowohl für den Käufer als auch für den Verkäufer deshalb eine Entscheidungs- bzw. Beratungsfunktion wahr. Die Unternehmensbewertung dient dazu,

>»ein ganz bestimmtes Entscheidungssubjekt (Bewertungsinteressent, z.B. Käufer, Verkäufer) in einer ganz speziellen Entscheidungs- und Konfliktsituation (z.B. Erwerb, Veräußerung) Grundlagen für rationale Entscheidungen in dieser Situation und in Bezug auf dieses Vorhaben zu liefern. [...] Der für alle Hauptfunktionen als Basiswert zu betrachtende Entscheidungswert stellt somit die Grenze der Konzessionsbereitschaft einer Partei in einer spezifischen Konfliktsituation dar und sollte deshalb der anderen Seite nicht benannt werden.«[478]

Dabei sind aufgrund der angesprochenen Vielzahl an Perspektiven zur Bewertung eines Unternehmens grundsätzlich verschiedene Verfahren denkbar, die z.T. zu sehr unterschiedlichen Bewertungsergebnisse führen können.[479] Da die unterschiedlichen Bewertungsverfahren teilweise relativ komplex sind und auf vielen unterschiedlichen, zukunftsgerichteten Annahmen basieren, die nicht immer mit vertretbarem Aufwand seriös geschätzt werden können,[480] kommen bei der Bewertung von KMU oft Bewertungsverfahren zum Einsatz, die sich am Substanzwert oder am Marktwert orientieren und denen vielfach keine detaillierten Annahmen zu den künftigen Cash-Flows zugrunde liegen.[481] Wie schon

---

476 Nähere Erläuterungen hierzu finden sich beispielsweise bei ebd., S. 8ff., oder noch ausführlicher bei Matschke und Brösel 2007, S. 50ff.

477 Jansen 2016, S. 321, führt hier fünf Anspruchsgruppen auf: Verkäufer, Käufer, Eigenkapitalgeber, Fremdkapitalgeber und Berater.

478 Matschke und Brösel 2007, S. 51.

479 Umfangreiche Übersichten über die möglichen Bewertungsverfahren findet sich z.B. bei ebd., S. 178–301; S. 485–527; S. 638–704; in den diversen Einzelkapiteln bei Richter und Timmreck 2004 oder bei Peemöller 2012a. Eine gute grafische Übersicht über unterschiedliche Bewertungsverfahren findet sich beispielsweise bei Jansen 2016, S. 328.

480 Helbling 2012, S. 13, weist darauf hin, dass insbesondere bei der Unternehmensbewertung von KMU gilt: »Eine Unternehmensbewertung kann nur so gut sein wie die ihr zugrunde gelegten Annahmen.«

481 Ebd., S. 813, spricht diesbezüglich von »Praktikermethoden« die auch Mischformen aus den beiden genannten Verfahren beinhalten können. Keller und Hohmann 2004, S. 194, führen aus, dass »[o]bwohl gegen den Multiplikatorenansatz häufig »erhebliche Bedenken« angeführt werden, eine hohe Praxisrelevanz [...] insbesondere auch im Bereich der KMU gegeben [ist].« Auch aus der Untersuchung von Reker und Götzen 2012, S. 23, geht hervor, dass der Multiplikatorenansatz auf der Seite der mittelständischen Käufer die mit Abstand meistgenutzte Methode zur Ermittlung des Unternehmenswerts darstellt.

erläutert, gehen die subjektiven Werttheorien davon aus, dass sich der Unternehmenswert nicht unabhängig vom bewertenden Subjekt bemessen lässt. Aufbauend auf diesen Überlegungen hat Zellweger den »emotional value« ermittelt, den Eigentümer ihren mittelständischen Familienunternehmen zurechnen, indem er nach dem Wert gefragt hat, für welchen die Eigentümer an einen unabhängigen Investor verkaufen würden (»total value«) und davon den Wert abgezogen hat, welchen er mit einer auf der DCF-Methode basierten Unternehmensbewertung ermittelt hat. Zellweger kommt zu dem Schluss, dass der emotionale Wert, den Eigner ihrem Unternehmen beimessen, mit zunehmendem Unternehmensalter wächst, und dass persönlich unglückliche Inhaber durch höhere Kaufpreise dafür entschädigt werden wollen.[482] Benner folgert daraus, dass eine Bewertung von Familienunternehmen weitergehende, von »objektiven« Maßstäben abweichende Lösungen erfordern kann, welche den emotionalen Erwartungshaltungen der veräußernden Eigner Rechnung tragen.[483]

3.2.2.4. Integrationsplanung

»Acquisition integration is not a discrete phase of a deal and does not begin when the documents are signed. Rather, it is a process which begins with due diligence […].«[484]

Dieses Zitat von Ashkenas et al. verdeutlicht abermals, dass die drei Phasen eines Akquisitionsprojekts nicht in einer chronologischen Reihenfolge gedacht werden können. Offensichtlich sollten Überlegungen und Planungen für die operative Zusammenführung der beteiligten Organisationen bereits vor der Festlegung eines internen Preislimits erfolgen, da die im Rahmen der Zusammenführung anfallenden Integrationskosten in den Bewertungsüberlegungen berücksichtigt

---

482 Vgl. Zellweger 2006, S. 224. Vgl. dazu, wie »emotional returns (ER)« und »emotional costs (EC)« den aus Sicht des Eigentümers wahrgenommenen Unternehmenswert beeinflussen, auch das interessante Paper von Astrachan und Jaskiewicz 2008.

483 Vgl. Benner 2009, S. 196. Diese Feststellung deckt sich mit den Erkenntnissen von Salvato, Lassini und Wiklund 2007, S. 245, die einen erfahrenen Unternehmenskäufer mit den Worten zitieren: »We don't believe that who pays 1 Euro more is the winner in acquisitions. There is obviously a minimum amount beneath which you lose. But, once the expectation level of the seller has been met, what really counts is the soft side, except in the case of true auctions where the last dollar wins. The contract, the way of approaching the deal, the way it is structured. When we were doing our third acquisition, some competitors offered more, but they would have dismantled the organization this 70-year old man had created and wanted to preserve. I realize this may sound strange, but for this 70-year old man without heirs, 400 or 500 million dollars would have been the same because it's only a number written in a bank account. In the end, we won by offering 400 million dollars, coupled with the option of keeping his creation alive and remaining involved in the organization – in fact we kept him on board for three years with puts and calls. We always try to build something we feel might be more appealing to the seller.«

484 Ashkenas, DeMonaco und Francis 1998, S. 8.

werden müssen.[485] Unabhängig von der notwendigen Ermittlung bzw. Abschätzung der anfallenden Integrationskosten zur sinnvollen Bewertung des Zielobjekts aus der Sicht des Käufers sind es vor allem akquisitionserfahrene Organisationen, die versuchen, zukünftige Anforderungen zu antizipieren und anstehende Aufgaben, wie die Umsetzungsplanung oder die Vorbereitung von Kommunikationsmaßnahmen, möglichst frühzeitig zu bedenken.[486] Unternehmen mit geringer Erfahrung neigen dazu, der Komplexität und Vielschichtigkeit der Themen während der Transaktions- und Integrationsphase dadurch zu begegnen, dass sie noch nicht zwingend relevante Themen in die Zukunft verschieben.[487]

Während v. a. in Großkonzernen die einzelnen Phasen eines Akquisitionsprojekts häufig von unterschiedlichen Projektteams mit wechselnder personeller Zusammensetzung bearbeitet werden, wodurch trotz aller Dokumentationsbemühungen zwangsläufig viele Informationen verlorengehen[488], ist bei mittelständischen Familienunternehmen eine hohe personelle Konstanz bei den Verantwortlichen über alle Phasen des Akquisitionsprojekts hinweg zu beobachten.[489] Die personelle Konstanz erleichtert Abstimmungsprozesse, da die Beteiligten von Beginn des Projekts an dabei sind und eine ähnliche Informationsbasis besitzen. Zugleich verdeutlicht sie aber auch das Problem der personellen Überlastung bzw. der vielfach ungenügenden personellen Ressourcen in mittelständischen Familienunternehmen zur sorgfältigen Vorbereitung und Durchführung entsprechender Integrationsprojekte.[490]

---

485 Vgl. zur Verdeutlichung auch die einprägsame Grafik bei Jansen 2016, S. 324.

486 Vgl. KPMG 2006 (zit. bei Benner 2009, S. 198).

487 Meynerts-Stiller und Rohloff 2015, S. 49.

488 Ebd., S. 50, schreiben hierzu sehr einprägsam: »Grundsätzlich stellt ein Wechsel der handelnden Personen im Rahmen eines Projekts immer ein Risiko dar, umso mehr an dem neuralgischen Punkt des Phasenüberganges nach der Transaktion in einem für das Unternehmen so wesentlichen Projekt wie einer Merger-Integration. Kein Projektverantwortlicher käme für sein Organisationsprojekt jemals auf die Idee, an der entscheidenden Stelle das gesamte Team zu wechseln. Doch genau das passiert in Mergern beim Phasenübergang von der Transaktion zur Integration.«

489 So haben Müller-Stewens und Schreiber 1993 bereits 1993 herausgearbeitet, dass mittelständische Käufer vielfach den Experten-Ansatz zur organisatorischen Anbindung des Akquisitionsprozesses im Käuferunternehmen wählen, der eine starke Verantwortungsübernahme durch die Geschäftsleitung in allen Prozessschritten umfasst. Dieses Ergebnis wird auch von Jansen 2003, S. 227, bestätigt. Aktuellere Untersuchungen belegen ebenfalls, dass es nur in den wenigsten mittelständischen Unternehmen eine eigene M&A-Abteilung gibt und die meisten Akquisitionsprojekte durch temporäre, aber möglichst gleichbleibende Projektteams abgewickelt werden. Vgl. hierzu Reker und Götzen 2012, S. 19 f., oder Müller 2011. Ähnlich beschreiben auch Salvato, Lassini und Wiklund 2007, S. 296, ihre Ergebnisse: »The company head always plays a central role in these processes. During the very first acquisition experiences, if it is not the head of the company managing the acquisition, it is usually an executive that the CEO trusts who follows the acquisition almost entirely.«

490 Vgl. hierzu Furtner 2006, S. 79.

Inhaltlich sind im Rahmen der Integrationsplanung die notwendigen Maßnahmen, aufbauend auf den Informationen der Due Diligence sowie sämtlicher
anderen Informationsquellen, soweit möglich zu konkretisieren und mit entsprechenden Aufwandsschätzungen zu hinterlegen. Hierzu zählen grundsätzlich
alle Maßnahmen im Rahmen der Integrationsanstrengungen, die im Weiteren
ausführlicher erläutert werden. Die in diesem Schritt vorzunehmenden Überlegungen sind u. a. hoch relevant, um auf Seiten des Käuferunternehmens eine
fundierte Akquisitionsbegründung und einen durchdachten Business Case formulieren zu können.[491] Haspeslagh und Jemison haben bei ihren ausführlichen
Untersuchungen in verschiedenen Konzernunternehmen festgestellt, dass der
Detaillierungsgrad und die Qualität der schriftlich fixierten Akquisitionsbe-
gründungen sehr unterschiedlich, diese aber für den Akquisitionsentschei-
dungsprozess und damit auch für den Akquisitionserfolg als Ganzes von großer
Bedeutung sind.[492] Auch wenn dem Autor keine diesbezügliche empirische Untersuchung bekannt ist, ist davon auszugehen, dass mittelständische Familienunternehmen den umfangreichen und arbeitsintensiven Prozess einer systematischen Akquisitionsbegründung in vielen Fällen nicht mit der notwendigen
Gewissenhaftigkeit bearbeiten (können). Aus ihren umfangreichen Untersuchungen haben Haspeslagh und Jemison sechs Kriterien aufgestellt, anhand
derer die Stichhaltigkeit einer Akquisitionsbegründung beurteilt werden kann.
Hierzu zählen:
- die Qualität der strategischen Bewertung
- eine breite Übereinstimmung der strategischen Akquisitionsüberlegungen an
  unterschiedlichen Stellen innerhalb der Organisation
- die Genauigkeit der Darstellung bzw. die Spezifizierung der Vorteils- und
  Problemquellen
- die Berücksichtigung organisatorischer Faktoren
- ausreichend umfangreiche/detaillierte Überlegungen zum Timing der Umsetzung (nicht nur das Ziel, sondern auch der konkrete Weg dahin muss
  systematisch durchdacht werden)
- ein dementsprechend begründetes Preislimit.[493]

Erst aufbauend auf einer intensiven Auseinandersetzung mit dem potenziellen
Akquisitionsobjekt und den sich daran anschließenden Integrationsaufgaben ist
eine fundierte Entscheidung darüber möglich, ob und zu welchen Konditionen
eine Übernahmeoption strategisch sinnvoll ist.

---

491 Vgl. hierzu Lucks und Meckl 2015, S. 129 ff.
492 Vgl. Haspeslagh und Jemison 1992, S. 99 ff.
493 Vgl. Ebd., S. 63 ff.

3.2.2.5. Verhandlung, Entscheidungsfindung und Vertragsschluss

Auch bei der internen Entscheidungsfindung, den Verhandlungen und den vertraglichen Zusicherungen beim Kauf von und durch mittelständischen Familienunternehmen lassen sich spezifische Besonderheiten beobachten. Neben der Eigendynamik eines solchen Deals, welche in mittelständischen Familienunternehmen nicht bzw. nur sehr gering ausgeprägt beobachtet werden kann,[494] sind auch die anderen, durch Haspeslagh und Jemison benannten Probleme bei Akquisitionsentscheidungen, wie fragmentierte Sichtweisen einzelner Spezialisten, unklare Erwartungen und vielfältige Motive[495], bei mittelständischen Familienunternehmen i. d. R. nicht zu beobachten. Allerdings kann eine fragmentierte Eigentümerstruktur mit wenig institutionalisierten Entscheidungsmechanismen zu Schwierigkeiten bei der Entscheidungsfindung im Gesellschafterkreis führen.[496] Die Frage, wer in welcher Weise am Willensbildungsprozess bei Akquisitionsentscheidungen mittelständischer Familienunternehmen beteiligt sein sollte, lässt sich pauschal nicht beantworten. Die Empirie zeigt, wenig überraschend, dass Vorstände/Geschäftsführer, gefolgt von Eigentümern, in fast allen mittelständischen Unternehmen einen maßgeblichen Einfluss auf die dementsprechende Entscheidungsfindung haben.[497] Mit Bezug auf große Familienunternehmen hat Sachs heraus-

---

494 In vielen Publikationen zum Thema M&A ist zu lesen, dass Merger-Prozesse vielfach eine gewisse Eigendynamik entwickeln und die Verantwortlichen ab einem Zeitpunkt im »Jagdfieber« nur noch auf den Abschluss der Transaktion hinarbeiten, obwohl Informationen aus der Due Diligence das Erreichen der strategischen Ziele als unwahrscheinlich erscheinen lassen. Vgl. hierzu z. B. Meynerts-Stiller und Rohloff 2015, S. 40; Lucks und Meckl 2015, S. 133; Haspeslagh und Jemison 1992, S. 79 ff. In mittelständischen Familienunternehmen scheint aufgrund der engen persönlichen Bindung der handelnden Personen an das Wohl des Unternehmens (Familie und Unternehmen sind strukturell gekoppelt) diese Problematik nicht in gleichem Ausmaß zu existieren. Die Untersuchung von Reker und Götzen 2012, S. 12, führt beispielsweise aus, dass 87 Prozent der Befragten Erfahrungen mit dem Abbruch von Transaktionsprojekten haben. Reker und Götzen folgern daraus, »dass sich der Mittelstand im Bereich des Abbruchs von Transaktionen anders verhält als Großunternehmen«. Auch Benner 2009, S. 197, hat in seiner empirischen Erhebung ermittelt, dass eine starke Eigendynamik bei durch Familienunternehmen durchgeführten Akquisitionsprojekten i. d. R. kein Problem darstellt, da den Eignern die Funktion des »Entschleunigers« im Entscheidungsprozess zugesprochen wird. Obwohl zahlreiche Akteure wie Berater, Anwälte und Banker regelmäßig auf einen Abschluss drängen, behalten sich die Eigentümer, auch gegen Widerstände, ausreichend Zeit für die Entscheidungsfindung vor.
495 Siehe hierzu die Ausführungen bei Haspeslagh und Jemison 1992, S. 75 ff.
496 Vgl. Benner 2009, S. 197. Diese Problemstellung spiegelt allerdings eigentlich grundsätzliche Probleme in der Governancestruktur wider und kann dementsprechend nur bedingt als eine ausschließlich akquisitionsprozessspezifische Herausforderungen bezeichnet werden.
497 Vgl. hierzu die Ausführungen bei Reker und Götzen 2012, S. 14 f. Dort wird weiterhin darauf hingewiesen, dass »Eigentümer/Unternehmer für M&A im Mittelstand die tragende Personengruppe [sind]. Anders als in der Theorie häufig postuliert, handeln diese Personen meist deutlich risikoaverser als Manager.«

gearbeitet, dass der Einfluss der Familie in den unterschiedlichen Phasen des Akquisitionsprozesses variiert (in der Vorbereitungsphase nehmen 66 Prozent der Familien eine aktive Rolle ein, während in der Integrationsphase nur noch 31 Prozent der Befragten die Rolle der Familie als aktiv einschätzen).[498] Die unterschiedliche Intensität, mit der die Eigentümerfamilie in den Prozess eingebunden ist, erscheint sinnvoll, wenn man bedenkt, dass verkaufende Unternehmer ihrem Unternehmen i. d. R. einen emotionalen Wert zuschreiben und somit andere als ausschließlich monetäre Faktoren ausschlaggebend für die Verkaufsentscheidung sind.[499] Durch die bewusste Einbeziehung der Unternehmerfamilie in den Ansprache- und Verhandlungsprozess kann versucht werden, eine persönliche Vertrauensbeziehung zum Verkäufer aufzubauen, die Familienunternehmen im wettbewerbsintensiven M&A-Markt ein deutliches Differenzierungsmerkmal gegenüber ausschließlich renditeorientierten Finanzinvestoren verschaffen kann.[500] Ein Vertrauensverhältnis zwischen Familienunternehmern und das gegenseitige Verständnis füreinander können dabei in vielfältiger Weise den Akquisitionsprozess befördern.[501]

Für den Verkäufer ist der Verkauf seines Familienunternehmens i. d. R. schwierig, da das Unternehmen, welches eine zentrale Stellung im Familienbewusstsein einnimmt, für ihn einen sinnstiftenden Charakter hat.[502] Da das Unternehmen für viele Unternehmer einen omnipräsenten Platz in ihrem Leben eingenommen hat, ist es nachvollziehbar, dass sich fast alle Familienunternehmer auch nach dem Verkauf für die weitere Entwicklung des Unternehmens interessieren.[503] Aber nicht nur die vertrauensvolle Zusicherung von Mitarbei-

---

498 Sachs 2008, S. 185.
499 Hierauf ist beispielsweise zurückzuführen, dass Regelungen über Standortzusicherungen, Arbeitsplatzgarantien für Mitarbeiter oder die Weiterführung des Namens regelmäßig in Verhandlungen thematisiert werden. Vgl. z.B. Pätzold 2013, S. 526.
500 Sachs 2008, S. 185, schreibt hierzu: »Insbesondere zur Schaffung der Vertrauensbasis kann die Familie mehr leisten als die Fremdmanager [...]« Ausführlichere Ausführungen zu den Differenzierungsvorteilen von Familienunternehmen im M&A-Markt finden sich bei Benner 2009, S. 233–267.
501 So schreiben Salvato, Lassini und Wiklund 2007, S. 291: »Understanding the mechanisms that drives a family to sell a company branch or an entire business, as well as the mechanisms that influence behavior in the negotiation phase, were perceived by the acquiring companies as central to determining the success.«
502 Vgl. hierzu und zu den Gründen, die einen Verkauf von Familienunternehmen auch kurz vor der Vertragsunterzeichnung noch scheitern lassen können, Klein 2010, S. 195–198.
503 Vgl. hierzu z.B. die Zitate von unterschiedlichen Käufern von Familienunternehmen bei Benner 2009, S. 99. Zitat 1: »Man sagt zwar immer, dass der Spaß beim Geld aufhört. Wir haben jedoch in fast allen Übernahmen von Familienunternehmen die Erfahrung gemacht, dass ein Unternehmer sich auch nach dem Verkauf für das Wohl des Unternehmens interessiert und der Verkaufspreis ein wichtiges, aber keinesfalls das einzige Kriterium war.« Zitat 2: »Der Verkäufer hat auf mehr als elf Millionen D-Mark verzichtet, weil er ein gutes ›Feeling‹ beim Verkauf an uns hatte.« Zitat 3: »Sie können sich gar nicht vorstellen, was

tergarantien o. Ä. kann für eine Verkaufsentscheidung ausschlaggebend sein. Auch in Bezug auf heikle Verflechtungen zwischen Privatem und Geschäftlichem kann ein auf Verständnis und Vertrauen aufbauendes Gespräch unter Familienunternehmern im Rahmen der Due Diligence wesentlich zielführender sein als das Engagement hochbezahlter Berater.[504]

Im Rahmen der Verhandlungen wird auch darüber entschieden, wie der Verkauf strukturiert wird und ob Anteile am Unternehmen (Share Deal) oder »nur« die Vermögensgegenstände (Asset Deal) erworben werden. Die Einigung hierüber hat sowohl für den Verkäufer als auch für den Käufer bedeutende Auswirkungen. So ergeben sich z. B. grundsätzlich verschiedene Steuerfolgen[505] und Rechtsverhältnisse durch diese Festlegung, welche sowohl vom Käufer als auch vom Verkäufer detailliert zu prüfen sind.[506] Meynerts-Stiller und Rohloff weisen darauf hin, dass ein Asset Deal für den Käufer aus betriebswirtschaftlichen Gesichtspunkten häufig vorteilhafter erscheint, eine solche Strukturierung aber im Hinblick auf die Integration, vor allem bei größeren »Carve-out«-Übernahmen, mit zusätzlichen Integrationsaufwendungen verbunden ist. Wenn nicht das gesamte Unternehmen oder eine eigenständige rechtliche Einheit übernommen wird, muss über diverse Transaktion Service Agreements sichergestellt werden, dass die Arbeitsfähigkeit (z. B. im Hinblick auf die IT-Systeme, die Personalabrechnung o. Ä.) nach dem Closing sichergestellt ist. Diese kleinteilig zu regelnden Einzelvereinbarungen binden dabei eine enorme Aufmerksamkeit auf den technischen Merger und die Sicherstellung der Arbeitsfähigkeit der gekauften Organisation und werden vom Arbeitsaufwand häufig unterschätzt.[507]

Nachdem obenstehend grundlegende Informationen und erste Erkenntnisse zu der strategischen Analyse sowie Konzeptions- und Transaktionsphase dargestellt worden sind, wird nachfolgend auf die Integration eingegangen, deren konkrete Planung, wie bereits ausgeführt, spätestens mit der Due Diligence beginnen sollte.

---

passiert, wenn die Leute in der Region denken: ›Du hast dickes Geld gemacht und uns abgeschossen.‹ Gerade in der meist ländlichen Region der Familienunternehmen ist dieses Denken extrem verbreitet.«

504 Ebd., S. 102, schreibt hierzu: »Ein hohes Maß an emotionaler Intelligenz im Hinblick auf Verständnis, Vertrauen und Respekt der veräußernden Partei gegenüber ist vor diesem Hintergrund ein wichtiges Potenzial, das von Familienunternehmen aktiv genutzt wird bzw. genutzt werden sollte. Insbesondere die geringe Delegation der Analysetätigkeit ist hier von Bedeutung: ›Wenn wir die Due Diligence nicht zur Chefsache erklären, sondern Heerscharen von Beratern und Anwälten schicken, macht das Familienunternehmen sofort die Bücher zu.‹«

505 Vgl. hierzu z. B. Eilers 2014.

506 Ein einführender Überblick hierzu findet sich in Kapitel 3 bei Wegmann 2013, S. 29 ff.

507 Vgl. hierzu Meynerts-Stiller und Rohloff 2015, S. 59–62.

3.2.3. Integrationsphase

Die Post-Merger-Integration ist sicherlich das wichtigste, aber vielfach komplexeste Unterfangen im Rahmen einer Unternehmensübernahme. Die Möglichkeiten, die im Rahmen dieses Prozesses anfallenden Aufgaben zu kategorisieren, sind vielfältig.[508] Nachfolgend wird in aller Kürze auf den Integrationsbegriff eingegangen, bevor differierende Komplexitätsniveaus in unterschiedlichen Integrationsprojekten und weitere integrationsrelevante Themen diskutiert werden.

3.2.3.1. Begriffsdefinition Integration

Der Terminus »Integration« wird etymologisch auf das lateinische *integrare* (wiederherstellen, erneuern), *integratio* (Erneuerung) bzw. *integer* (ganz, unberührt) zurückgeführt und im allgemeinen Sprachgebrauch meist zur Kennzeichnung eines Vorgangs (bzw. seines Ergebnisses) verwendet, durch den aus sich gegenseitig ergänzenden Teilen eine *neue umfassende Einheit* geschaffen wird.[509] In der betriebswirtschaftlichen Literatur wird der Begriff vielfach in gleicher Weise genutzt, um die Zusammenführung von Akteursasymmetrien zu beschreiben.[510] Gerpott bietet nach der Analyse diverser Integrationsbegriffe folgende Definition an: Integration ist

> »der hauptsächlich vom erwerbenden Unternehmen (= Integrationsinitiator) vorangetriebene evolutionäre Prozess, in dem primär über Interaktionen (= Integrationsmittel) der Mitarbeiter des Akquisitionssubjektes und -objektes immaterielle Fähigkeiten/Knowhow bei beiden Unternehmen beeinflusst und zwischen ihnen übertragen werden (= Integrationsobjekt I) sowie Veränderungen in der Nutzung materieller Ressourcen zumindest beim Akquisitionsobjekt herbeigeführt werden (= Integrationsobjekt II), um durch die Akquisition eröffnete Potentiale zur Steigerung des Gesamtwertes beider Unternehmen zu realisieren (= Integrationsziel).«[511]

Diesen Überlegungen folgend schlägt Jansen vor,

> »Integration als einen graduell, hinsichtlich seiner Intensität und Asymmetrie differierenden, gemeinsamen Prozess der abgestimmten Koordination von Entscheidungen

---

508 Während Jansen die relevanten Aspekte mit Hilfe seines 7K-Modells gliedert (vgl. hierzu Jansen 2002 und die darauf aufbauenden Ausführungen in Jansen 2003, S. 135 ff.), strukturiert Wirtz 2017, S. 309 ff., die Integrationsdurchführung in die organisationsorientierte, die informationsorientierte und die marktorientierte Integration. Welge, Al-Laham und Eulerich 2017, S. 624, Langenstein 2007, S. 117 ff., und Behringer 2013, S. 334 ff., unterscheiden zwischen einer strategischen, strukturellen, personellen und kulturellen Integration.

509 Lehmann 1980, S. 976.

510 Vgl. für eine aktuelle Übersicht über diverse Definitionen zum Integrationsbegriff Wirtz 2017, S. 282 f.

511 Gerpott 1993, S. 115.

auf den Integrationsebenen Strategie, Organisation/Administration, Personal, Kultur
und Operationen im Sinne einer internen Integration und als einen parallel laufenden,
die interne Integration wechselseitig beeinflussenden Prozess der externen Integration
von Kunden, Zulieferern, Aktionären, Analysten und anderen Stakeholdern zu verstehen.«[512]

Diesem Verständnis von Integration wird auch in dieser Arbeit in großen Teilen
gefolgt, unabhängig davon, dass der soziologische Integrationsbegriff deutlich
größere Differenzierungsmöglichkeiten aufweist und dadurch nicht so einsei-
tig positiv aufgeladen ist.[513] Insgesamt hat sich in der Wissenschaft und in der
Unternehmenspraxis der Begriff Post-Merger-Integration (PMI) als »akzep-
tierter Konzeptname für die Aktivitäten in der nachvertraglichen Phase eines
Unternehmenszusammenschlusses« etabliert,[514] welche unten stehend detaillierter beschrieben werden.

3.2.3.2. Komplexität in Integrationsprojekten

Bevor jedoch auf relevante Themenbereiche des PMI näher eingegangen wird,
werden nachfolgend Einflussfaktoren dargestellt, welche die Komplexität von
Integrationsprojekten beeinflussen und verdeutlichen, warum nicht pauschal
von »dem« Post-Merger-Integrationsmanagement gesprochen werden kann. So
ist offensichtlich, dass eine enge Verknüpfung bzw. Harmonisierung der operativen Leistungsprozesse zu einem höheren Veränderungsbedarf in den beteiligten Unternehmen führt, welches die Komplexität und den Schwierigkeitsgrad
des Integrationsprojekts insgesamt ansteigen lässt.[515] Lucks hat bereits 2005
herausgearbeitet, dass der Schwierigkeitsgrad von M&A-Projekten durch (a) die
Höhe der mit dem Vorhaben verbundenen Veränderungsziele, (b) den Umfang
des betreffenden Projekts, (c) die Unterschiedlichkeit der Kandidaten, die zusammenzuführen sind, und (d) den Handlungsspielraum getrieben wird.[516]
    Diese groben Überlegungen sollen nachfolgend ein wenig detailliert werden,
da die angesprochenen Punkte wesentlich das Vorgehen im Integrationsprojekt
beeinflussen. Es kann argumentiert werden, dass zwischen den aufgeführten

---

512 Jansen 2016, S. 362.
513 Vgl. zum soziologischen Integrationsbegriff Jansen 2003, S. 142–145. Luhmann 2000, S. 99
     schreibt diesbezüglich: »Die in der Soziologie übliche Auffassung der Integration als Kon-
     sens (und insofern als gut!) löst sich auf. [...] Stattdessen wollen wir unter ›Integration‹ die
     wechselseitige Einschränkung der Freiheitsgrade von Systemen verstehen.«
514 Jansen 2016, S. 363.
515 So gaben in 2009 beispielsweise 95 Prozent der befragten Führungskräfte aus 62 DAX
     Unternehmen an, dass »die Herausforderungen bei der Integration von Firmen größer bzw.
     schwieriger sind als Unternehmenskäufe ohne Integration«. Vgl. Gerds und Schewe 2011,
     S. 133.
516 Vgl. Lucks 2005, S. 159.

Komplexitätstreibern kausale Abhängigkeiten bestehen, u. a. die, dass neben strategischen Zielsetzungen die Unterschiedlichkeit der Kandidaten einen Einfluss auf die Höhe der Veränderungsziele hat, die wiederum maßgeblich den Umfang des Integrationsprojekts beeinflussen.[517] Insgesamt werden, wie oben beschrieben, wesentliche, die Komplexität des Integrationsprojekts betreffende Entscheidungen bereits im Rahmen der Festlegung der strategischen Zielsetzung getroffen. So ist offensichtlich, dass die Komplexität eines Integrationsprojekts höher einzuschätzen ist, wenn nach einem ungefähr gleich großen, insolvenzbedrohten (also, auf den ersten Blick, günstig zu erwerbenden) Unternehmen im kulturfremden und anderssprachigen Ausland gesucht wird, als wenn im Rahmen der Akquisitionsstrategie festgelegt wird, dass potenzielle Zielobjekte im Verhältnis zur eigenen Unternehmensgröße deutlich kleiner sein, im Inland liegen, eine gute Ertragsstruktur zeigen und ein qualifiziertes Managementteam aufweisen sollten.[518] Aus den grundsätzlichen Überlegungen zum Anforderungsprofil an einen potenziellen Akquisitionskandidaten[519] und zu den mit der Akquisition angestrebten Zielen ergeben sich notwendige Veränderungsziele, welche die Komplexität eines Integrationsprojekts wesentlich beeinflussen.[520] Auf der anderen Seite wird der Handlungsspielraum des Käufers, also die Fähigkeit zur Bearbeitung von Komplexität im Rahmen eines Unternehmenszusammenschlusses, wesentlich von Rahmenbedingungen des Käuferunternehmens (z. B. dem Organisationsentwicklungsstand, den Managementkapazitäten

---

517 Auch ebd., S. 159, weist darauf hin, dass »[D]iese Dimensionen nicht unabhängig voneinander stehen, sondern vielfältig miteinander verbunden sind.«

518 So kommen beispielsweise auch Salvato, Lassini und Wiklund 2007, S. 303, zu dem Ergebnis: »Learning is easier when the acquired organizations are not too different from the competitive and production standpoint, but also from that of organizational culture and shared values.« Ein Beispiel dafür, dass ein geografischer und produktbezogener Fit für eine erfolgreiche Integration nicht ausreichend ist, liefert die ausführlich beschriebene Fallstudie bei Bjursell 2011. Sie zeigt, dass auch zwei eingesessene, aus der gleichen Industrie und demselben Markt stammende Familienunternehmen erhebliche Schwierigkeiten im Integrationsprozess haben können, wenn andere Einflussfaktoren, wie z. B. divergierende Werte im Eigentümerkreis, vorhanden sind.

519 Die in Darstellung 11 als »Rahmenbedingungen des Zielobjekts« titulierten Merkmale sind dabei etwas umfangreicher zu verstehen als die üblicherweise in einem Anforderungsprofil im Rahmen einer Akquisitionsstrategie definierten Inhalte. Im Rahmen einer Akquisitionsstrategie zählen hierzu für gewöhnlich quantitativ einfach zu benennende Sachverhalte wie die Ertragslage, die Eigentumsverhältnisse, der Unternehmenssitz, die Produkte, die Distributionssysteme, der Stand der Technik, die Marktanteile, die Rechtsform oder die Qualität und das Alter des Managements. Vgl. hierzu Wirtz 2017, S. 169 f., oder auch Benner 2009, S. 174 ff. Die in Darstellung 11 titulierten Rahmenbedingungen umfassen dabei aber vor allem auch Unternehmenseigenschaften, deren Beurteilung nur mit Informationen möglich ist, die öffentlich nicht zugänglich sind (z. B. Informationen zum Organisationsentwicklungsstand). Vgl. zur Problematik fehlender Informationen bei der Kandidatenauswahl im Suchprozess auch Lucks und Meckl 2015, S. 124 f.

520 Vgl. hierzu auch die Ausführungen bei Lucks 2005 und Furtner 2006, S. 47 ff.

oder den Entscheidungsstrukturen) und der bisherigen Erfahrung mit M&A-Projekten beeinflusst. Dabei ist die These dieser Arbeit, dass der Handlungs-spielraum des Käufers umso größer ist, je umfangreicher beispielsweise sein bisheriges M&A-Erfahrungswissen ist, je transparenter die eigenen Prozesse und Strategien sind und je mehr qualifizierte Managementkapazitäten für ein Inte-grationsprojekt zur Verfügung stehen. Im Rahmen eines möglichen Akquisiti-onsvorhabens sollten v. a. weniger erfahrene Unternehmenskäufer die Komple-xität des Vorhabens und die eigenen Fähigkeiten kritisch reflektieren, um die Erfolgsaussichten einer Unternehmsübernehme zu steigern.[521] Bildlich aus-gedrückt, sollte mindestens ein Gleichgewicht zwischen den Fähigkeiten zur Komplexitätsbewältigung im Rahmen eines Integrationsprojekts und der tat-sächlichen Komplexität des Projekts existieren (vgl. hierzu Darstellung 11). Ein komplexes Integrationsprojekt mit vielfältigen Veränderungen an den Organi-sationsstrukturen und den bisherigen Arbeitsabläufen, also mit einer Vielzahl an einzelnen Arbeitspaketen, sollte demnach durch Unternehmen angestrebt wer-den, die bereits Akquisitionserfahrung sammeln konnten und deren eigene Abläufe ausreichend expliziert sind, um entsprechende Unterschiede und An-passungsmaßnahmen geübt benennen zu können.

Diese knappen Ausführungen sollen die schwierige Vergleichbarkeit von verschiedenen Integrationsprojekten verdeutlichen, die sich aufgrund der hete-rogenen, selbstbezüglich und evolutionär entwickelt habenden Strukturen, Ab-läufen, Routinen, Einstellungen und Verhaltensweisen in den beteiligten Orga-nisationen ergeben.[522] Die Ausführungen zeigen allerdings auch, dass gewisse Rahmenbedingungen (z.B. eine negative Ertragslage) und die Unterschiedlich-keit zwischen den beteiligten Unternehmen (z.B. in Bezug auf die Unterneh-menssprache oder die Hauptabsatzmärkte) die im Rahmen eines Integrations-projekts erwartbare Komplexität maßgeblich beeinflussen.

---

521 Meynerts-Stiller und Rohloff 2015, S. 185 f., weisen diesbezüglich darauf hin, dass »[d]as Integrationsprojekt nicht die strategischen Schwächen im Käuferunternehmen aufarbeiten kann, auch wenn sie im Integrationsprozess noch so deutlich zu Tage treten. Umso wichtiger ist es für das Käuferunternehmen, bereits in der Pre-Merger-Phase, also deutlich vor dem Erklären erster Kaufabsichten, zu prüfen, ob die eigene Wachstumsstrategie durch M&A tatsächlich widerspruchsfrei und zwingend logisch ist und ob die Organisation auch tat-sächlich über die Kapazitäten und Kompetenzen für eine komplexe und anspruchsvolle Integration verfügt.«

522 »Es macht die spezifische Kombination aus Target und Käuferunternehmen aus, welche Synergien der individuelle Merger tatsächlich wird realisieren können, und das in Abhän-gigkeit nicht nur von der Umsetzungskompetenz von Unternehmen in der Integrations-phase, sondern auch von der grundsätzlichen Konstellation des Zusammenschlusses.« ebd., S. 99.

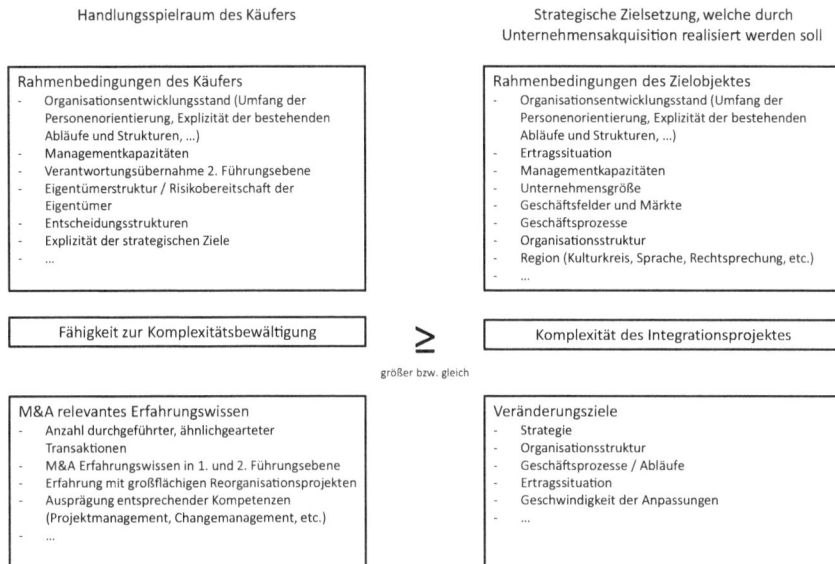

Handlungsspielraum des Käufers

Strategische Zielsetzung, welche durch
Unternehmensakquisition realisiert werden soll

Rahmenbedingungen des Käufers
- Organisationsentwicklungsstand (Umfang der Personenorientierung, Explizität der bestehenden Abläufe und Strukturen, ...)
- Managementkapazitäten
- Verantwortungsübernahme 2. Führungsebene
- Eigentümerstruktur / Risikobereitschaft der Eigentümer
- Entscheidungsstrukturen
- Explizität der strategischen Ziele
- ...

Rahmenbedingungen des Zielobjektes
- Organisationsentwicklungsstand (Umfang der Personenorientierung, Explizität der bestehenden Abläufe und Strukturen, ...)
- Ertragssituation
- Managementkapazitäten
- Unternehmensgröße
- Geschäftsfelder und Märkte
- Geschäftsprozesse
- Organisationsstruktur
- Region (Kulturkreis, Sprache, Rechtsprechung, etc.)
- ...

Fähigkeit zur Komplexitätsbewältigung ≥ Komplexität des Integrationsprojektes

größer bzw. gleich

M&A relevantes Erfahrungswissen
- Anzahl durchgeführter, ähnlichgearteter Transaktionen
- M&A Erfahrungswissen in 1. und 2. Führungsebene
- Erfahrung mit großflächigen Reorganisationsprojekten
- Ausprägung entsprechender Kompetenzen (Projektmanagement, Changemanagement, etc.)
- ...

Veränderungsziele
- Strategie
- Organisationsstruktur
- Geschäftsprozesse / Abläufe
- Ertragssituation
- Geschwindigkeit der Anpassungen
- ...

Darstellung 11: Komplexitätstreiber und Handlungsspielraum bei Integrationsprojekten (eigene Darstellung)

3.2.3.3. Integrationsstrategie

Obwohl die obenstehenden Erläuterungen zeigen, dass Integrationsprojekte aufgrund der heterogenen Rahmenbedingungen sehr unterschiedlich sind und demnach individuell bearbeitet werden müssen, gibt es gewisse Vorgehensweisen im Rahmen eines solchen Projekts, die helfen, die Komplexität »beherrschbarer« zu machen und die nachfolgend kurz dargestellt werden.

Die Planung[523] der konkreten Integrationsaufgaben ist ein ganz wesentlicher Part, um das Zusammenwachsen von zwei bisher getrennten sozialen Systemen erfolgreich zu gestalten, und findet daher bereits in der Transaktionsphase statt. Neben der notwendigen Kalkulation der Integrationskosten zur Ermittlung des Kaufpreisangebots liegt dies im Wesentlichen daran, dass eine einheitliche Sprachfähigkeit zum Tag der Übernahme herzustellen ist, die Orientierung gibt und die die Sinnhaftigkeit des Mergers herausstellt. Außerdem muss ein belastbarer Entscheidungsrahmen geschaffen werden, um die Komplexität und die Widersprüchlichkeit der detailreichen Projektplanung während der Umsetzungsphase zielführend bearbeiten zu können.[524] Sinnvollerweise leitet sich die

---

523 Zur grundsätzlichen methodischen Vorgehensweise bei Projektplanungen vgl. einführend Olfert 2016, S. 95ff.

524 Vgl. Meynerts-Stiller und Rohloff 2015, S. 83.

Integrationsstrategie dabei aus den im Strategieprozess definierten (Akquisitions-)Zielen ab, die in diesem Prozessschritt mit konkreten Umsetzungsüberlegungen fundiert werden müssen. Die umzusetzenden Maßnahmen und Aufgaben variieren dabei stark und sind, wie oben angesprochen, z. B. abhängig von den Integrationszielen, den daraus folgenden Überlegungen zur Intensität der Verzahnung der operativen Abläufe oder auch der Ähnlichkeit der aktuellen Wertschöpfungsprozesse und Organisationstrukturen etc.[525] Daher ist es notwendig, im Rahmen der Integrationsstrategie einen fundierten Maßnahmenplan zu entwickeln, der möglichst alle relevanten, vielfach wechselseitig miteinander verbundenen Parameter aufnimmt, um auf einer strategischen Ebene über eine holistische Vorgehensweise zu entscheiden.[526] Ein wesentlicher Punkt dabei ist, wie angesprochen, die Festlegung über die Intensität der Verzahnung der operativen Abläufe. In der Literatur wird diesbezüglich an vielen Stellen auf Haspeslagh und Jemison Bezug genommen, die zwischen unterschiedlichen Integrationsansätze differenzieren, bei denen der Bedarf nach strategischer Interdependenz und organisatorischer Autonomie jeweils unterschiedlich stark korreliert (vgl. Darstellung 12).[527]

Diese unterschiedlichen Integrationsansätze weisen jeweils individuelle Probleme im Integrationsprozess[528] und Herausforderungen bei der Wertschöpfungserzielung[529] auf.

Aufbauend auf den aus den Akquisitionsüberlegungen abzuleitenden Zielen, also einem angestrebten Sollzustand, sind die konkreten prozessualen und organisatorischen Veränderungen mit einzelnen Aufgabenpaketen, Aufwandschätzungen und einer möglichst konkreten Zeitschiene abzuleiten. Diese Planungsergebnisse, die natürlich immer nur das Ergebnis qualifizierter Schätzungen sind und auf unvollständigen Informationen beruhen, sind sowohl zur weiteren Projektsteuerung relevant als auch zur fundierten Berechnung des Business Case[530] und zur Beurteilung der späteren Ist-Situation im Rahmen des Integrations-Controllings. Vor allem wenig erfahrene Käuferunternehmen tun

---

525 So schreiben beispielsweise Bartels und Cosack 2012, S. 534: »Ein ›fertiges‹ Vorgehen für Integrationen gibt es nicht. Der passende Weg hängt vor allem von der Ausgangslage der betroffenen Unternehmen, dem Industriekontext und den rechtlichen Rahmenbedingungen ab.«

526 Vgl. hierzu Meynerts-Stiller und Rohloff 2015, S. 83. Lucks und Meckl 2015, S. 236 ff., sprechen in diesem Kontext vom »Integrationskonzept«.

527 Vgl. Haspeslagh und Jemison 1992, S. 173 ff. Benner 2009, S. 199 ff., hat darauf aufbauend eine Integrationsmatrix für Familienunternehmen entwickelt, die einerseits die Strategie auf Seiten der Familie/Eigner sowie des Käuferunternehmens berücksichtigt und gleichsam die Merkmale der Zielgesellschaft umfassend integriert.

528 Vgl. hierzu ausführlich Haspeslagh und Jemison 1992, S. 184 ff.

529 Vgl. hierzu ausführlich ebd., S. 223 ff.

530 Vgl. hierzu auch Lucks und Meckl 2015, S. 129 ff.

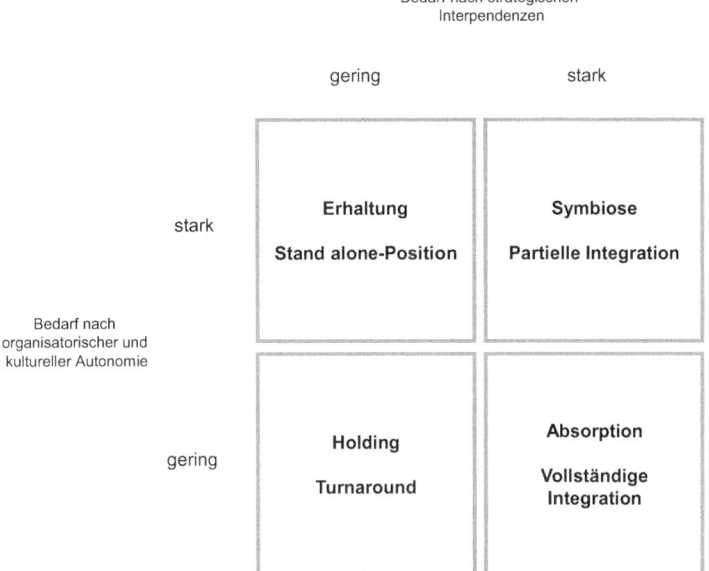

Darstellung 12: Verschiedene Integrationsansätze (Quelle: (Haspeslagh und Jemison 1992), S. 174)

sich schwer, den Weg zum gewünschten Zukunftszustand mit konkreten Arbeitsschritten und entsprechenden Aufwandsschätzungen zu hinterlegen, obwohl dies für den Erfolg der Integrationsbemühungen sehr bedeutsam ist. Furtner weist in diesem Zusammenhang noch einmal darauf hin, dass »[D]ie Wahl des gewünschten Integrationsgrades in erster Linie vom Entwicklungsgrad und den Kapazitäten des eigenen Unternehmens abhängt und weniger von jenen des Zielobjekts.«[531] Dass relativ viele mittelständische Unternehmen keine detaillierte Integrationsplanung vornehmen, zeigt z. B. die Befragungen von Reker und Götzen.

> »68 Prozent der Befragten geben an, dass die Planung der Integrationsphase in ihrer M&A-Planung enthalten sei und überwiegend bereits in der Vorbereitungsphase stattfinde. Jedoch plant nur jedes zweite Unternehmen den Ablauf der Integration detailliert. Die übrigen nehmen lediglich eine grobe Planung vor, mit dem Vermerk, dass hier noch deutliches Verbesserungspotenzial bestehe.«[532]

---

531 Furtner 2006, S. 79.

532 Reker und Götzen 2012, S. 24. Die Befragung von Furtner 2006, S. 35 kommt zu ähnlichen Ergebnissen. Auch Jansen 2003, S. 228, führt an, dass mittelständische Käuferunternehmen, im Vergleich zu Großkonzernen, signifikant weniger standardisierte Instrumente im Rahmen des Post-Merger-Managements, wie »Pflichtenhefte für das Post-Merger-Management« oder »Post-Merger-Audits«, einsetzen.

Ohne eine möglichst umfassende Planung des Vorgehens ist es allerdings fast unmöglich, einen solchen Prozess sowohl pekuniär als auch zeitlich zu überblicken, diesen entsprechend zu steuern und realistisch einzuschätzen, ob dieser mit der bestehenden Ressourcenausstattung nachhaltig zu realisieren ist.

Bei denjenigen Organisationen, welche eine detailliertere Planung vornehmen, ist häufig zu beobachten, dass sich der Aufmerksamkeitsfokus schnell auf die Vielzahl von internen Herausforderungen verschiebt und somit die relevanten Werttreiber, d.h. die Erschließung der für die Akquisitionsentscheidung ausschlaggebenden Potenziale, nicht die notwendige Aufmerksamkeit erfahren.[533] Darüber hinaus sind marktbezogene Überlegungen zwar vielfach ausschlaggebend für die Akquisitionsentscheidung[534], werden aber ebenfalls in der Ausgestaltung der Integrationsplanung nicht in angemessenem Umfang berücksichtigt.[535] Grundvoraussetzung zur Ableitung einer entsprechenden Projektplanung, die sich am Kundennutzen ausrichtet, ist ein möglichst präzises und organisationsintern geteiltes Verständnis über das eigene Geschäftsmodell (des Käuferunternehmens) sowie das des Zielobjekts. Hierzu gehören neben dem Nutzenversprechen für Kunden und Wertschöpfungspartner auch die Architektur der Leistungserstellung und das Ertragsmodell.[536] Ähnlich wie jedes Unternehmen über eine Strategie verfügt, verfügt jedes Unternehmen über ein Geschäftsmodell. Allerdings ist das Geschäftsmodell, ebenso wie die Strategie, nicht in jedem mittelständischen Familienunternehmen expliziert, geschweige denn, dass es durch Führungskräfte oder Mitarbeiter zur expliziten Unterscheidung gegenüber anderen Unternehmen herangezogen wird. Die Entwicklung der Geschäftsmodelle ist in den meisten mittelständischen Familienunternehmen, ähnlich wie die Strategie, historisch gewachsen und leitet das organisationsinterne Vorgehen implizit an. Basiert das Handeln der Unternehmen auf unterschiedlichen Geschäftsmodellen, die nicht expliziert sind, so können sie im Rahmen des zukünftigen gemeinsamen Wirtschaftens zu einem ständigen Quell von Missverständnissen, Sprachlosigkeit und Konflikten führen.[537]

---

533 Vgl. hierzu auch Meynerts-Stiller und Rohloff 2015, S. 122ff.

534 Vgl. hierzu die Ausführungen in Kapitel 1.4.2.

535 »Gemäß dem Motto: Wenn der Deal nicht dem Kunden erklärt werden kann und aus seiner Sicht sinnvoll ist, welchen Sinn macht der Deal dann?« Meynerts-Stiller und Rohloff 2015, S. 97. Beispielhaft für die vielfach ungenügende Fokussierung auf die Themengebiete »Kunden und Marktgeschehen« im M&A-Prozess sei angeführt, dass bei der Befragung durch Jansen 2003, S. 351, insgesamt 67 Prozent der Befragten Marketing- und Vertriebsziele als maßgeblich für die Akquisitionsentscheidung angegeben haben, wobei allerdings nur 37 Prozent aller Befragten intensive oder weitreichende Due-Diligence-Analysen in diesem Bereich vorgenommen haben.

536 Vgl. hierzu ausführlich auch die »Geschäftsmodell«-Definition und die Ausführungen bei Stähler 2002, S. 40–48.

537 Vgl. auch Meynerts-Stiller und Rohloff 2015, S. 102f.

Die im Rahmen der Transaktionsphase ausschließlich durch Mitarbeiter des Käuferunternehmens unter hoher Informationsunsicherheit durchgeführte Planung des Integrationsprozesses kann nur als Indikation für die erwartbaren Aufgabenpakete dienen und muss im Laufe des Prozesses regelmäßig situativ angepasst werden. Dabei ist insgesamt ein dem Komplexitätsgrad des Integrationsprojekts angemessenes Planungsniveau zu finden, welches weder die Beteiligten mit Instrumenten und Methoden überfordert noch die unten ausgeführte Steuerungsfähigkeit aufgrund einer unterkomplexen Projektplanung ohne ausreichende Formalisierung gefährdet.

3.2.3.4. Organisation des Integrationsprojekts

Aus den obenstehenden Ausführungen ist bereits deutlich geworden, dass Akquisitions- und Integrationsvorhaben, auch in mittelständischen Unternehmen, üblicherweise in Projekten organisiert werden (sollten).[538]

> »Nur die Arbeitsform des Projektes stellt die Strukturen und Prozesse zur Verfügung, die es den Verantwortlichen erlaubt, sämtliche Klärungsprozesse über Ziele, Entscheidungen, Aufwand, Schrittfolge der Integration und Ressourceneinsatz in angemessener Form durchzuführen.«[539]

Bei mittelständischen Käuferunternehmen ist zudem beobachtbar, dass Akquisitionsprojekte vielfach von dem persönlichen Einsatz einzelner Personen und weniger von durchdachten Projektstrukturen abhängig sind. Da das Top-Management hierbei vielfach eine maßgebliche Rolle einnimmt,[540] ist zwar eine hohe

---

538 Vgl. beispielsweise Furtner 2006, S. 103, oder die Ergebnisse von Reker und Götzen 2012. Bei ihrer Umfrage unter mittelständischen Unternehmen haben 71 Prozent der Befragten M&A-Vorhaben organisatorisch durch ein temporäres Projektteam verankert. In 23 Prozent der Unternehmen existiert eine »Stabsstelle M&A«, in sechs Prozent eine M&A-Abteilung. Gerpott 1993, S. 134 wies bereits 1993 in seiner Habilitationsschrift darauf hin, dass »konsequenterweise Wissenschaft und Praxis darin einig sind, dass als organisatorische Träger von Akquisitionen generell und der IG [Integrationsgestaltung; Anm. d. Verf.] im besonderen primär *Projektstrukturen* in Frage kommen, in denen verschiedene Führungs- und Fachkräfte eng vernetzt miteinander kooperieren.«

539 Meynerts-Stiller und Rohloff 2015, S. 110. Ähnlich argumentieren auch Kuster, Huber, Lippmann, Schmid, Schneider, Witschi und Wüst 2011, S. 99, wenn sie schreiben, dass sich die Notwendigkeit der Projektorganisation »daraus [ergibt], dass die bestehende Linienorganisation für die Erfüllung ihrer Fachaufgaben optimiert ist, jedoch nicht für die Führung und Bearbeitung neuartiger, einmaliger und Fach übergreifender Vorhaben. Ihr fehlt auch die nötige Flexibilität, um bei Problemen und Änderungen entsprechend rasch reagieren zu können.«

540 Vgl. hierzu die Ergebnisse bei Müller-Stewens und Schreiber 1993, S. 277 ff., zum Experten-Ansatz oder Becker, Ulrich und Botzkowski 2016, S. 122 f., die herausgefunden haben, dass in 68 Prozent der befragten mittelständischen Unternehmen die Geschäftsführung nicht nur für die Integration verantwortlich, sondern auch unmittelbar am Prozess beteiligt ist.

Aufmerksamkeit des Top-Managements auf den Integrationsprozess gewährleistet, die hohe Personenfokussierung verhindert aber teilweise den Aufbau
zielführender Projektstrukturen, die eher geeignet sind, so komplexe Aufgabenstellungen wie die Zusammenführung von zwei bisher getrennten Organisationen effizient zu bearbeiten.[541]

Das besonders Herausfordernde an Integrationsprojekten ist, dass Mitarbeiter aus zwei Organisationen miteinander neue Arbeits- und Abstimmungswege
etablieren müssen, die i. d. R. in zwei vollkommen unterschiedlichen Organisa-
tionskulturen sozialisiert worden sind. Das bedeutet, dass nicht nur die technische Arbeitsfähigkeit (gemeinsame Reporting-Logik, CRM-Systeme etc.) im
Rahmen eines solchen Projekts nachhaltig bearbeitet und organisiert werden
muss, sondern auch das kulturelle Zueinanderfinden der beteiligten Organisationsmitglieder.[542] Erfolgsentscheidend ist deshalb, dass neben der erwähnten,
angemessenen Projektplanung dem Umfang der Integrationsaufgaben entsprechend ausreichend Ressourcen und Kompetenzen zur Projektbearbeitung zur
Verfügung stehen, um sowohl den »technischen« als auch den »kulturellen«
Merger zielführend zu bearbeiten. Im Rahmen einer professionellen Projektbearbeitung sollte es dabei sowohl innerhalb des Projekts als auch zwischen
Projekt- und Linienverantwortung eine möglichst klare Kompetenz- und Rol-
lenverteilung geben. Grundsätzlich ist innerhalb des Projekts zwischen der
Lenkungs-, der Steuerungs- und der Arbeitsebene zu differenzieren (vgl. Darstellung 13). Die Rollen unterscheiden sich im Wesentlichen dadurch, dass die
Lenkungsebene die für das Projekt relevanten Rahmenbedingungen vorgibt, die
entsprechenden Ziele festlegt und die notwendigen Ressourcen zur Verfügung
stellt, während die Steuerungs- bzw. Projektleitungsebene für die operative
Planung und Durchführung des Projekts verantwortlich ist, wobei insbesondere
auch die Schlüssigkeit der Projektplanung in diesen Zuständigkeitsbereich
fällt.[543]

Welchen personellen und zeitlichen Umfang ein Integrationsprojekt hat, ist
mit Blick auf die Zielsetzung der Akquisition und der Komplexität der Integration jeweils individuell zu bestimmen. Je nachdem, wie eng die betroffenen Or-

---

541 Vgl. zum Thema Projektmanagement grundlegend und einführend Kuster, Huber, Lipp-
     mann, Schmid, Schneider, Witschi und Wüst 2011 oder Olfert 2016.
542 So weist Große Peclum 2012, S. 54 f., zu Recht darauf hin, dass »der Fokus und die Auf-
     merksamkeit des Managements zuerst (und manchmal nur) auf den Herausforderungen des
     ›technischen‹ Mergers liegt. Strukturen müssen integriert und vereinheitlicht werden und
     die Geschäftsmodelle müssen für die neue Organisation eindeutig definiert werden. […]
     Viel schwieriger, weil weniger greifbar, ist jedoch der ›kulturelle‹ Merger. Die Integration
     oder besser die Angleichung der Kulturen bis hin zu einer ganz neuen Kultur des Unter-
     nehmens dauert deutlich länger.«
543 Vgl. hierzu auch Kuster, Huber, Lippmann, Schmid, Schneider, Witschi und Wüst 2011,
     S. 99 ff.

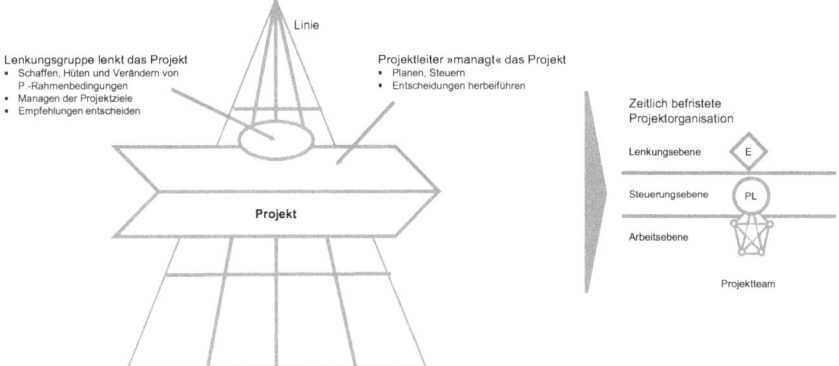

Darstellung 13: Übersicht Projekt- und Linienorganisation (Quelle: (Meynerts-Stiller und Rohloff 2015), S. 116)

ganisationen zusammenwachsen sollen und welche Synergiepotenziale für die Kaufentscheidung ausschlaggebend waren, sind spezifische Maßnahmen (Projektteams auf Arbeitsebene) in Bezug auf die Zusammenführung einzelner Funktionsbereiche (z.B. Controlling, IT, Vertrieb etc.) zu definieren. Dabei scheint ein relevanter Erfolgsfaktor darin zu liegen, dass die einzelnen Projektteams möglichst paritätisch durch Mitarbeiter beider Organisationen besetzt sind.[544] Dies erscheint sinnvoll, um in der *sachlichen* Dimension den Erfahrungsschatz der Mitarbeiter des Zielunternehmens für die Gestaltung des Zusammenwachsens produktiv zu nutzen, und in der *sozialen* Dimension, um die Akzeptanzwahrscheinlichkeit für Veränderungsvorhaben im erwerbenden Unternehmen zu erhöhen.[545] Je nach Umfang des Integrationsprojekts ist es darüber hinaus zielführend, die relevanten Werttreiber, d.h. die Erschließung der für die Akquisitionsentscheidung ausschlaggebenden Potenziale, auch strukturell im Projekt abzubilden, um diese nicht zu vernachlässigen.

3.2.3.5. Planungs- und Steuerungsverständnis bei Reorganisationsprojekten

Das besondere an Integrationsprojekten (wie auch an anderen Reorganisationsprojekten) ist, dass die Zielsetzung in der Veränderung der eigenen Organisation liegt, von der das Projekt wiederum ein nicht trennbarer Bestandteil ist. Dieser Besonderheit begegnen Organisationsprojekte mit reflexiven Schleifen und iterativen Feedbackprozessen, die es der Organisation und dem Projekt

---

544 Vgl. beispielsweise Gerpott 1993, S. 139.

545 Meynerts-Stiller und Rohloff 2015, S. 122, weisen diesbezüglich darauf hin, dass eine vertrauensvolle Zusammenarbeit von Beteiligten aus beiden Unternehmen in Projektteams vertrauensbildend für die Gesamtorganisation wirken und ein vorgeschalteter Teambildungsprozess helfen kann, einen Fehlstart im Projektteam zu vermeiden.

kontinuierlich ermöglichen, inmitten von Wandel und Nicht-Orientierung über sich selbst sinnstiftend und zielführend auskunfts- und dialogfähig zu bleiben.[546] Einem systemtheoretischen Organisationsverständnis folgend, können entsprechende Maßnahmen zwar geplant, die Reaktionen des sozialen Systems allerdings nicht vollständig antizipiert werden, weshalb ein iterativer und rückbezüglicher Planungsprozess angemessen und notwendig erscheint.[547] Dass es sich bei Organisationen um soziale Systeme handelt, die ausschließlich autopoetisch entscheiden, welchen Umwelteinflüssen sie welche Bedeutung beimessen, bedeutet dabei keinesfalls, dass eine vorausschauende Planung nicht möglich oder nicht sinnvoll ist.[548] Vielmehr kommt es darauf an, nicht starr den einmal erstellten Projektplan abzuarbeiten, sondern das Projekt im konkreten Handeln zu steuern und sich antizipierend auf die damit verbundenen Unwägbarkeiten einzulassen.[549] Planung bezieht sich demnach auf grundsätzliche Überlegungen zum zukünftigen Vorgehen und die gedankliche Vorwegnahme bevorstehender Aktivitäten und erfüllt damit eine Orientierungsfunktion, während Steuerung im Weiteren als konkretes Handeln in realen Situationen, die über das sture Abarbeiten des Projektplans hinausgeht, verstanden wird. Die Einsicht, dass dementsprechende Projekte in gewissem Umfang unkontrollierbar und nicht minutiös plan- bzw. steuerbar sind, führt in der Praxis teilweise dazu, dass der Wunsch nach Kontrolle weiter zunimmt.[550] Diese zwangsläufig im

---

546 Ebd., S. 122.

547 Doppler und Lauterburg 2014, S. 338, schreiben beispielsweise: »Ein Projektleiter, der glaubt, es genüge, methodisch ›sauber‹ vorzugehen, um ein großes, komplexes Projekt zum Erfolg zu führen, handelt blauäugig und verschleudert letztendlich in gewaltigem Umfang kostbare Ressourcen seines Unternehmens.«

548 Frohn und Walleyo 2016, S. 188, führen mit dem konkreten Bezug zu Integrationsprojekten aus: »Detaillierte Vorbereitung und Planung der Integrationsaktivitäten ist ein absolutes Muss für ein so wichtiges Vorhaben. [...] Der Planungsprozess bildet dabei eine Kaskade, die mit dem Fortschritt der Transaktion und Integration verfeinert wird. Sie beginnt mit der genannten Integrationsstrategie und einer Meilensteinplanung und geht runter bis hin zu einer Aktivitäten-Planung der einzelnen funktionalen Integrationsteams.«

549 Wimmer argumentiert in Bezug auf die universellen Prinzipien von Wandel: »Sobald man auf eine konkretere Ebene kommt, wo es ums Handeln geht und ums genauere Problemlösen, da ist man im Grunde genommen sehr fehlgeleitet zu meinen, man könnte diese westliche, vor allem anglo-amerikanische Tradition des direkten Eingreifens, des kontrollierten Steuerns verallgemeinern. Das ist ein Riesenirrtum. Dieses Verständnis beruht auf einer in unseren Breiten leider immer noch weitverbreiteten Kontrollillusion.« Doppler, Simon, Wimmer und Haas 2017, S. 4.

550 So schreibt Jansen 2003, S. 300: »In der Empirie zeigt sich jedoch die Paradoxie in aller Härte: Re-Zentralisierung als Antwort auf Steuerungsversagen führt zu Steuerungsversagen.« In seinem Großsample waren zwei der vier signifikanten Misserfolgsfaktoren (1) »Zu starke Zentralisierung der Koordination (Überlastung der Entscheidermannschaft)« und (2) »Nur Top-down-Kommunikation«.

Projektverlauf gegebene Unsicherheit aushalten zu können ist daher Grundvoraussetzung, sowohl für die Steuerungs- als auch die Lenkungsebene.[551]

Um die im Rahmen eines Integrationsprozesses zu bearbeitenden Aufgaben nicht nur langfristig zu planen, sondern auch operativ zu steuern (ohne dabei von einem linearen, monokausalen Steuerungsverständnis auszugehen), ist es erforderlich, dass eine ausreichende Anzahl von Rückkopplungsmöglichkeiten geschaffen wird, damit die Projektverantwortlichen eine realistische Einschätzung über den aktuellen Zustand der Organisation an unterschiedlichen (Stand-) Orten gewinnen und darauf aufbauend sinnvolle Interventionen initiieren können. Neben gezielten Feedbackschleifen zur Rückkopplung des aktuellen Organisationszustandes an die Lenkungs- und Steuerungsebene des Integrationsprojekts ist es hilfreich, die betroffenen Mitarbeiter und Führungskräfte möglichst intensiv in den Planungsprozess einzubinden. So ist z.B. auf unterschiedlichen Ebenen der neuen Organisation die Integrationsplanung mit Mitarbeitern und Führungskräften aus *beiden* beteiligten Unternehmen zu konkretisieren, um durch eine gemeinsam erarbeitete (Bereichs-)Strategie eine geteilte Wirklichkeit und somit ein gemeinsames Verständnis für die anstehenden Veränderungsnotwendigkeiten zu erzeugen.[552] Diese Klärungsprozesse zu Beginn der Integrationsbemühungen sind zwar relativ zeitaufwendig, erscheinen aber sinnvoll, um grundsätzliche Verständigungsschwierigkeiten im weiteren Projektverlauf zu vermeiden.[553] Ob ein solcher (Bereichs-)Strategieprozess tat-

---

551 Vgl. zu den Anforderungen an einen Integrationsmanager Meynerts-Stiller und Rohloff 2015, S. 32ff., oder Vahs und Weiand 2010, S. 46ff. Ausführungen zu den grundsätzlichen Anforderungen an Führungskräfte, die in heutigen Organisationen einen wirksamen Beitrag leisten wollen, finden sich z.B. bei Doppler und Lauterburg 2014, S. 71–85. Simon beschreibt die Anforderung an einen Manager folgendermaßen: »[…] ich bin zwar in der Verantwortung dafür, dass eine Entscheidung getroffen, vertreten und durchgesetzt wird, aber ich weiß nicht, welches die richtige Entscheidung ist. Deswegen hole ich mir Menschen mit möglichst vielen Kompetenzen und gestalte einen Kommunikationsprozess, an dessen Ende eine intelligente Entscheidung steht, die intelligenter ist, als wenn ich sie alleine getroffen hätte. Dazu braucht man Mut. Aber nicht, um zu sagen, wir machen das so oder so oder so. Das ist nur klischeehafter Größenwahn.« Doppler, Simon, Wimmer und Haas 2017, S. 9.

552 Ein anschauliches Beispiel für das »Herunterbrechen« des Zielbildes des Gesamtunternehmens auf einzelne Bereiche/Abteilungen ist bei Goldbeck 2012 am Beispiel des Integrationsprozesses zwischen der Commerzbank und der Dresdener Bank relativ ausführlich beschrieben. »Um die vom Zielbild der Commerzbank ausgehende positive Wirkung auf das kulturelle Zusammenwachsen zu stärken, wurde das Zielbild in einem zweistufigen Prozess operationalisiert. Zunächst wurden auf Ebene der Segmente/Konzernbereiche eigene Zielbilder abgeleitet. […] Anschließend wurde in einem kaskadierenden Prozess entlang der Hierarchieebenen in den Segmenten/Konzernbereichen der konkrete Bezug des Zielbilds zur täglichen Arbeit hergestellt.« (S. 159).

553 Gerds und Schewe 2011, S. 270ff., weisen beispielsweise darauf hin, dass die Top-Performer in ihrer Studie früher als der Durchschnitt angefangen haben, Integrationsplanungen zu konkretisieren und mit mittelfristigen Budgetplanungen zu unterlegen. Meynerts-Stiller

sächlich zu einer »verbindlichen Plattform für gemeinsames Handeln« führt oder
ob hierfür darüber hinausgehende Maßnahmen erforderlich sind, kann die
Projektsteuerungs- und Lenkungsebene nur durch Feedbackschleifen ermitteln.[554] Im Rahmen von umfangreichen Post-Merger-Prozessen bewährte Rück-
kopplungsformate sind dabei sowohl schriftliche Befragungsformate, wie z. B.
der Integrationsmonitor[555], als auch dialogische Verfahren, wie beispielsweise
Sounding-Gruppen.[556]

3.2.3.6. Kommunikation in Post-Merger-Integrationsprojekten

> »Professionelle Kommunikation ist ein Muss für das Gelingen von M&A-Projekten. Sie
> entscheidet mit darüber, ob Transaktionen gelingen oder nicht.«[557]

Dieses Zitat verdeutlicht, welche Relevanz selbst Autoren und Berater, deren
Hintergrund nicht systemtheoretisch geprägt ist, dem Punkt Kommunikation
zuschreiben. Vor dem Hintergrund eines systemtheoretischen Organisationsverständnisses, welches postuliert, dass Organisationen Kommunikationssysteme sind, ist dieses Zitat umso zutreffender.[558] Da »die Differenz von System und

---

und Rohloff 2015, S. 184, beschreiben ein konkretes Fallbeispiel, dessen Integrationspro-
bleme hätten gelindert werden können, wenn zu Beginn ein ehrlicher Austausch über die
zukünftige strategische Ausrichtung stattgefunden hätte: »Ein familiengeführtes, mittelständisches Unternehmen im Automobilzulieferbereich glaubt durch den Übergang in
einen großen internationalen Konzern besseren Zugang zu den OEMs des nationalen
Heimatmarkes zu erlangen. Der Erwerber will allerdings mit den Produkten des Target die
eigene Produktlinie abrunden, um nicht hinter Mitbewerber zurückzufallen, und hat nur ein
begrenztes Interesse am Heimatmarkt des Target. Dies wird aber erst am Ende des Integrationsprozesses sichtbar, weil die Zusammenarbeit über Monate hinweg einfach nicht
rundlaufen will. Ein gemeinsamer Strategieprozess, der sich kaskadierend über alle Hier-
archiestufen ausbreitet, fand nicht statt, eine Chance, dieses Missverständnis aufzulösen,
war nicht gegeben, da alle Beteiligten ausschließlich auf die Integration fokussiert waren.«

554 Meynerts-Stiller und Rohloff 2015, S. 190, führen dabei vier Funktionen von Rückkopp-
lungsschleifen in Organisationsprojekten aus: »1.) Sie dienen als ›Statusbericht‹ des sozialen
Systems und als Basis für weitere Projektmaßnahmen. 2.) Sie ermöglichen und fördern die
Beteiligung der Mitarbeiter im Sinne von: ›Eure Wahrnehmung ist uns wichtig‹, gerade auch
in Phasen, in denen Menschen nicht direkt in die Projektarbeit eingebunden sind. 3.) Sie
halten das Projekt und die Organisation in ihrem Arbeitsalltag miteinander verbunden und
sichern den permanenten Informationsfluss zwischen beiden. 4.) Sie stellen Verbindlichkeit
her für alle Beteiligten durch Transparenz über unterstützendes Führungsverhalten.«
555 Vgl. hierzu ausführlich die das Kapitel bei Brünnecke, Schmitt und Basse 2012.
556 Vgl. hierzu ausführlich die das Kapitel bei Stölting a. a. O.
557 Deter 2016, S. 235. Doppler und Lauterburg 2014, S. 392, führen ganz grundsätzlich zur
Projektarbeit aus: »Gerade im Zusammenhang mit Projektarbeit gilt der Satz: Kommunikation ist alles. Es sollte kein Projekt verabschiedet werden, wenn nicht ein entsprechendes
Kommunikationskonzept vorliegt.«
558 Vgl. zu einer gut verständlichen Einführung in das systemtheoretischen Kommunikati-
onsverständnis Meissner, Gentile und Tuckermann 2009.

Umwelt ausschließlich durch Sinngrenzen vermittelt wird«,[559] hat Kommunikation im Kontext einer Merger-Integration also die grundsätzliche Aufgabe, eine Sinn-Wirklichkeit zu schaffen, die es den Mitarbeitern und Führungskräften ermöglicht, die anstehenden Veränderungen als einen insgesamt logischen und nachvollziehbaren Prozess zu erleben, und eine gemeinsam geteilte, handlungsleitende Vorstellung von Wirklichkeit zu entwickeln. Fehlen entsprechende kommunikative Kontextangebote aus der Führung und aus der Integrationsprojektsteuerung, werden die entsprechenden Informationsbedürfnisse, üblicherweise nicht im Sinne der Akquisitionsziele, über nicht steuerbare Gerüchte befriedigt.[560] Dabei ist es wichtig, Kommunikation nicht als ein einseitiges Informieren zu verstehen, sondern einen wechselseitigen persönlichen Austausch zwischen Mitarbeitern und Führungskräften (bzw. Multiplikatoren oder Schlüsselpersonen) zu ermöglichen und zu fördern.[561] Die Aufgabe der Veränderungskommunikation liegt dabei darin, die riskante Komplexität für die internen wie externen Stakeholder zu reduzieren und auf die Ziele des Integrationsprojekts zu orientieren.[562] Die Entwicklung einer kohärenten Kommunikationsstrategie ist deshalb ebenso zu planen und vorzubereiten wie andere Maßnahmen im Rahmen der »technischen« Integrationsumsetzung.[563] Aufbauend auf einer Situationsanalyse in den beteiligten Organisationen[564] sollte dementsprechend ein Kommunikationskonzept entwickelt werden, welches in kohärenten Botschaften eine attraktive Leitstory vermittelt[565] und zugleich die

---

559 Luhmann 1984, S. 265.
560 Vgl. Doppler und Lauterburg 2014, S. 415.
561 Große Peclum 2012, S. 58. Doppler und Lauterburg 2014, S. 392, schreiben diesbezüglich: »Kommunikation ist im Rahmen des Projektmanagements zunächst ein unverzichtbares Steuerungsinstrument. Gleichzeitig trägt die Kommunikation [...] aber auch zur Identifikation der Mitarbeiter [...] bei.«
562 Pfannenberg 2009, S. 14.
563 Doppler und Lauterburg 2014, S. 411, sprechen in diesem Kontext von einem Drehbuch, welches durch »eine kleine Gruppe mit der richtigen psychologischen, gruppendynamischen, organisatorischen und betriebswirtschaftlichen Kompetenz sowie einer klaren Führung« verfasst werden sollte. Etwas weiter unten (S. 414) schreiben sie mit Bezug zu Integrationsprozessen: »Ein stringentes Kommunikationskonzept ist zwar nicht alles, aber ohne eines solches ist alles andere nichts.« Eine empirische Bestätigung der Wichtigkeit einer durchdachten Kommunikationsplanung findet sich auch in dem Großsample bei Jansen 2003, S. 378.
564 Dies kann z. B. eine Interviewreihe innerhalb des oberen Managements zum besseren Verständnis der momentanen Alltagswirklichkeit der Mitarbeiter sein. Dabei ist natürlich auch eine Ist-Erhebung in dynamischen Organisationsprojekten immer auch eine kommunikative Intervention in einem System. Vgl. hierzu auch Meynerts-Stiller und Rohloff 2015, S. 199f., oder allgemein zur Organisationsdiagnose Doppler und Lauterburg 2014, S. 267–286.
565 Dabei sind lebendige und anschauliche Bilder zu entwickeln, die deutlich machen, woher die Organisation kommt, warum und wie Dinge verändert werden, wohin die Reise geht und was dort zu erwarten ist. Vgl. Doppler und Lauterburg 2014, S. 412f.

Informationsbedürfnisse ganz unterschiedlicher Zielgruppen berücksichtigt.[566] Dieses Kommunikationskonzept sollte gleichsam zeitliche Festlegungen für die Ansprache der divergierenden Anspruchsgruppen beinhalten[567] und die zu nutzenden Kommunikationsformate und -kanäle, unter Berücksichtigung dialogischer Formate, planen. Wie auch andere Überlegungen im Rahmen des »technischen Mergers« müssen entsprechende Vorgehensweisen für jeden Akquisitionsfall neu konzeptioniert werden, da nur mit Blick auf die Mitarbeiterkommunikation sowohl die Informationsinhalte als auch die Informationsformate und -kanäle unter Berücksichtigung sprachlicher sowie kultureller Gewohn- und Gepflogenheiten zu spezifizieren sind.

Ein bedeutender Teil der Kommunikationsbemühungen im Rahmen eines Integrationsprojekts ist dabei der »Day 1«, also der Tag der Übernahme der vollständigen Unternehmenskontrolle durch den Käufer. Es ist offensichtlich, dass, wie oben thematisiert, wesentliche Entscheidungen weit im Vorfeld dieses Tages getroffen werden müssen, um eine attraktive Leitstory erzählen zu können, die die Informationsbedürfnisse einzelner Stakeholder angemessen befriedigt. Im Hinblick auf die Mitarbeiterkommunikation ist

> »Bestandteil dieser Merger-Story zum Day 1 die Vorstellung des eigenen Unternehmens, die angemessene Würdigung der Erfolge des Target-Unternehmens in der Vergangenheit sowie der einzigartige Erfolgsbeitrag des Target für das angestrebte gemeinsame Ziel.«[568]

---

566 Vgl. Stolzenberg und Heberle 2009, S. 66 ff., für eine zielgruppengerechte Planung des Kommunikationskonzeptes. Mit Bezug auf die spezifischen Zielgruppen in der M&A-Kommunikation vgl. Lucks und Meckl 2015, S. 351–354. Divergierende Zielgruppen im Rahmen einer Merger-Kommunikation können nach Führungskräften und Mitarbeitern in den unterschiedlichsten Funktionen, Kunden und Kooperationspartner, Wettbewerber, Behörden etc. differenziert werden. Ein signifikanter Unterschied zwischen kapitalmarktorientierten und Familienunternehmen besteht im Rahmen der Kommunikationsplanung in der notwendigen Informationsversorgung der Anteilseigner.

567 Meynerts-Stiller und Rohloff 2015, S. 201, weisen diesbezüglich darauf hin, dass es im Sinne der Akzeptanzbildung klug sein kann, die Personalvertretung möglichst transparent über die Integrationsplanung und die Vorgehensweise in den einzelnen Arbeitsgruppen zu informieren und dialogisch einzubeziehen.

568 Ebd., S. 69. Darüber hinaus weisen sie darauf hin, dass Menschen narrative Wesen sind. »Wir erzählen uns unsere Realität immer wieder aufs Neue und erschaffen sie damit. Mit der Merger-Story und ihren späteren Wiederholungen wird der Organisation ein Bild angeboten, an dem sich die unterschiedlichsten Wahrnehmungen und Sichtweisen ausrichten, diese aber auch kritisch reflektiert und diskutiert werden können. Die Merger-Story ist mehr als ein attraktives Zukunftsbild. Sie enthält etwas über den Weg hin in diese Zukunft und über den Umgang miteinander. Im weiteren Verlauf des Prozesses wird sie kontinuierlich angereichert, immer wieder auch abgewandelt und begleitet den gesamten Integrationsprozess. Diese Story entsteht in jedem Merger und wird von den Beteiligten noch nach Jahren erzählt. Wird sie nicht aktiv gestaltet, verselbstständigt sie sich und enthält überwiegend die Schattenseiten des Mergers.« Vgl. zur Macht von Geschichten in Familienunternehmen auch die Dissertation von Zwack 2011.

Dabei sind die zentralen Botschaften inhaltlich ebenso zu planen wie die Art und Weise der Vermittlung, da es keine zweite Gelegenheit zur Erlangung des ersten Eindrucks gibt. Dabei gilt es diverse Maximen zu berücksichtigen, z. B. dass es effizienter ist, Informationen persönlich zu übermitteln, dass interne Stakeholder vor externen zu informieren sind[569] oder dass Authentizität im Kommunikationsgeschehen überaus wichtig ist und schlechte Nachrichten dementsprechend sofort kommuniziert werden sollten.[570] Es ist dabei offensichtlich, dass die Kommunikation, am Übernahmetag wie auch im weiteren Verlauf des Integrationsprojekts, zusammen mit den beobachtbaren Handlungen ein stimmiges Gesamtbild ergeben muss. Wird kommunikativ das Bild eines professionellen, strukturierten Vorgehens vermittelt, muss beispielsweise die technische Arbeitsfähigkeit jedes einzelnen Mitarbeiters (mit Blick auf IT-Systeme etc.) unbedingt sichergestellt sein.[571] Aber auch im Hinblick auf andere Stakeholder, wie Kunden und Lieferanten, ist eine einheitliche Sprachregelung zum Übernahmetag zu planen, vorzubereiten und sicherzustellen.

Die angesprochene Tatsache, dass die persönliche Kommunikation mit betroffenen Mitarbeitern nie (vollständig) durch schriftliche Informationsmaterialien ersetzt werden kann, führt dazu, dass den Führungskräften im Rahmen eines Post-Merger-Integrationsprozesses immer eine besondere Bedeutung zukommt.[572]

»During organisational change, face-to-face communication with the employees who are affected is a key factor for success.«[573]

Von ihnen wird eine Orientierungsfunktion und Unterstützung im direkten Arbeitsumfeld erwartet, da

»Zeiten intensiver Veränderung eine andere Dynamik erzeugen als Arbeitszeiten im Routinemodus. Jedes Wort wird jetzt auf die Goldwaage gelegt, Mitarbeiter benöti-

---

569 Vgl. hierzu die Empfehlungen bei Lucks und Meckl 2015, S. 356 ff.

570 Vgl. hierzu die Ausführungen zu Jansens 20. These: »Die Paradoxie der Mitteilung: Authentizität durch Kommunikation der Destruktion. Das Schlechte ist gerade gut genug gegen Gerüchte.« Jansen 2003, S. 375–377.

571 Mit Blick auf den hierfür erforderlichen Aufwand weisen Meynerts-Stiller und Rohloff 2015, S. 71, darauf hin, dass die vorbereitende Planung, Aufbereitung und Produktion von Unterlagen für den Day 1 und die ersten 30 Tage i. d. R. massiv unterschätzt werden. Bei einer Integration von 200 bis 400 Mitarbeitern an zwei bis drei Standorten sollten mindestens zwei bis drei Mitarbeiter in Vollzeit für einen Zeitraum von zwei bis drei Monaten zur Vorbereitung eingeplant werden.

572 Auch Doppler und Lauterburg 2014, S. 202, weisen auf die besondere Relevanz von persönlichen Beziehungen hin, wenn sie schreiben: »Es gibt ein Gesetz, das jeder kennen muss, der in Organisationen etwas bewegen will: Prozesse laufen über Personen. Dies gilt ganz besonders für Entwicklungs- und Veränderungsprozesse.«

573 Wagner 2008, S. 75.

gen häufige Rückversicherungen, der Informations- und Kommunikationsaufwand steigt [...].«[574]

In den meisten Fällen wird die bestehende Führungsmannschaft in einem mittelständischen Familienunternehmen nur wenig Erfahrung mit Post-Merger-Integrationsprozessen aufweisen.[575] Aufgrund des in besonderem Maße Beobachtet-Werdens und des gleichzeitigen eigenen Betroffenseins[576] von den anstehenden Veränderungsprozessen, kann es sinnvoll sein, v. a. für die unteren und mittleren Führungskräfte entsprechende Trainings- und Coachingmaßnahmen anzubieten, damit diese ihre für den Integrationserfolg hoch relevante Rolle möglichst gut ausfüllen können.[577] Außerdem ist es in besonderem Maße relevant, dass die Führungskräfte so auskunftsfähig wie möglich sind, also einen früheren Zugang zu Informationen haben sollten als ihre Mitarbeiter,[578] was bei der Planung des Kommunikationskonzeptes entsprechend zu berücksichtigen ist.

3.2.3.7. Umgang mit kulturellen Unterschieden

Zu dem Thema Kultur in Post-Merger-Integrationsprozessen entstehen immer wieder kontroverse Diskussionen. Dies ist sicherlich auch der Tatsache geschuldet, dass es nicht einmal innerhalb der wirtschaftswissenschaftlichen Forschungsanstrengungen eine geteilte Meinung darüber gibt, was »Kultur« ist und wie diese definiert werden kann. Im Bereich der Managementforschung hat das Themengebiet in den 1980er Jahren einen starken Aufmerksamkeitsanstieg erfahren,[579] als diverse Autoren die Unternehmenskultur zu einem wesentlichen

---

574 Meynerts-Stiller und Rohloff 2015, S. 177.
575 Vgl. hierzu die Ergebnisse bei Becker, Ulrich und Botzkowski 2016, S. 59, die herausgearbeitet haben, dass nur 18 Prozent der befragten Bereichs- und Abteilungsleiter über »viel« oder »sehr viel« persönliche M&A-Erfahrung verfügen.
576 Bei den meisten Zusammenschlüssen wird es Redundanzen im Führungskräftebereich geben. Hierdurch sind i.d.R. auch viele Führungskräfte nicht nur durch zu steuernde Prozessveränderungen, sondern auch durch Veränderungen ihres persönlichen Verantwortungsbereichs, Betroffene der Post-Merger-Integration. Vgl. hierzu auch die Ausführungen bei Gerds und Schewe 2011, S. 114–116. Dass kurzfristige Maßnahmen im Bereich »Bindung und Benennung von Führungskräften« einen positiven Einfluss auf den Akquisitionserfolg haben, hat Gerds 2000, S. 209 ff., bereits in seiner Dissertation herausgearbeitet.
577 Ein anschauliches Beispiel zur Qualifizierung von Change Agents bei dem Zusammenschluss zwischen Commerzbank und Dresdener Bank findet sich bei Große Peclum und Siepmann 2012, S. 106 ff.
578 Vgl. Wagner 2008, S. 80, die schreibt: »A multiplier must know a lot more than the other employees. The preparation of multipliers in terms of their understanding and acceptance of change – as well as their willingness and capability to be a multiplier – is therefore the key to success.«
579 Alvesson 2013, S. 7, spricht in diesem Zusammenhang von einem »corporate culture boom«.

Erfolgsfaktor ausriefen.[580] Einer inzwischen relativ weit verbreiteten Systematisierung zufolge lassen sich die meisten der in der Managementforschung entwickelten Ansätze dem »Variablen-Ansatz« oder dem »Root-metaphor-Ansatz« zuordnen.[581] Dem *Variablen-Ansatz* liegt die Überzeugung zugrunde, dass Kultur eine, wenn auch wichtige, Einflussvariable für den wirtschaftlichen Erfolg eines Unternehmens darstellt. Daneben existieren weitere relevante, aber einigermaßen unabhängige Einflussvariablen wie beispielsweise die Strategie oder die Struktur, die den Organisationserfolg beeinflussen. Eine Organisation hat demnach eine Kultur. Dem *Root-metaphor-Ansatz* hingegen liegt die Überzeugung zugrunde, dass Organisationen Kulturen sind und elementare Charakteristika (wie Strategien, Strukturen etc.) aus diesen Kulturen hervorgehen, diese also kulturell geprägt sind. Strenggenommen ergibt sich hieraus ein eigenes organisationstheoretisches Paradigma, da Organisationsforschung dann v.a. Kulturforschung ist.[582] Der populärste und diesbezüglich am häufigsten rezitierte Ansatz ist sicherlich das Drei-Ebenen-Modell von Edgar Schein.[583] Neben den angesprochenen Ansätzen aus der Managementforschung haben sich auch andere Wissenschaftsdisziplinen mit dem Thema Unternehmenskultur auseinandergesetzt und z.T. ganz andere Ansätze gefunden. Zu nennen sind hier u.a. die Arbeits- und Industriesoziologie mit dem Konzept der Betrieblichen Sozialordnung[584] oder dem Sozialgrammatik-Ansatz.[585]

Ungeachtet der Tatsache, dass es sehr unterschiedliche theoretische Zugänge zum Themengebiet Unternehmenskultur gibt, sind sich fast alle Autoren darin

---

580 Vgl. z.B. die vielbeachtete Arbeit von Peters und Watermann 1982.

581 Vgl. hierzu die Ausführungen bei Smircich 1983. Diese Unterteilung wird bis heute beibehalten; z.B. in den Ausführungen von Behrends und Martin 2017, S. 335 ff.

582 Vgl. zu diesem Gedanken die ausführlichen Erläuterungen bei Ebers 1985.

583 Vgl. Schein 1995.

584 Dieser Ansatz baut im Wesentlichen auf den frühen Überlegungen von Kotthoff und Reindl 1990 auf, welche die soziale Organisation von mittelständischen Eigentümerunternehmen untersucht haben. Im Mittelpunkt stand »die Frage der Handlungskoordination und sozialen Integration, also der Regelungsmechanismen, [...], nach dem strukturellen Gerüst, der emotionalen ›Gestimmtheit‹ und der inneren ›Kultur‹, d.h. nach der psychosozialen Wirklichkeit des Sozialgebildes Klein- und Mittelbetrieb; nach der lebensweltlichen Prägung der Menschen, die sich im Betrieb begegnen, und wie dieses sich im Betrieb auswirken [...]« (S. 9). Auf Basis ihrer empirischen Einzelfallstudien entwickelten die Autoren eine Typologie diverser Betrieblicher Sozialordnungen.

585 Den zentralen Ausgangspunkt des Sozialgrammatik-Ansatzes bildet die Überlegung, dass sich die Herausbildung organisationaler Handlungsstrukturen nicht willkürlich vollzieht, sondern stets (auch) an die dauerhafte Erfüllung grundlegender Funktionsanforderungen gebunden ist. Ausgehend von drei kulturellen Kerndimensionen (Handlungsrationalität, soziale Einbindung und Erkenntnisorientierung) beinhaltet das sozialgrammatische Grundmodell neun sogenannte Basisprinzipien, anhand derer die kulturspezifische Prägung der organisationalen Funktionserfüllung näher skizziert und analysiert werden kann. Vgl. hierzu auch die Ausführungen bei Behrends und Martin 2017, S. 353 ff., und Behrends 2001.

einig, dass diese im Rahmen eines systemtheoretischen Organisationsverständnisses als unentscheidbare Entscheidungsprämisse beschriebenen Prämissen einen wesentlichen Einfluss auf den Prozess des Zusammenwachsens von zwei bisher getrennten Organisationen haben.[586] So ist es zwar aus der Sicht des Autors durchaus fraglich, ob es möglich und sinnvoll ist zu versuchen, die Kultur eines Unternehmens im Vorfeld zu quantifizieren, um aus den ermittelten Unterschieden zwischen den an einer Transaktion beteiligten Unternehmen konkrete Handlungsempfehlungen abzuleiten.[587] Allerdings erscheint es durchaus zielführend, sich der Tatsache bewusst zu sein, dass zwangsläufig Unterschiede zwischen den handlungsleitenden Prämissen, also den unternehmensindividuellen Werten und Normen[588], existieren, da diese sich evolutionär und pfadabhängig in jeder Organisation individuell entwickeln. Entscheidend für den Post-Merger-Integrationsprozess scheint nicht unbedingt die, wie auch immer gemessene, Unterschiedlichkeit der Kulturen der beteiligten Unternehmen zu sein, sondern vor allem der Umgang mit Gemeinsamkeiten und Unterschieden.[589] Eine dauerhafte Unterschiedlichkeit in wesentlichen Werten und Normen kann jedoch zu Schwierigkeiten führen, wie Doppler und Lauterbach ausführen:

> »Das Hauptproblem besteht jedoch häufig darin, dass insgesamt überhaupt keine einheitlichen, zum Teil sogar krass widersprüchliche Normen und Werte wirksam sind. In solchen Fällen wird Komplexität nicht reduziert, sondern erhöht. Konsequenz: Es fehlt an Orientierung. Vorsicht wird zur Grundlage erfolgreichen Verhaltens. Situatives Taktieren beherrscht die Szene.«[590]

Damit solche die Komplexität erhöhenden widersprüchlichen Normen und Werte abgebaut werden können, erscheint es zielführend, gemeinsame Zielbilder zu entwickeln.[591] Kontroverse Meinungen gibt es dabei darüber, wie explizit der Gegenstand »Kultur« in diesem Zusammenhang thematisiert werden sollte.

---

586 Vgl. hierzu die Literaturangaben bei Palm 2012, S. 4.
587 Einer der bekanntesten Ansätze zur Quantifizierung von Kultur durch einzelne Parameter ist 1980 von Hofstede veröffentlich worden (vgl. Hofstede 2001). Einen konkreten Bezug zu Akquisitionsprojekten weist z. B. der Ansatz von Cartwright und Cooper 1996 auf.
588 Doppler und Lauterburg 2014, S. 493, definiert Unternehmenskultur als »die Gesamtheit der Normen und Werte, die den Geist eines Unternehmens ausmachen, das Verhalten der in ihm tätigen Menschen kanalisieren und die Art und Weise ihres Zusammenwirkens regulieren. Das Ziel von Werten und Normen – und der Grund für ihre Unverzichtbarkeit – ist die Reduktion von Komplexität. Menschliche Gemeinschaften sind soziale Gebilde von enorm hoher Komplexität. Normen und Werte schaffen Klarheit für alle Mitglieder eines Sozialverbandes, was in dieser Organisation als ›gut‹ beziehungsweise ›nicht gut‹ gilt, was ›erlaubt‹ beziehungsweise ›nicht erlaubt‹ ist, was ›belohnt‹ und was ›bestraft‹ wird.«
589 Vgl. beispielhaft Palm 2012, S. 146, oder Baldus und Gladbach 2012, S. 162.
590 Doppler und Lauterburg 2014, S. 500 f.
591 Vgl. für eine Ausführung der diesbezüglichen Anstrengungen im Rahmen der Zusammenführung der Commerzbank und der Dresdener Bank die Ausführungen bei Goldbeck 2012.

Während beispielsweise Baldus und Gladbach[592], Meynerts und Stiller[593] oder Wirtz[594] sich dafür aussprechen, die Verschiedenheit der Normen und Werte direkt zum Thema der Kommunikation zu machen, plädiert Jansen dafür, diesem abstrakten Thema keinen zusätzlichen Raum im Kommunikationsgeschehen zu geben, sondern gemeinsame Werte durch regelmäßige Kommunikation und das gemeinsame Arbeiten an konkreten Sachthemen zu befördern.[595]

3.2.3.8. Personalentscheidungen bei Unternehmensintegrationen

Lucks und Meckl definieren verschiedene Anspruchsgruppen, die an einer Unternehmensakquisition und der entsprechenden Integration beteiligt bzw. davon betroffen sind.[596] Die eigenen Mitarbeiter sind dabei eine der wichtigsten Anspruchsgruppen, weshalb nachfolgend detaillierter auf verschiedene Mitarbeitergruppen eingegangen wird.[597] Vornehmlich werden diejenigen Mitarbeiter fokussiert, bei denen sich familienunternehmensspezifische Besonderheiten beobachten lassen, wie z. B. das Top-Management und die übrigen Führungskräfte im übernommenen Unternehmen. Insgesamt kommt dem Thema Personalentscheidungen aber natürlich in allen operativen Bereichen eines Unternehmenszusammenschlusses eine maßgebliche Bedeutung zu. Neben den angesprochenen Entscheidungen auf Führungskräfteebene haben sowohl die Reorganisationsmaßnahmen und die hierzugehörigen Auswahlverfahren[598] als auch das sogenannte Retention-Management und die Angleichung der Anreiz- und Vergütungssysteme einen relevanten Einfluss auf die Bereitschaft jedes Einzelnen zur aktiven Mitarbeit an den Integrationszielen.[599] Dem Retention-

---

592 Vgl. Baldus und Gladbach 2012, S. 163 ff.
593 Vgl. Meynerts-Stiller und Rohloff 2015, S. 176.
594 Vgl. Wirtz 2017, S. 326 ff.
595 Vgl. Jansen 2003, S. 336: »Die Thematisierung sensibilisiert schismogenetisch auf die Unterschiedlichkeiten zwischen dem Fremden und dem Eigenen und führt zu einer Übertreibung von Unterschiedlichkeit – insbesondere zur Vertuschung des Gemeinsamen. Damit konnte die These der Dethematisierung der Kultur mit Umstellung von Beobachtung dritter Ordnung auf das arbeitsteilig organisierte, gemeinsame (!) Geschäft zumindest in Ansätzen bestätigt werden.«
596 Vgl. Lucks und Meckl 2015, S. 46 ff.
597 Vgl. hierzu neben ebd., S. 46 ff., auch die Ausführungen bei Grewe 2004, S. 118 ff. Grewe differenziert in ihrer Dissertation dabei v. a. zwischen den Gestaltungsbeiträgen der integrationsverantwortlichen Führungskräfte (S. 123 ff.) und den Gestaltungsbeiträgen der betroffenen Mitarbeiter (S. 143 ff.). Insgesamt liegt ihrer Arbeit dabei eine theoretisch fundierte sozialpsychologische Konzeptionalisierung zugrunde (vgl. hierzu auch S. 53 ff.), welche im Zusammenhang mit Integrationsprojekten eine wenig genutzte Theorieressource darstellt.
598 Vgl. hierzu beispielhaft die Ausführungen bei Huvers 2012 am Beispiel der Commerzbank.
599 Vgl. hierzu auch die Dissertation von Hermsdorf 2011, der empirisch erarbeitet hat, dass »eine Schwächung des psychologischen Vertrages dem Integrationserfolg in deutlich stärkerem Maße abträglich ist, als eine Stärkung zum Integrationserfolg beiträgt« (S. 256). Das

Management wird dabei in der Literatur je nach Branche[600] oder Unterneh-
mensbereich[601] unterschiedlich hohe Bedeutung beigemessen. Insgesamt ist sich
die Literatur allerdings relativ einig, dass mit Blick auf den Fachkräftemangel
und den bereits in den 1990er Jahren ausgerufenen »war for talents« die Bindung
der vorhandenen Personalressourcen zu den wesentlichen Erfolgsfaktoren vieler
Integrationsprojekte zählt.

Den Führungskräften kommt dabei insofern eine besondere Bedeutung zu, als
sie, unter besonderer Beobachtung stehend, dafür verantwortlich sind, dass die
operativen Prozesse trotz aller Veränderungen möglichst störungsfrei funktionieren, und sie zusätzlich als Multiplikator im Change-Prozess fungieren.[602] Die
Herausforderung des akquirierenden Unternehmens liegt dabei u. a. darin, die
relevanten Leistungsträger im Zielobjekt kurzfristig nach dem Closing zu identifizieren, da entsprechende Informationen i. d. R. vor dem Closing nicht zur
Verfügung stehen. Die Bindung von Mitarbeitern (v. a. von Leistungsträgern)
ist bei Übernahmen von mittelständischen Familienunternehmen vielfach von
besonderer Bedeutung, weil, wie oben beschrieben, grundlegende Entscheidungsprämissen eher über Personen statt durch klar definierte Ablaufprozesse
festgelegt sind.[603] Umso erstaunlicher ist es, dass dem Thema Retention-Management in mittelständischen Unternehmen i. d. R. wenig Aufmerksamkeit geschenkt wird.[604] Das Verhältnis zum direkten Vorgesetzten ist hier ein maßgeblicher Einflussfaktor,[605] weshalb diesen eine besondere Rolle im Integrationsprozess zuteilwird. Zudem sind natürlich auch verlässliche Aussagen über die
eigene Perspektive und entsprechende Rahmenbedingungen (Gehalt, Kollegen,
Verantwortungsbereich, Gestaltungsspielraum etc.) sowie die Gesamtakzeptanz
für den Merger entscheidend dafür, ob gute Mitarbeiter im Unternehmen ver-

---

Ergebnis seiner Arbeit ist ein Konzept, welches den psychologischen Vertrag im Rahmen der
Integrationsplanung, der -durchführung und des -controllings explizit berücksichtigt (vgl.
S. 201 ff.).

600 Jansen 2003, S. 393 schreibt mit Bezug auf Akquisitionserfahrungen im Silicon Valley: »Im
High Tech-Sample ging es hingegen um die *Professionalisierung der Erhaltung* der Mitarbeiter des Zielunternehmens. Hintergrund dafür ist die Unternehmensbewertung als
Kopfgeldprämie: Rechnerisch ergibt sich bei den Unternehmen ein Kaufpreis zwischen
500.000 und 20 Millionen US-Dollar pro übernommenen Mitarbeiter.«

601 Vgl. Meynerts-Stiller und Rohloff 2015, S. 213, die schreiben: »Wichtig können Mitarbeiter
nicht nur mit Blick auf den Unternehmenserfolg sein, sondern grade auch mit Blick auf eine
zügige und gelungene Umsetzung des Integrationsprozesses. Dieses können in allen
Funktionen des Unternehmens angesiedelt sein, aber für Mitarbeiter der IT oder des Per-
sonalwesens gilt es ganz grundsätzlich. Hier ist nicht die einzigartige Bedeutung des einzelnen Mitarbeiters im Fokus, aber die genaue Kenntnis des Unternehmens ist für die
Umsetzungsphase erst einmal nicht ersetzbar.«

602 Vgl. zu Multiplikatoren in der Change Kommunikation auch Wagner 2008.

603 Vgl. hierzu die Ausführungen in Kapitel 2.4.2.

604 Vgl. Remdisch und Meyer-Guckel , S. 5.

605 Vgl. Ebd., S. 17 ff.

bleiben. Ein weiterer wesentlicher Orientierungspunkt für Mitarbeiter und Führungskräfte in eigentümergeführten Unternehmen ist der Umgang mit den ehemaligen Eigentümern im Verkaufsfall.[606] Auf der einen Seite ist davon auszugehen, dass die Strukturen im Unternehmen maßgeblich durch diese Personen geprägt sind und sie ein Wissen über Personen und Abläufe haben, für dessen Aneignung ein externer Geschäftsführer Jahre bräuchte und welche in keiner Due Diligence umfassend expliziert werden können. Zum anderen ist die verantwortliche Umsetzung von tiefgreifenden Organisationsveränderungen schwierig, solange die ehemaligen geschäftsführenden Gesellschafter nicht von der Notwendigkeit dieser Maßnahmen überzeugt sind und sie im Umgang mit den hierfür erforderlichen handwerklichen Kompetenzen nicht geübt sind. In dieser paradoxen Situation entscheiden sich die meisten akquirierenden Familienunternehmen dafür, die bisherigen Verantwortlichen weiterhin an des Unternehmen zu binden und, solange wirtschaftlich vertretbar, möglichst nicht mit allzu umfangreichen Anforderungen zu überfrachten.[607]

Eine Veränderung im Top-Management des Zielunternehmens hat natürlich auch in kapitalmarktorientierten Unternehmen eine Wirkung. Ergebnisse verschiedener diesbezüglicher Studien fasst Jansen folgendermaßen zusammen:

>»Abschließend kann aus den wissenschaftlichen Analysen keine kausale Aussage über die Erfolgswirkungen von Management-Fluktuationen abgegeben werden […]. Gleichwohl sind für die Mehrzahl der Transaktionen wohl hinreichende Belege für die Problematik der Fluktuation im Zielunternehmen auf den Post-Merger-Erfolg gegeben. Insbesondere das an den Personen kondensierte Social und Intellectual Capital (Beziehungsnetzwerke, Reputation und eingebettetes Wissen) wird wesentlich.«[608]

In Familienunternehmen dürfte die Abhängigkeit der Organisation von den handelnden Personen im Top-Management aufgrund der hohen Personenorientierung[609] i. d. R. noch höher sein.

---

606 Eine spezifische Eigenheit beim Kauf von eigentümergeführten Unternehmen besteht demnach im Umgang mit den bisherigen geschäftsführenden Gesellschaftern. So schrieben Mickelson und Worley 2003, S. 263, schon 2003: »Plans must be made, well ahead of the post-acquisition integration, for the role the acquired family executives can and should play.«

607 »Die meisten Familienunternehmen zeichneten sich dadurch aus, dass sie die Kontinuität durch einen Beibehalt der Führung (auch der Eigner darin) des Zielunternehmens für drei bis fünf Jahre vertraglich sicherstellen. Insbesondere bei Zielunternehmen, die in einem hohen Maß von den Eignern abhängen oder in großer geografischer Distanz zum Käuferunternehmen sind, wurde auf das Beibehalten der Eigner großen Wert gelegt. […] Anders als bei Konzerngesellschaften wurde penibel darauf geachtet, dass die Führung des Zielunternehmens nicht übermäßig vielen Kontrollen und Hierarchien unterstellt wurde.« Benner 2009, S. 105.

608 Jansen 2003, S. 394.

609 Vgl. hierzu die Ausführungen in Kapitel 2.

3.2.3.9. Funktionale Integrationsstrategien

Die Veränderungen an den Prozessen der operativen Leistungserstellung und den hierfür erforderlichen Veränderungen an den bisherigen Strukturen ergeben sich im spezifischen Einzelfall aus den konkreten Integrationsplanungen. Allerdings gibt es einige Unternehmensbereiche, die üblicherweise von Veränderungen im Rahmen von Integrationsbemühungen betroffen sind. Auf diese wird im Folgenden in Kürze eingegangen und auf familienunternehmenstypische Besonderheiten sowie weiterführende Literatur hingewiesen.

HR-Zusammenführung
Wie bereits angesprochen, gilt eine gelungene Change-Kommunikation und die Herstellung einer Akzeptanz für den Merger unter den Mitarbeitern als ein wesentlicher Erfolgsfaktor für das Gelingen eines Integrationsprojekts. Die hierfür erforderlichen Qualifikationen und Kompetenzen sind dabei üblicherweise bei Mitarbeitern im HR-Bereich vorhanden. Dieser Bereich ist damit, noch eher als andere, sowohl Gestalter als auch Betroffener im Integrationsprozess.[610] Die in diesem Bereich üblicherweise zu bearbeitenden Handlungsfelder können folgendermaßen zusammengefasst werden:[611]
- HR-spezifische Unterstützungsleistungen für die Integration (z.B. Neubesetzung, Übergänge, Abbau, Betriebsübergänge, Retention-Management)
- Zusammenführung von HR-Systemen und -Verfahren (IT-Tools und Portale, Stammdaten, Verträge, Prozesse etc.)
- Den eigenen HR-Integrationsprozess leisten (Bereichsstrategie, Prozesse, Strukturen, Rollen/Selbstverständnis etc.)
- Change-Begleitung des Mergers (Architekturen, Roadmap, Formate, Tracking)

Die angesprochenen Aufgabengebiete machen es erforderlich, dass auch qualifizierte HR-Mitarbeiter im Vorfeld der Akquisitionsentscheidung an der Due Diligence mitarbeiten sollten. Die vielfältigen und herausfordernden Aufga-

---

610 Oder mit den Worten von Krusche 2010, S. 85: »Traditionell ist der Bereich HR bei Fusionsprozessen [...] an einer zentralen Gelenkstelle jeder Merger-Architektur positioniert: Einerseits sind dort die Kräfte gebündelt, die über das fachliche Knowhow dafür verfügen, großformatige Veränderungsprozesse zu gestalten und bereitliegende Fallstricke mit einer entsprechenden Instrumentalisierung so weit wie möglich zu umgehen. Zum anderen ist der Bereich selbst natürlich immer auch Teil der dramatischen Veränderungen, die zu begleiten er aufgefordert ist. Diese Selbstbezüglichkeit der eigenen Arbeit – etwas aktiv zu gestalten, von dem man permanent selbst gestaltet wird – führt zu einigen Widersprüchen und Verwerfungen bei den handelnden Akteuren, die damit einem besonderen Stress ausgesetzt sind.«
611 Vgl. auch Meynerts-Stiller und Rohloff 2015, S. 208.

benstellungen, welcher sich der HR-Bereich in einem Integrationsprozess gegenübersieht, werden bei Familienunternehmen z. T. durch den in Kapitel 2.5.5 beschriebenen Umgang mit Personalfragen verschärft.

IT-Zusammenführung

Ein wesentlicher Themenbereich, der heutzutage in allen Integrationsprojekten eine zentrale Rolle spielt, ist die Zusammenführung der IT-Systeme.[612] Ähnlich wie in der HR-Abteilung sind die Mitarbeiter der IT-Abteilungen im Rahmen einer Integration von einer doppelten Anforderung betroffen. Die IT-Abteilungen aus beiden Unternehmen, Käufer und Target, müssen selbst integrieren und eigene Kostensynergien realisieren, während sie gleichzeitig Enabler, Berater und Umsetzer für die Integration der anderen Funktionsbereiche sind.[613] Die konkreten Aufgaben hängen dabei von den gegebenen Rahmenbedingungen und dem entsprechenden Geschäftsmodell (z. B. eher IT-getrieben oder IT-unterstützt) ab.

Da die Umstellung auf ein anderes IT-System in vielen operativen Bereichen zu wesentlichen Veränderungen in der Ablauforganisation führt, stehen diesbezügliche Entscheidungen innerhalb der beteiligten Unternehmen immer unter einer besonderen Beobachtung. Familienunternehmensspezifische Besonderheiten können v. a. durch den vielfach ungeübten Umgang mit weitreichenden Reorganisationsprojekten entstehen.[614]

Zusammenführung Vertrieb/Einkauf

Die vielfach durch die Akquisition erhofften Synergien im Vertriebsbereich[615] können häufig nicht in gewünschtem Umfang realisiert werden, da die Komplexität der durchgerechneten Business Cases, speziell im Vertriebsbereich, der tatsächlichen Situation nicht gerecht wird. »Sie bleiben in der Berechnung der Fusionseffekte additiv und damit unterkomplex.«[616] Grundsätzlich wird der Bereich »Kundenbindung« sowohl im Rahmen der Integrationsplanung in der Praxis als auch in der wissenschaftlichen Analyse erstaunlicherweise immer noch stiefmütterlich behandelt.[617] Auch im Rahmen der Due Diligence ist dieser Be-

---

612 Vgl. hierzu grundlegend die Dissertation von Märkisch 2008, welcher im Rahmen seiner Arbeit ein idealtypisches Schema zur Abwicklung einer IT-Integration bei M&A-Projekten entwickelt hat. Schaaf und Kowoll 2016, S. 292, schätzen, dass inzwischen bis zu 60 Prozent der gesamten Synergieerwartungen eines Mergers von einer gelungenen IT-Integration abhängig sind.

613 Meynerts-Stiller und Rohloff 2015, S. 219.

614 Vgl. hierzu auch Kapitel 2.5.4.

615 Vgl. die Ausführungen in Kapitel 1.4.2.

616 Meynerts-Stiller und Rohloff 2015, S. 230.

617 Jansen 2003, S. 344, merkt diesbezüglich verwundert an: »Der Kunde spielt in der wissenschaftlichen Diskussion genau die Rolle, die wir auch in der Praxis vermuten: keine.« Dass

reich, im Vergleich zu seiner Bedeutung für den Gesamterfolg des Zusammenschlusses, unterrepräsentiert.[618] Die Ursachen für die hohe Komplexität bei der
Zusammenlegung von Vertriebsstrukturen sind vielfältig. Bei der Übernahme
von Familienunternehmen beginnen strategische Unstimmigkeiten häufig mit
der diesbezüglichen Markenstrategie, da die ehemaligen Eigentümer vielfach
über ihren Nachnamen einen ganz besonderen Bezug zur bestehenden Marke
haben. Unabhängig von der Markenstrategie sind es die unterschiedlichen, historisch gewachsenen Wege der Marktbearbeitung und, v. a. beim direkten Vertrieb, Kundenunsicherheiten, welche die Komplexität der Situation erzeugen.

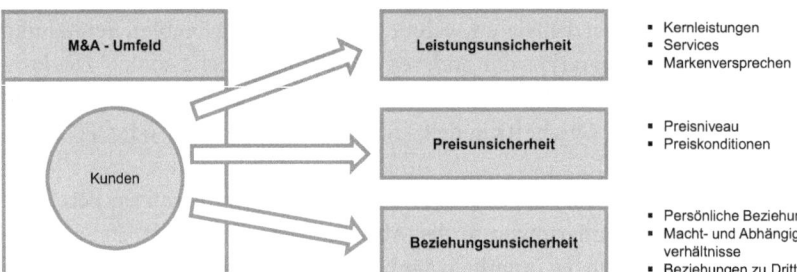

Darstellung 14: Kundenunsicherheit im Rahmen von Unternehmensübernahmen (in Anlehnung
an (Homburg, Lucas und Bucerius 2000), S. 9)

Der bei den Kunden durch einen Zusammenschluss fast zwangsläufig entstehenden Unsicherheit über die Qualität der Leistung (Leistungsunsicherheit) und
die entsprechenden Preise (Preisunsicherheit) kann nur durch entsprechende
Kommunikationsbemühungen und gezielte Maßnahmen zur Beziehungspflege
entgegengewirkt werden. Doch auch die persönlichen Beziehungen zu den gewohnten Ansprechpartnern stehen im Rahmen von Unternehmensübernahmen
vielfach zur Disposition (Beziehungsunsicherheit).[619] Aber nicht nur ein Wechsel

---

sich an dieser Situation bis zum Jahr 2010 wenig geändert hat, führt Grün 2010, S. 176, in
seiner Dissertation an: »Der Zusammenhang zwischen M&A als strategische Option für
externes Wachstum und dem Kundenbeziehungsmanagement ist weitgehend unerforscht.«
Aus Sicht des Autors hat sich dies bis zum heutigen Tage nur geringfügig geändert.

618 Beispielhaft für die vielfach ungenügende Fokussierung auf die Themengebiete »Kunden
und Marktgeschehen« im M&A-Prozess sei angeführt, dass bei der Befragung durch Jansen
2003, S. 351, insgesamt 67 Prozent der Befragten Marketing- und Vertriebsziele als maßgeblich für die Akquisitionsentscheidung angegeben haben, wobei allerdings nur 37 Prozent
aller Befragten intensive oder weitreichende Due-Diligence-Analysen in diesem Bereich
vorgenommen haben. Auch Gerds und Schewe 2011, S. 136 f., haben festgestellt, dass eine
systematische Prüfung der operativen (Vertriebs-)Prozesse im Rahmen der Due Diligence,
im Verhältnis zum darin liegenden Umsetzungsrisiko, vergleichsweise selten erfolgt.

619 Vgl. Wirtz 2017, S. 397. Penzel und Pietig 2000, S. 212, weisen mit Bezug auf die Banken-
branchen darauf hin, dass ein Wechsel der persönlichen Ansprechpartner, wenn möglich,
vermieden werden sollte.

des Ansprechpartners, auch die Verunsicherung der Mitarbeiter mit einem zunehmenden Bedarf an Selbstorientierung können die Interaktions- und Leistungsqualität negativ beeinflussen, was wiederum die Kunden verunsichert und so Kundenfluktuationen auslösen kann.[620]

> »Mitarbeiterunsicherheit und Kundenunsicherheit können rekursiv Mitarbeiterfluktuation und Kundenfluktuation induzieren.«[621]

Grün hat in seiner Befragung mit über 200 Teilnehmern nachweisen können, dass eine Fokussierung auf die betrachteten Variablen der Beziehungsgestaltung signifikant positive Effekte auf die beiden mediierenden Variablen »Marktanteil« und »Kundenbeziehungsqualität« hat. Zudem wirken sich diese beiden Variablen wiederum deutlich positiv auf den Unternehmenswert nach der Integration aus.[622]

Bei familiengeführten Zielunternehmen sind eine detaillierte Betrachtung im Vorfeld der Akquisition und ein feinfühliger Umgang mit relevanten Stakeholdern im Rahmen des Integrationsprozesses vielfach essenziell, da persönliche Beziehungen der maßgeblichen Schlüsselpersonen zu wichtigen Stakeholdern oft wesentlich für den Geschäftserfolg sind.

3.2.3.10. Integrationscontrolling

Zur Sicherstellung der »Steuerbarkeit« des Integrationsprojekts ist es erforderlich, dass die Verantwortlichen regelmäßig einen Überblick über die aktuelle Situation erlangen, um daraufhin notwendige Maßnahmen ableiten zu können. Nach der DIN 69901–5 3.54 dient Projektcontrolling der

> »Sicherung des Erreichens aller Projektziele durch Ist-Datenerfassung, Soll-Ist-Vergleich, Analyse von Abweichungen, Bewertung der Abweichungen gegebenenfalls mit Korrekturvorschlägen, Maßnahmenplanung, Steuerung der Durchführung von Maßnahmen.«

Mit einem konkreten Bezug zu Integrationsprojekten differenziert Schäfer die Aufgaben des Integrationscontrollings in (1) die Fortschritts- und Erfolgskontrolle, (2) das Auslösen von Optimierungen der Integrationsmaßnahmen und (3) die Erzielung von Lerneffekten (siehe Darstellung 15).[623]

Zur Durchführung irgendeiner Form von Erfolgskontrolle ist es offensichtlich erforderlich, dass explizierte Vorstellungen zu den strategischen und operativen Zielsetzungen des Unternehmenskaufs sowie konkrete Vorstellung zu

---

620 Vgl. das Modell bei Homburg 2000, S. 176.
621 Jansen 2003, S. 354.
622 Grün 2010, S. 177.
623 Vgl. Schäfer 2001, S. 15.

Darstellung 15: Aufgaben und Ziele des Integrationscontrollings (in Anlehnung an (Schäfer 2001), S. 15)

den Maßnahmen zur Erreichung dieser Zielsetzung vorhanden sein müssen.[624] Schäfer differenziert diesbezüglich zwischen Output-Controlling[625] (z. B. messbare rechnungswesenbasierte oder operative Faktoren) und Prozesscontrolling[626] (z. B. Planfortschrittskontrolle oder Überprüfung des Integrationsklimas). Aufbauend auf den mit der Akquisition zu erreichenden Zielen sind demnach sowohl für den Prozess als auch für das Ergebnis sinnvolle Soll-Werte zu definieren, die es den Verantwortlichen ermöglichen, Abweichungen mit Hilfe von Soll-Ist-Vergleichen zu erkennen (Informationsorientierung), um mit gezielten Interventionen entgegenzusteuern (Wertschöpfungsorientierung).[627] Bei der Aufstellung der individuellen Akquisitionsziele sollte deshalb darauf geachtet werden, dass diese in ausreichendem Maße messbar sind.[628] Zur Ableitung konkreter Maßnahmen ist es hilfreich, die vermuteten Wirkungszusammen-

---

624 Zur Operationalisierung strategischer Zielsetzungen in konkrete Maßnahmen vgl. z. B. die Ausführungen bei Kaplan und Norton 1997, S. 11 ff.

625 Vgl. hierzu ausführlich Schäfer 2001, S. 220–246.

626 Vgl. hierzu ausführlich ebd., S. 202–220.

627 In Teil 3 der DIN 69901 (Projektmanagementsysteme – Methoden) werden, neben dem Soll-Ist-Vergleich, weitere Projektcontrolling-Methoden wie z. B. die Earned Value Analyse oder die Meilenstein-Trendanalyse erwähnt.

628 Vgl. Reiter, Schick und Hermann 2016, S. 384.

hänge im Vorfeld darzulegen.[629] Die einzelnen Aufgabendimensionen im Projektcontrolling und deren Zusammenwirken sind im Projektmanagementregelkreis (siehe Darstellung 16) sehr anschaulich dargestellt.

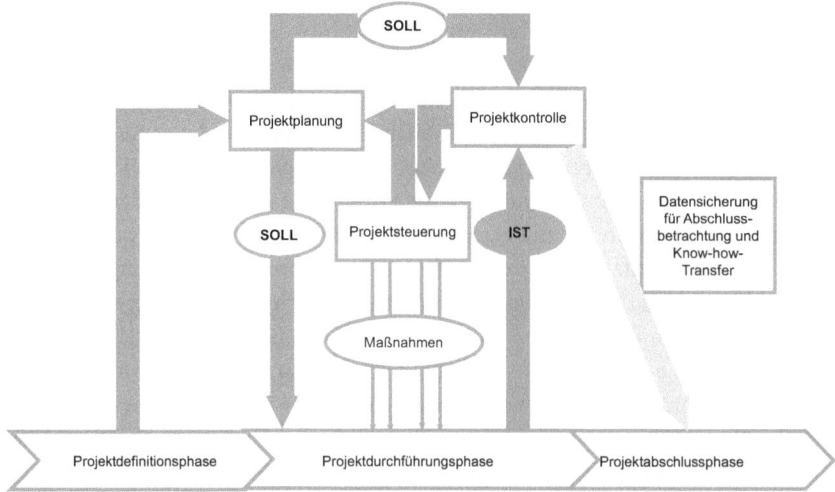

Darstellung 16: Projektmanagementregelkreis (Quelle: (Schreckeneder 2010), S. 54)

Wenn Unternehmen im Umgang mit großflächigen (Organisations-)Projekten unerfahren sind, dann stellt die Projektsteuerung, und somit auch das hierfür erforderliche Projektcontrolling, einen zusätzlichen Bereich dar, in welchem notwendiges Knowhow im Vorfeld des Projektstarts erworben werden sollte. Vor dem Hintergrund des in Familienunternehmen häufig geringer ausgeprägten Controlling-Knowhows weist Fauth unter anderem auf die Notwendigkeit einer transparenten Unternehmenssteuerung hin, die vor Durchführung einer Unternehmensakquisition sichergestellt sein sollte.[630]

---

629 Vgl. hierzu auch die ausführlichen Ausführungen bei Kaplan und Norton 2004, S. 27 ff.
630 Vgl. Fauth 2016, S. 60–63. Auch Gerds und Schewe 2011, S. 81, weisen darauf hin, dass ein mangelhaftes Reporting das Monitoring der Synergieumsetzung v. a. in vielen mittelständischen Unternehmen erschwert.

3.3.   Zwischenfazit: Es lassen sich empirisch Besonderheiten bei Akquisitions- und Integrationsprozessen mittelständischer (Familien-)Unternehmen beobachten

Aufbauend auf der Beschreibung von Akquisitions- und Integrationsprozessen und den Erkenntnissen der aktuellen Forschungsliteratur sind erste Besonderheiten im Kontext von mittelständischen Familienunternehmen ersichtlich geworden. Ein Beispiel ist die geringe Berücksichtigung komplexer Akquisitionsüberlegungen im gesamtunternehmerischen Strategieprozess.[631] Diese in mittelständischen Familienunternehmen im Vorfeld der Akquisition häufig gering ausgeprägte Reflexion konkreter Akquisitionsopportunitäten vor dem Hintergrund der grundsätzlichen strategischen Unternehmensausrichtung kann im weiteren Verlauf zu unkalkulierbaren Herausforderungen im Integrationsprozess führen. Auch die häufig vergleichsweise geringen, spezialisierten Personalressourcen sowie das fehlende Knowhow können zu Risiken im weiteren Prozessverlauf führen.[632] Es konnten allerdings ebenfalls erste Hinweise auf Potenziale herausgearbeitet werden, die mittelständische Familienunternehmen in Akquisitions- und Integrationsprozessen aufweisen. So stellen z. B. die exzellenten (Branchen-)Netzwerke und persönlichen Kontakte, die Familienunternehmer i. d. R. ihr gesamtes Berufsleben lang aufbauen und pflegen, einen nicht zu unterschätzenden Wettbewerbsvorteil gegenüber Finanzinvestoren dar, sowohl bei der Ansprache als auch bei der endgültigen Verkaufsentscheidung.

Die meisten wissenschaftlichen Erhebungen zu Akquisitions- und Integrationsprozessen in mittelständischen (Familien-)Unternehmen beschränken sich dabei auf die deskriptive Darstellung und liefern keine inhaltlichen Erklä-

---

631 Vgl. hierzu z. B. die Umfrage von Becker, Ulrich und Botzkowski 2016, S. 83, die belegt, dass in dieser Stichprobe nur bei 59 Prozent der befragten mittelständischen Unternehmen eine systematische Einbettung der M&A-Aktivitäten in die Gesamtunternehmensstrategie stattfindet. Auch in der Untersuchung von Reker und Götzen 2012, S. 16, gaben nur 52 Prozent der befragten mittelständischen Unternehmen an, dass M&A-Aktivitäten systematisch in unternehmensstrategische Überlegungen eingebunden sind. Zu ähnlichen Ergebnissen kam ebenfalls die Studie von Ecker und Heckemüller 2005, die schreiben: »Acht der befragten Unternehmen gaben an, dass der strategische Fit im Vordergrund steht, während ebenso viele Unternehmen sich durch Opportunitäten ohne klare Strategie leiten lassen.« Obwohl Sachs 2008 fast ausschließlich sehr große Familienunternehmen befragt hat, differenziert auch er in seiner Auswertung regelmäßig zwischen Unternehmen mit und ohne M&A-Strategie, da nur 68 Prozent der befragten Unternehmen über eine explizite M&A-Strategie verfügten.

632 Vgl. Furtner 2006, S. 79, die darauf hinweist, dass »mittelständische Unternehmen die Frage nach ausreichend Kapazitäten in der Regel ohne große Analyse mit einem klaren Nein beantworten können.«

rungsansätze für das beobachtbare Verhalten.[633] Hierzu werden sowohl im folgenden Kapitel als auch im Rahmen der empirischen Ausarbeitungen der Promotionsschrift konkrete Ansatzpunkte herausgearbeitet.

---

633 Vgl. hierzu auch Bachmann 2008, S. 48, der sich allerdings auf alle Arbeiten zum Themenbereich PMI bezieht und nicht auf mittelständische Familienunternehmen fokussiert.

4. Resümee der theoretischen Auseinandersetzung

Die Argumentationslinien dieser Arbeit gehen grundsätzlich davon aus, dass die neuere Systemtheorie ein ausreichend differenziertes Beschreibungsrepertoire bereithält, um beobachtbare organisationale Verhaltensweisen angemessen zu beschreiben.[634] Insbesondere bei einem so komplexen und vielschichtigen Themenbereich wie Familienunternehmen, bei welchem die spezifischen Verhaltensweisen aus der Beziehung zweier Sozialsysteme mit unterschiedlichen Rationalitäten erwachsen, welche kontinuierlich in Einklang gebracht werden müssen, erscheint die neuere Systemtheorie ein attraktives Theoriekonstrukt zur Verfügung zu stellen.

In Kapitel 2 dieser Arbeit ist der Untersuchungsgegenstand des Familienunternehmens näher beleuchtet worden. In diesem Kontext wurden zunächst die »klassischen« (betriebswirtschaftlichen) Theoriegebilde erläutert, welche einem Großteil der diesbezüglichen Forschungsanstrengungen zugrunde liegen, um anschließend aufzuzeigen, welche interessanten Erklärungsmöglichkeiten das Beschreibungsrepertoire der neueren Systemtheorie für die beobachtbaren Verhaltensweisen dieses Unternehmenstypus bietet. Aufbauend auf einer Einführung in die Funktion und die Entwicklungsgeschichte der Familie in unserem Kulturkreis wurde dargestellt, dass die koevolutionäre Entwicklung zwischen Unternehmerfamilie und Unternehmen für beide Sozialsysteme strukturprägend ist. In diesem Zusammenhang wurde näher auf die spezifischen, vielfach personenorientierten, Entscheidungsprämissen eingegangen, die sich üblicherweise in Familienunternehmen herausbilden und in kapitalmarktorientierten Unternehmen systematisch nicht entstehen. Es sind somit die häufig zu beobachtenden Charakteristika in der Führung dieser Unternehmen, fundiert durch aktuelle Forschungsergebnisse, herausgearbeitet worden. In Kapitel 3 sind sodann Grundlagen und erste Erkenntnisse zu Akquisitions- und Integrationsprozessen in mittelständischen Familienunternehmen aufgezeigt worden. Die bisherigen Untersuchungen, welche sich mit M&A in Familienunternehmen

---

634 Vgl. hierzu auch das Kapitel 2 der Promotionsschrift sowie die dort angegebene Literatur.

beschäftigen, liefern dabei v. a. Beschreibungen zum Vorgehen mittelständischer Familienunternehmen und bieten nur wenige inhaltliche Erklärungsansätze. In den nachfolgenden Ausführungen wird versucht, erste Erklärungsansätze anzubieten, die sich aus der Zusammenführung der vorhandenen deskriptiven empirischen Literatur und den systemtheoretisch fundierten Erkenntnissen über Führungsprozesse in Familienunternehmen ergeben.

Erste Erklärungsansätze aus der Zusammenführung der theoretischen Erkenntnisse
Es kann beispielsweise davon ausgegangen werden, dass der angesprochene, von der Intuition einzelner Personen getriebene Umgang mit der Unsicherheit der Zukunft[635] dazu führt, dass Akquisitionen vielfach nicht (ausreichend) strategisch geplant und vorbereitet werden, sondern aus einer sich zufällig ergebenden Opportunität heraus wahrgenommen werden. Diese Form der Entscheidungsfindung stellt in der Anfangszeit eines Unternehmens aufgrund der hohen Entscheidungsgeschwindigkeit und der geringen Abstimmungsaufwendungen sicherlich ein sehr effizientes und notwendiges Vorgehen dar. Allerdings sind Entscheidungen, die die Übernahme einer kompletten fremden Organisation betreffen, i. d. R. so komplex, dass eine realistische Einschätzung der sich daraus ergebenden Chancen und Risiken, die sowohl durch die Strukturen des Zielobjekts als auch durch die Strukturen und Fähigkeiten des eigenen Unternehmens und die Rahmenbedingungen der relevanten Umwelten maßgeblich beeinflusst werden, durch eine Person schlicht nicht möglich sind. Denn sowohl die situationsadäquate Beurteilung der Fähigkeiten des eigenen Unternehmens als auch die Bewertung der Strukturen des Akquisitionsziels und der sich daraus realistischerweise ergebenen Synergiepotenziale erfordern i. d. R. eine kommunikative Einbindung verschiedener Sichtweisen aus unterschiedlichen Bereichen eines (erwerbenden) Unternehmens.[636] Wenn solche Abstimmungsprozesse bisher ungeübt sind, weil weitreichende, das Unternehmen betreffende Entscheidungen maßgeblich durch das »Bauchgefühl« des Inhabers bestimmt sind, dann ist eine systematische Einbindung der im Unternehmen vorhandenen Personal- und Knowhow-Ressourcen zur umfassenden Beurteilung einer Akquisitionsopportunität aus unterschiedlichen Perspektiven unwahrscheinlich. Selbst wenn ein bisher intuitiv entscheidender Unternehmer selbstkritisch feststellen würde, dass ihm wesentliche Informationen zur adäquaten Situationsbeurteilung fehlen, wären die eingebundenen Mitarbeiter mit der Situation wahrscheinlich überfordert, weil sie über Jahre »in eine ganz andere Richtung erzogen worden

---

635 Vgl. die Ausführungen in Kapitel 2.5.1.
636 Vgl. diesbezüglich z. B. auch Simon 2004, S. 33, wenn er schreibt: »[…] so sind Management und Führung mit einer Komplexität konfrontiert, die zu erfassen die Fähigkeiten eines Einzelnen eigentlich immer überfordert. Es ist also höchst unwahrscheinlich, dass einsame Entscheidungen heroischer Manager auf Dauer zu tragfähigen Ergebnissen führen.«

sind.«[637] Einer der Gründe dafür, dass eine kurzfristige Änderung der gewohnten Entscheidungsmuster unwahrscheinlich ist, ist die Tatsache, dass die strategische Sinnhaftigkeit einer Akquisitionsentscheidung (wie jede umfangreiche Investitionsentscheidung) (1) nur vor dem Hintergrund eines gemeinsam geteilten, erstrebenswerten Zukunftsbildes und (2) einer ehrlichen und transparenten Auseinandersetzung mit den sich aus der Investition voraussichtlich ergebenen Zahlungsströmen ernsthaft möglich ist. Gibt es innerhalb des Unternehmens bisher keine explizite, kommunikative Auseinandersetzung mit den sich aus den relevanten Unternehmensumwelten ergebenen Entwicklungsmöglichkeiten, da wenige Schlüsselpersonen entsprechende Weichenstellungen im operativen Tun vornehmen, dann existiert i. d. R. weder ein expliziertes, gemeinsam geteiltes, erstrebenswertes Zukunftsbild noch eine Routine in der kommunikativen Abstimmung zur Eruierung möglicher Handlungsoptionen als Reaktion auf wahrgenommene Umweltherausforderungen. Wenn darüber hinaus, wie in Kapitel 2.5.3 beschrieben, keine transparente Kommunikation über die sich mit der Investition verändernden Zahlungsströme stattfindet, ist eine auf breiter Basis geteilte Investitionsentscheidung nicht möglich und damit ein strukturiertes Vorgehen im Rahmen von Akquisitionsprozessen unwahrscheinlich. Mit der notwendigen Übung in den kommunikativen Aushandlungsprozessen über die strategischen Herausforderungen und die entsprechenden Handlungsoptionen können M&A-Prozesse sehr strukturiert angegangen werden. Dies zeigen die Vorgehensweisen bei akquisitionserfahrenen Familienunternehmen ebenso wie die sehr strukturierten Vorgehensweisen bei der steigenden Anzahl an Finanzinvestoren.

Neben diesen grundlegenden Herausforderungen, die sich durch die geringe Einbindung von Mitarbeitern und Führungskräften aus unterschiedlichen Unternehmensbereichen und eine dementsprechend geringe Berücksichtigung verschiedener Sichtweisen im Entscheidungsprozess ergeben, gibt es i. d. R. weitere Schwierigkeiten bei der realistischen Beurteilung einer Akquisitionsopportunität. So haben Familienunternehmen, die sich organisch um einzelne Schlüsselpersonen herum entwickelt haben, häufig wenig Erfahrung mit weitreichenden Reorganisationsprojekten.[638] Das heißt, es gibt vielfach weder auf

---

637 Vgl. Wimmer, Domayer, Oswald und Vater 2018, S. 138.
638 »Diese Personenorientierung bildet das organisationale Ordnungsprinzip. In diesem Sinne setzen sie üblicherweise auf organisches Wachstum aus den angestammten Geschäftsfeldern heraus. Entsprechend verändern sich die Organisationsverhältnisse auch eher nach evolutionären Prinzipien. Radikale Eingriffe in rascher Abfolge sind daher selten beobachtbar. Ganz im Gegenteil, es ist eher die Tendenz festzustellen, dass die Organisations- und Führungsverhältnisse zu wenig im Fokus der Aufmerksamkeit stehen und dass deshalb vielfach zu spät auf markt- und wachstumsbedingte Veränderungsnotwendigkeiten reagiert wird.« ebd., S. 137.

organisationaler Ebene noch auf Ebene einzelner Personen ausgeprägte Erfahrungen und Kenntnisse, wie umfangreiche Veränderungen an bestehenden Organisationsstrukturen und eingespielten Routinen wirkungsvoll vorbereitet,
bearbeitet und kommunikativ begleitet werden sollten, um die Leistungsfähigkeit des Unternehmens durch die sich zwangsläufig ergebenen Unsicherheiten
nicht nachhaltig zu schwächen. Zusätzlich zu den grundsätzlich gering ausgeprägten Abstimmungsprozessen bei weitreichenden, strategischen Unternehmensentscheidungen führen auch das geringe Erfahrungswissen und das Nicht-
Vorhandensein des zur kommunikativen Abstimmung notwendigen Vokabulars
in Bezug auf umfangreiche Reorganisationsprojekte dazu, dass die Komplexität
entsprechender Integrationsüberlegungen häufig nicht adäquat beurteilt werden
kann. Dies kann u. U. zu unrealistischen Potenzialeinschätzungen zum Zeitpunkt der Akquisitionsentscheidung[639] und damit zu überhöhten Kaufpreisen
führen. Eine weitere Vermutung ist, dass sich überteuerte Kaufpreise auch durch
eine unzureichende Vorbereitung bzw. aus Sicht des Käufers schlechte Akqui-
sitionsprozessstrukturierung und eine daraus resultierende schlechte Verhand-
lungsposition ergeben können.[640] Erfahrene Berater werden u. U. nicht in dem
erforderlichen Maße engagiert, weil deren als schwindelerregend empfundene
Tagessätze den konsequenten Sparsamkeitsvorstellungen der Unternehmerfamilie widersprechen.

Nicht ausreichendes Wissen sowie fehlendes Vokabular zur Vorbereitung,
Organisation und Durchführung von Reorganisationsprojekten führen auch im
weiteren Verlauf eines Integrationsprozesses zu absehbaren Schwierigkeiten. So
neigen Unternehmen mit wenig Akquisitions- und Integrationserfahrung dazu,
die Bearbeitung der noch nicht zwingend relevanten Themenblöcke in die Zukunft zu verschieben und dadurch die Komplexität im fortschreitenden Zeitverlauf in nicht handhabbare Höhen zu treiben.[641] Die Bearbeitung der vielfäl-

---

639 Ein Beispiel dafür, dass in der realistischeren Einschätzung von Akquisitionsopportunitäten
     ein wesentlicher Lerneffekt von akquisitionserfahrenen Familienunternehmen liegt, ist das
     von Salvato, Lassini und Wiklund 2007 dokumentierte Fallbeispiel; sie zitieren einen Ver-
     antwortlichen mit den Worten: »We recently came across some truly unrepeatable oppor-
     tunities: 10 years ago we wouldn't have thought twice about taking advantage of them.
     Instead, we decided to forego these acquisitions because experience told us that a growth
     process must be a ›healthy‹ growth process that is manageable and within our reach.«
     (S. 294f.)
640 Vgl. hierzu beispielsweise die anschaulichen Ausführungen in der Dissertation von Mar-
     quardt 1998.
641 Vgl. Meynerts-Stiller und Rohloff 2015, S. 49. Vor diesem Hintergrund ist auch das Ergebnis
     der Umfrage unter 85 Geschäftsführern mittelständischer Unternehmen von Reker und
     Götzen 2012, S. 24, interessant: »68 Prozent der Befragten geben an, dass die Planung der
     Integrationsphase in ihrer M&A-Planung enthalten sei und überwiegend bereits in der
     Vorbereitungsphase stattfinde. Jedoch plant nur jedes zweite Unternehmen den Ablauf der

tigen und komplexen Aufgabenstellungen im Rahmen eines Reorganisationsprojekts (hierzu können Integrationsprojekte i. d. R. gezählt werden) gestaltet sich in vielen Familienunternehmen auch deshalb schwierig, weil die hierfür notwendigen Ressourcen schlicht nicht zur Verfügung stehen.[642] Dieses »Nicht-Vorhalten« entsprechender Personal- und Knowhow-Ressourcen, also das Agieren mit unternehmensintern sehr schlanken und kostengünstigen Strukturen, stellt häufig einen Wettbewerbsvorteil für Familienunternehmen dar.[643] Jedoch ist zur zielführenden Bearbeitung von umfassenden Akquisitions- und Integrationsvorhaben ein Mindestmaß an entsprechend qualifizierten Personalressourcen unabdingbar, um die anfallende Komplexität beherrschbar zu halten. In diesem Zusammenhang können auch die vielfach zu beobachtende Annahme in Familienunternehmen, »dass sich die erforderliche Knowhow-Basis gleichsam naturwüchsig erneuert«[644] und die sich daraus ergebene Tatsache, dass vielfach vergleichsweise wenig Ressourcen in explizite Weiterbildungsangebote investiert werden, dazu führen, dass grundlegende Fehler in der Vorbereitung (und Umsetzung) eines solchen Vorhabens begangen werden.[645]

Die in Kapitel 2.5 beschriebenen charakteristischen Führungsprozesse in Familienunternehmen können noch weitere interessante Erklärungsansätze für das empirisch beobachtbare Verhalten bei der Zusammenführung der entsprechenden Wertschöpfungsprozesse der beteiligten Unternehmen liefern. So kann argumentiert werden, dass die personenbezogenen Strukturen die Zusammenführung von Wertschöpfungsprozessen und die Realisierung von Synergien komplizierter machen, da sich die im Tagesgeschäft relevanten Verantwortlichkeiten und Entscheidungsmuster vielfach erst durch eine detaillierte Kenntnis der beteiligten Personen und ihrer Beziehung zueinander erschließen. Da eine intime Kenntnis der beteiligten Personen nur über einen längeren Zeitraum gewonnen werden kann, kann vermutet werden, dass die Integrationsanstrengungen im Zielobjekt maßgeblich durch das dort bereits vorhandene Management gesteuert werden müssen, oder dass ein neues (externes) Management den Integrationsprozess nur vergleichsweise langsam vorantreiben kann. Auch in Bezug auf die Kommunikationsgewohnheiten ist zu vermuten, dass der vielfach durch familiale Gepflogenheiten geprägte, wenig formelle, häufig anlassbezogene mündliche Kontakt zwischen wenigen Personen, bei dem die Verständigung

---

Integration detailliert. Die übrigen nehmen lediglich eine grobe Planung vor, mit dem Vermerk, dass hier noch deutliches Verbesserungspotenzial bestehe.«

642 Vgl. Furtner 2006, S. 79. Auch Benner 2009, S. 173, weist darauf hin, dass »[e]ine Realisierung [der Akquisitionsstrategie; Anm. d. Verf.] nur möglich ist, wenn die dafür notwendigen Ressourcen und Fähigkeiten seitens des Unternehmens und der Eigner vorhanden sind.«

643 Vgl. Wimmer, Domayer, Oswald und Vater 2018, S. 137.

644 Ebd., S. 142.

645 Hier sei abermals auf das Fallbeispiel in der Dissertation von Marquardt 1998 verwiesen.

auf einem persönlichen Vertrauensverhältnis beruht, im Rahmen von Integrationsbemühungen an seine Grenzen stößt. Das weitgehende Fehlen von formellen Kommunikationsroutinen, die Skepsis gegenüber allzu viel Schriftlichkeit und der sparsame Umgang mit Kommunikationsgelegenheiten ganz allgemein[646] können die effiziente Zusammenführung von Wertschöpfungsprozessen zweier bisher getrennter Unternehmen negativ beeinflussen und zu unnötigen Unklarheiten und Verunsicherungen bei den betroffenen Beschäftigten auf allen Ebenen führen. Darüber hinaus kann vermutet werden, dass Familienunternehmen mit einem gering ausgeprägten Controlling-Verständnis, d.h. vergleichsweise unterentwickelten Systemen und einem organisational gering ausgeprägten Bewusstsein für die Relevanz einer möglichst objektiven und kurzfristigen Rückmeldung zu den im Wertschöpfungsprozess anfallenden Kosten, es schwierig haben werden, die Andersartigkeit, also die Vor- und Nachteile in der Vorgehensweise, eines fremden Unternehmens kurzfristig zu verstehen. Außerdem kann angenommen werden, dass die Abläufe in einem anderen Unternehmen grundsätzlich schwierig nachzuvollziehen sind, wenn dort keine elaborierten Controlling-Systeme im Einsatz sind.

Auf einer höheren Abstraktionsebene könnte man die Einsichten aus der Zusammenführung der bisherigen Ergebnisse deskriptiver Studien zum beobachtbaren Verhalten von mittelständischen (Familien-)Unternehmen in Akquisitionssituationen und die Erkenntnisse zu den charakteristischen Führungsprozessen in Familienunternehmen folgendermaßen zusammenfassen: Wie in Kapitel 2 relativ ausführlich beschrieben, neigen Familienunternehmen dazu, relevante Entscheidungsprämissen eher über Personen statt über Entscheidungsprogramme oder Kommunikationswege festzulegen.[647] Die daraus abzuleitende Hypothese ist, dass die Herstellung formaler Ordnung in einer Organisation unter ausgeprägter Nutzung der Entscheidungsprämisse Personal nur bis zu einem gewissen Komplexitätsgrad funktional ist[648] und das Prinzip der Nachahmung als Lernmuster, z.B. durch kontinuierliche, persönliche Interaktion, möglich sein muss. Im Rahmen von anorganischen Wachstumsinitiativen ist eine zu starke Ausprägung der Entscheidungsprämisse Personal zur Her-

---

646 Vgl. hierzu auch Wimmer, Domayer, Oswald und Vater 2018, S. 144.

647 In diesem Zusammenhang sei auf Luhmann 2000, S. 226, verwiesen, der schreibt: »Auch können diese Arten von Entscheidungsprämissen [Entscheidungsprogramme, Kommunikationswege und Personal; Anm. d. Verf.] in gewissem Umfange füreinander substituiert werden oder sich wechselseitig entlasten. Wenn eine Aufgabe nicht im Detail programmiert werden kann, steigen die Anforderungen an die Person des Entscheiders.«

648 Diese Hypothese widerspricht der Meinung von Laloux 2015, der davon ausgeht, dass die Fokussierung auf kleine eigenverantwortliche Teams, denen möglichst alle Entscheidungen selber überlassen werden (also eine starke Fokussierung auf die Entscheidungsprämisse Person), in allen Größenordnungen möglich ist und diesem Organisationsprinzip die Zukunft gehört.

stellung formaler Ordnung sowohl in dem erwerbenden als auch in dem zu
erwerbenden Unternehmen dysfunktional, u. a. weil die relevanten Stellschrau-
ben zur Zusammenführung von Wertschöpfungsprozessen personenabhängiger
sind als in funktional organisierten Konzernunternehmen. Diese sind nur mit
einer intimen Kenntnis der jeweiligen Personen beurteilbar, welche in einer
solchen Situation systematisch nicht vorhanden sein kann.

Viele Familienunternehmen scheinen sich dieser beschriebenen Problema-
tik bewusst zu sein; sie wissen, dass die für diesen Unternehmenstypus charak-
teristischen, personenorientierten Führungsprozesse eher auf organisches
Wachstum und »langsame« Zellteilung ausgelegt sind[649] als auf anorganische
Zukäufe, wie sich z. B. auch in dem bei Wimmer et al. aufgezeichneten Zitat einer
Unternehmerin zum Thema Unternehmensübernahme zeigt:

> »Wir möchten das eigentlich nicht tun. Schon deshalb nicht, weil wir nicht über die
> erforderlichen personellen Kapazitäten verfügen, um so ein Größenwachstum gut zu
> bewältigen. […] Außerdem ist es auch nie unsere Firmenphilosophie gewesen, einfach
> Unternehmungen zusammenzukaufen. Ich glaube, dass man dazu ein ganz anderes
> Management braucht.«[650]

Aus dem bisher Geschriebenen kann geschlossen werden, dass es v. a. eine realistische Einschätzung der eigenen Fähigkeiten und das hohe Unabhängigkeitsstreben in Bezug auf die Finanzierungssituation sind, die dazu führen, dass
Familienunternehmen bisher nur in geringem Maße als Erwerber im Markt für
Unternehmenskontrolle aufgetreten sind.

Das Resümee aus der theoretischen Auseinandersetzung mit den charakteristisch personenorientierten Führungsprozessen in Familienunternehmen und
den bisherigen Erkenntnissen zu Akquisitions- und Integrationsprozessen in
mittelständischen Unternehmen zeigt, dass erste Vermutungen zur Wirkung der
Führungsprozesse auf das beobachtbare Akquisitionsverhalten aufgestellt werden können. Nachfolgend werden nun diese Vermutungen vertieft und vor dem
Hintergrund der eigenen empirischen Ergebnisse reflektiert. Darüber hinaus
werden die Besonderheiten, die sich in den Akquisitions- und Integrationsprozessen der betrachteten Fallbeispielunternehmen beobachten ließen,[651] systematisch zusammengefasst und die Rückwirkung auf die etablierten Führungsstrukturen wird ganzheitlich betrachtet.

---

649 So kann als ein Indiz hierfür z. B. die in Kapitel 2.5.5 beschriebene Beobachtung angesehen
werden, dass Familienunternehmen Mitarbeiter i. d. R. selbst ausbilden und dementsprechend »formen« und üblicherweise selten erfahrene Mitarbeiter und Führungskräfte ein-
stellen.

650 Wimmer, Domayer, Oswald und Vater 2018, S. 155.

651 Zum methodischen Vorgehen und zur detaillierten Analyse der für die Dissertation erhobenen Empirie sei auf die Kapitel 6, 7 und 8 in der Promotionsschrift verwiesen.

5. Resümee zu Akquisitions- und Integrationsprozessen in mittelständischen Familienunternehmen und deren Rückwirkung auf das personenorientierte Führungsgeschehen

Der gemeinsame Nenner der vorangegangenen Ausarbeitungen (sowie der Analyse der im Rahmen der Dissertation durchgeführten Empirie) sind die spezifischen Eigenheiten in der Führung von Familienunternehmen und deren unvermeidbare Auswirkungen auf Akquisitions- und Integrationsprozesse, bei denen dieser Unternehmenstypus beteiligt ist. Im Rahmen der empirischen Untersuchung konnte beobachtet werden, dass die Besonderheiten im Führungsverhalten dieser Unternehmen zu charakteristischen Verhaltensweisen führen, welche sich sowohl im akquirierenden als auch im verkaufenden Unternehmen beobachten lassen. Ebenfalls wurde deutlich, dass sich sowohl das Verhalten im konkreten Akquisitionsprozess als auch im allgemeinen Führungsgeschehen mit zunehmender Akquisitionserfahrung merklich verändert hat.

Untenstehende Ausführungen fassen die zentralen Ergebnisse dieser Arbeit vor dem Hintergrund der forschungsleitenden Fragestellungen zusammen, welche nachfolgend nochmals rekapituliert werden:

- Aufbauend auf einem geeigneten theoretischen Hintergrund ist herauszuarbeiten, welche Charakteristika die Führung von mittelständischen Familienunternehmen prägen.
- Welche spezifischen Besonderheiten lassen sich bei Integrationsprojekten mit Beteiligung mittelständischer Familienunternehmen aufgrund der üblicherweise personenorientierten Führungsgewohnheiten beobachten?
- Welche Rückwirkungen hat substanzielles, anorganisches Wachstum auf die typischerweise personenorientierten Führungsprozesse in diesem Unternehmenstypus?

5.1. Theoretischer Hintergrund und spezifische Besonderheiten in der Führung mittelständischer Familienunternehmen

Vor dem Hintergrund des forschungsleitenden Interesses dieser Arbeit wurde zu Beginn die Frage nach einem geeigneten theoretischen Hintergrund gestellt, der hilfreich ist, um die spezifischen Führungsprozesse in Familienunternehmen ausreichend detailreich beschreiben zu können. Hierzu wurden in der Promotionsschrift Organisations- und Führungskonzepte aus unterschiedlichen theoretischen Blickwinkeln betrachtet und im Nachgang dazu wurde detaillierter auf das Organisations- und Führungsverständnis der neueren Systemtheorien nach Luhmann eingegangen. Aus Sicht des Autors liegt der große Vorteil dieser theoretischen Blickrichtung auf Organisationen sowohl in der Berücksichtigung der subjektiven Wahrnehmung (aufgrund seiner konstruktivistisch angelegten Epistemologie) als auch in der theoriekohärenten Einbindung der Organisationstheorie in einen gesamtgesellschaftlichen Kontext sowie einem angemessenen Umgang mit Komplexität, bei dem ein linear-kausaler Steuerungsanspruch unrealistisch erscheint. Durch die theoriekonsistente Berücksichtigung eines weiteren gesellschaftlichen Kontextes bietet dieser Blick auf Organisationen nicht nur die Möglichkeit, gesamtgesellschaftliche Entwicklungen und deren Auswirkungen auf Organisationen zu analysieren,[652] sondern auch den Einfluss einer Unternehmerfamilie auf ihr Unternehmen systematisch und theoretisch fundiert zu erforschen.

In Kapitel 2 dieses Buchs sind daher zunächst die in der betriebswirtschaftlichen Forschung zu Familienunternehmen meistgenutzten Theorien erläutert worden, bevor die Beziehung zwischen Familie und Unternehmen aus dem Blickwinkel der neueren Systemtheorie näher erörtert wurde. Vor diesem theoretischen Hintergrund ergeben sich interessante Einsichten sowohl für Unternehmen als auch für Unternehmerfamilien, um die beobachtbaren Dynamiken und deren zugrundeliegende Entstehungsmuster zu beschreiben. So kann vor einem systemtheoretischen Hintergrund z. B. die Beziehung zwischen Unternehmerfamilie und Unternehmen als koevolutionäre Entwicklung zweier unterschiedlicher Sozialsysteme beschrieben werden, die dauerhaft strukturell aneinander gekoppelt sind.[653] Durch diese dauerhafte, strukturelle Kopplung entwickeln sich in beiden Systemen individuelle Strukturen und damit auch einzigartige Kommunikationsgewohnheiten, die maßgeblich durch die Strukturen und die Kommunikation im jeweils anderen System geprägt sind. In Familienunternehmen sind die beobachtbaren Strukturen und Kommunikationsgewohnheiten vielfach vornehmlich durch den Gründer und die in der Grün-

---

652 Vgl. hierzu z. B. Wimmer 2012, S. 13 ff.
653 Vgl. hierzu auch die Ausführungen in Kapitel 2.3.

dungszeit relevanten Personen beeinflusst. Diese in der Anfangsphase eines Unternehmens normale und notwendige Fokussierung auf einzelne Personen ist ursächlich dafür, dass in Familienunternehmen auch zu späteren Zeitpunkten der Unternehmensentwicklung vielfach eine besondere Form der Personenfokussierung zu beobachten ist. Maßgebliche Entscheidungen sind in der Gründungsphase aufgrund individueller Kenntnisse und Präferenzen einzelner Mitglieder getroffen worden, so dass die jeweilige Organisationsstruktur sich um die Begabungen, Erfahrungen und Vorlieben dieser Personen entwickelt hat. Die Kompetenzen der einzelnen Mitarbeiter und deren Beziehung zueinander stellen das organisierende Prinzip dar und sind somit die Basis für das jeweilige Kommunikationsgeschehen und die entsprechenden -wege. Die so beschreibbare Entwicklung vieler Familienunternehmen führt dazu, dass auch nach jahr(zehnt)elanger Unternehmenstätigkeit häufig zwei Phänomene zu beobachten sind. Aufgrund der (1) sich um Persönlichkeiten herum entwickelnden Organisationsstruktur weist diese vielfach keine funktionale bzw. sachliche Begründung auf, sondern ist nur durch die Rekonstruktion der Persönlichkeitsmerkmale und das Beziehungsgeflecht der Mitstreiter des Gründers nachvollziehbar. Darüber hinaus bleibt (2) die Präferenz für die im Rahmen der Gründungsphase hoch funktionale Sicherstellung der Entscheidungsfähigkeit über die Entscheidungsprämisse Personal erhalten. Während funktional organisierte Großunternehmen i. d. R. relativ klar definierte Kommunikationswege und Entscheidungsprogramme festgelegt haben, vertrauen Familienunternehmen häufig viel mehr auf einzelne Personen,

> »die dem Entscheidungsbetrieb Körper und Geist, Reputation und persönliche Kontakte zur Verfügung stellen und dadurch teils ausweiten, teils einschränken, was entschieden werden kann.«[654]

Letztendlich ist es genau das, was von Schlippe als Entscheidungsprinzip »Person« im Gegensatz zum Entscheidungsprinzip »Verfahren« beschreibt.[655] Diese besondere und für diesen Unternehmenstypus charakteristische Fokussierung auf einzelne Personen weist dabei verschiedene Vor- und Nachteile für das Unternehmen und die handelnden Personen auf, die in den obigen Kapiteln ausführlich beschrieben sind. Spezifische und vielfach charakteristische Besonderheiten in der Führung von Familienunternehmen sind deshalb v. a. in den Unternehmen zu beobachten, in denen die Unsicherheitsabsorption auch weiterhin sehr stark über Personen und nicht über kommunikative Aushandlungsprozesse realisiert wird. Im Rahmen der Dissertation sind hierfür i. d. R. die Begrifflichkeiten »personenorientierte Entscheidungsfindung« vs. »organisati-

---

654 Luhmann 1988, S. 177.
655 Vgl. von Schlippe 2014, S. 98 ff.

onsförmige Entscheidungsfindung« genutzt worden, denen im Kern das Entscheidungsprinzip »Person« bzw. »Verfahren« zugrunde liegt.[656] Offensichtlich hierbei ist, dass die Art, wie weitreichende Entscheidungen zustande kommen, einen maßgeblichen Einfluss darauf hat, wie die sechs Aufgabenfelder des General Managements innerhalb eines Unternehmens wahrgenommen und bearbeitet werden.

Die Ausführungen haben somit aufgezeigt, dass die neuere Systemtheorie nach Luhmann ein hilfreiches und gebührend komplexes Beschreibungsrepertoire bereithält, um die Besonderheiten dieses Unternehmenstypus angemessen analysieren zu können.[657] Die sich aus dem koevolutionären Entwicklungsprozess zwischen Familie und Unternehmen entwickelnden Strukturen und Entscheidungsprämissen, die die organisationalen Kommunikationsprozesse maßgeblich prägen, können dabei dazu führen, dass innerhalb des Unternehmens sowohl förderliche als auch hinderliche Ressourcen erwachsen, wie sie auch durch die theoretischen Überlegungen des Ressource Based View[658] ausgeführt werden. Ebenso kann die strukturelle Kopplung zwischen Unternehmerfamilie und Unternehmen dazu führen, dass Transaktionskostenvorteile innerhalb des Unternehmens entstehen[659] und bei Entscheidungsprozessen des obersten Führungsgremiums nicht nur ökonomische Kriterien berücksichtigt werden.[660]

5.2. Besonderheiten bei Akquisitions- und Integrationsprozessen mittelständischer Familienunternehmen

Die Erkenntnisse, dass (1) der Konsolidierungsdruck in verschiedenen Branchen zunimmt, (2) eine beachtliche Anzahl an mittelständischen Familienunternehmen über eine sehr gute Kapitalausstattung verfügen und (3) viele mittelständische Betriebe keine familieninternen Nachfolgeregelungen haben, lassen den Schluss zu, dass das Themenfeld »anorganisches Wachstum« auch für viele bisher akquisitionsunerfahrene Familienunternehmen stark an Bedeutung gewinnen wird.[661]

---

656   Vgl. hierzu auch die Ausführungen bei von Schlippe, Groth und Rüsen 2017, S. 216ff., und von Schlippe 2014, S. 98ff.

657   Ähnlich argumentieren z. B. auch Weismeier-Sammer, Frank und von Schlippe 2013, S. 173, wenn sie dafür plädieren, dass »[a] fruitful strategy for future familiness research should […] look at the two systems as being structurally coupled through decision premises, with decision premises mainly being influenced by a family, which allow for retracing the differences between FB and non-FB«.

658   Vgl. mit Bezug zu Familienunternehmen Kapitel 2.2.3.

659   Vgl. zur PA-Theorie mit Bezug zu Familienunternehmen Kapitel 2.2.1.

660   Vgl. zum SEW-Ansatz, Kapitel 2.2.4.

661   Vgl. auch die Ausführungen in Kapitel 1.3.

Die oben stehenden Ausführungen haben verdeutlicht, dass die in Kapitel 2.5 beschriebenen Spezifika in der Wahrnehmung der sechs Aufgabenfelder des General Managements, welche in Familienunternehmen häufig zu beobachten sind, durch die strukturelle Kopplung an eine Familie und eine dementsprechend charakteristische Ausprägung von Entscheidungsprämissen zu begründen sind. Wie obenstehend ausgeführt wurde, lässt sich beobachten, dass die vielfach personenorientierten Entscheidungswege in Familienunternehmen auch zu spezifischen Besonderheiten in Akquisitions- und Integrationsprozessen führen. Solche Prozesse weisen demnach charakteristische Eigenheiten auf, die letztendlich durch die strukturelle Kopplung des Unternehmens an eine Unternehmerfamilie begründet werden und in kapitalmarktorientierten Großkonzernen systematisch nicht vorkommen. Der überwiegende Teil der bisherigen Literatur zu Akquisitions- und Integrationsprozessen fokussiert aber auf den Unternehmenstypus der kapitalmarktorientierten und somit i. d. R. funktional organisierten Großunternehmen, bei denen Entscheidungen maßgeblich durch »Verfahren« getroffen werden. Eine Zielsetzung der vorliegenden Arbeit war dementsprechend, die Besonderheiten in Akquisitions- und Integrationsprozessen herauszuarbeiten, die durch die tradierten personenorientierten Führungsstrukturen begründet sind. Die wesentlichsten Erkenntnisse sind nachfolgend in Kürze zusammengefasst.

5.2.1. Akquisitionsvorbereitung und -durchführung

Die strukturelle Kopplung des Zielunternehmens an eine Familie führt dazu, dass nicht-ökonomische Entscheidungskriterien bei der Verkaufsentscheidung ausschlaggebend sind.

Unternehmensverkäufe stellen für Familienunternehmen und Unternehmerfamilien i. d. R. einmalige Ereignisse dar, bei denen sich keine Erfahrungswerte aufbauen können. Es ist offensichtlich, dass die Überlegung (und letztendlich auch die Entscheidung) für einen Verkauf des strukturell an die Familie gekoppelten Unternehmens ausschließlich innerhalb der Unternehmerfamilie getroffen wird. Auch wenn das Zustandekommen der Verkaufsentscheidung kein zentraler Teil der vorliegenden Untersuchung war, kann davon ausgegangen werden, dass das beobachtbare Kommunikationsverhalten innerhalb einer verkaufenden Familie dabei maßgeblich von zwei Faktoren beeinflusst ist: Dies ist zum einen das eigene Selbstverständnis, das Mentale Modell, der Unternehmerfamilie,[662] welches die Art der Kopplung an das Unternehmen stark prägt.

---

662 Vgl. hierzu ausführlicher von Schlippe, Groth und Rüsen 2017, S. 192 ff.

Zum anderen wird das Kommunikationsverhalten innerhalb der Familie maßgeblich von dem Grund des Verkaufs beeinflusst. Dabei spielen neben »normalen« unternehmerischen Gründen, die zum Verkauf eines Unternehmens
führen können, u. U. auch familienunternehmensspezifische Gründe eine Rolle.[663] So schreiben Kirchdörfer und Braun beispielsweise:

> »Häufig tritt die Verkaufsbereitschaft eines Familienunternehmers im fortgeschritte-
> nen Alter zu Tage und ist dann auf ein Bündel von Gründen zurückzuführen, die in der
> Sorge des Familienunternehmers um den Erhalt seines Lebenswerkes und seine eigene
> Alterssicherung kulminieren.«[664]

Da es sich für die Unternehmerfamilie bei dem Unternehmen i. d. R. um eine
vielfach seit Jahrzehnten identitätsstiftende Einheit handelt, können entsprechende Diskussionen leicht eine gewisse Eigendynamik entwickeln,[665] die den
weiteren Verkaufsprozess maßgeblich prägen.

> »[T]he internal family process and the communication within the family seems to be
> one of the key factors that separate the different types of sales and as well help to explain
> how and why these different paths could work their way in the respective family.«[666]

Die Familie gibt durch den Verkauf des Unternehmens vielfach ihre Doppelrolle
als Familie und Unternehmerfamilie zugleich auf[667] und damit einen ganz wesentlichen Teil ihres identitätsstiftenden Selbstverständnisses. Insbesondere aus
diesem Grund sind für Unternehmerfamilien häufig nicht-ökonomische Kriterien ausschlaggebend für die letztendliche Verkaufsentscheidung zugunsten
eines bestimmten Käufers. Die nicht-ökonomischen Entscheidungskriterien
können dabei so gewichtig sein, dass Verkaufsentscheidungen zugunsten eines
bestimmten Käufers getroffen werden, obwohl der erzielbare Kaufpreis mit
einem anderen Kaufinteressenten deutlich höher wäre.[668] Darüber hinaus be-
richteten erfahrene Berater und Unternehmer, dass z. B. Standortzusicherungen,
Mitarbeitergarantien und die zugesicherte Beibehaltung des Firmennamens
übliche Diskussionspunkte während entsprechender Vertragsverhandlungen
sind. Ein solches Verhalten ist nur erklärbar, wenn anerkannt wird, dass durch
die strukturelle Kopplung zwischen Familie und Unternehmen sehr unter-

---

663 Vgl. hierzu ausführlicher Klein und Blondel 2004, Wirtz 2017, S. 77–81, oder Schmitz-
   Valckenberg 2003.
664 Kirchdörfer und Braun 2017, S. 216.
665 Vgl. zu besonderen Konfliktdynamiken in Familienunternehmen z. B. Rüsen 2009 oder
   Großmann 2014.
666 Klein und Blondel 2004, S. 45.
667 Vgl. hierzu die Ausführungen in Kapitel 2.3.3.
668 Vgl. hierzu auch die Ausführungen bei Benner 2009, S. 99, der einen Beteiligungsmanager
   mit den Worten zitiert: Er selbst habe zwei Unternehmen akquiriert, bei denen »der Verkäufer auf mehr als elf Millionen D-Mark verzichtet hat, weil er ein gutes ›Feeling‹ bei dem
   Verkauf an uns hatte.«

schiedliche und teilweise paradoxe Rationalitäten miteinander in Einklang gebracht werden müssen. Dies betrifft neben der monetären Absicherung z. B. das persönliche Selbstverständnis, den Wunsch nach Bewahrung des eigenen Lebenswerks sowie das spätere Ansehen des Unternehmers in seinem angestammten persönlichen Umfeld.[669] Da v. a. nicht-ökonomische Kriterien für die letztendliche Verkaufsentscheidung ausschlaggebend sind, die oft nicht zu 100 Prozent vertraglich fixiert werden können, spielt Vertrauen zwischen Käufer und Verkäufer, welches komplexitätsreduzierend und unsicherheitsabsorbierend wirkt,[670] eine wichtige Rolle. Außerdem führt die hohe emotionale Verbundenheit der Familie zu dem Unternehmen und die Notwendigkeit des Vertrauensaufbaus dazu, dass sich entsprechende Verkaufsprozesse vom ersten Gespräch bis zum letztendlichen Abschluss, solange es keine Notsituationen gibt, vielfach über einen Zeitraum von mehreren Jahren erstrecken können.

Genau aufgrund dieser relevanten, nicht-ökonomischen Entscheidungskriterien auf der Seite der verkaufenden Unternehmerfamilie können akquirierende Familienunternehmen Vorteile im wettbewerbsintensiven M&A-Markt ausspielen. Die Familie ist im Rahmen der Akquisitionsvorbereitung immer auch Projektionsfläche zur Vertrauensbildung. Aufgrund des Eingebundenseins als Unternehmerfamilie, die immer Familie und Unternehmerfamilie zugleich sein muss, besteht eine gemeinsame Basis, welche ein gutes Verständnis für die Bedürfnisse des Verhandlungspartners ermöglicht und so die Vertrauensbildung erleichtert.[671] Wie auch im Rahmen der Kundenorientierung herausgestellt wurde, liegt der vertrauensvolle Beziehungsaufbau zu konkreten Personen in der DNA von Familienunternehmen. Wenn dann noch individuell auf die nicht-ökonomischen Wünsche der Verkäufer, inkl. der zeitlichen Vorstellungen, eingegangen werden kann, besteht eine gute Chance, dem Verkäufer glaubhaft das Bild zu vermitteln, dass das »eigene Unternehmen bei uns in den besten Händen ist.«

---

669 Ebd., S. 99, zitiert beispielsweise einen Geschäftsführer mit den Worten: »Sie können sich gar nicht vorstellen was passiert, wenn die Leute in der Region denken ›Du hast dickes Geld gemacht und uns abgeschossen‹. Gerade in der meist ländlichen Region der Familienunternehmen ist dieses Denken weit verbreitet.« Aus dem Blickwinkel des SEW-Ansatzes könnte hierbei argumentiert werden, dass der Dimension »binding social ties« eine hohe Priorität zugeschrieben wird. Vgl. hierzu auch die Ausführungen zum SEW-Ansatz in Kapitel 2.2.4.

670 Vgl. hierzu grundlegend Luhmann 1968.

671 So dokumentiert Sachs 2008, S. 185, die Aussage eines Gesprächsteilnehmers aus der Westhoff-Gruppe mit den Worten: »Insbesondere zur Schaffung der Vertrauensbasis kann die Familie mehr leisten als die Fremdmanager […].«

*Personenorientierte Führungsprozesse im akquirierenden Unternehmen führen
dazu, dass wesentliche Aspekte im Rahmen der Akquisitionsentscheidung unberücksichtigt bleiben.*

In der empirischen Untersuchung konnte beobachtet werden, dass, solange in
Familienunternehmen eher personenorientierte Führungsverhältnisse vorherrschen, ein Impuls zur Durchführung anorganischer Wachstumsopportunitäten
ausschließlich durch Personen erfolgte, die Mitglieder in beiden Systemen waren.
Ein verändertes Vorgehen lässt sich nur beobachten, wenn unternehmensinterne
Entscheidungen verstärkt durch Verfahren und weniger durch intuitive Entscheidungen einzelner Personen zustande kommen.

Wenn Akquisitionsentscheidungen maßgeblich durch eine (oder wenige)
Personen an der Unternehmensspitze (vorbereitet und) getroffen werden, bleiben eine Vielzahl von relevanten Informationen zwangsläufig unberücksichtigt.
Dies liegt sowohl an der natürlicherweise begrenzten Informationsverarbeitungskapazität der einzelnen Personen als auch (bei akquisitionsunerfahrenen
Personen) an der Unkenntnis über die wesentlichen Parameter zur angemessenen und realistischen Beurteilung des Zielobjekts sowie der entsprechenden
Maßnahmen zur synergieerzielenden Angleichung der Geschäftsprozesse. Da die
im Rahmen eines Integrationsprozesses wahrscheinlich aufkommenden Entscheidungsbedarfe ohne Erfahrungswerte nicht antizipiert werden können,
werden viele Entscheidungen hinausgezögert,[672] was zu einem unbeherrschbaren
Komplexitätsanstieg im Verlauf der Integrationsanstrengungen führen kann.
Darüber hinaus können Entscheidungen, welche durch das Entscheidungsprinzip Person herbeigeführt werden, eher dazu führen, dass Akquisitionsentscheidungen aufgrund einer günstigen Gelegenheit ergriffen werden, obwohl die
Chancen und Risiken nicht ausreichend realistisch beurteilt werden können. Mit
zunehmender Akquisitionserfahrung und zunehmend partizipativen Entscheidungsstrukturen konnte beobachtet werden, dass diese Prozesse viel stärker in
entsprechende Gremien innerhalb der Unternehmen verlagert wurden. Aufbauend auf der zunehmenden Prozesskoordination durch akquisitionserfahrene
Personen innerhalb des Unternehmens, wurden entsprechende Informationen
und Einschätzungen zu Risikoabwägungen, möglichen Kundenreaktionen, Fi-
nanzierungsoptionen etc. zusammengetragen sowie Planungen zur prognosti-
zierten Geschäftsentwicklung, zu erhofften Synergien und notwendigen Integrationsaufgaben und -aufwendungen erstellt. Im Rahmen dieser stärkeren

---

672 Vgl. auch die interessanten Ausführungen bei Hemel und Link 2017, wenn sie z. B. auf S. 144
     schreiben: »Direkte und offene Kommunikation kann in der Praxis dadurch erschwert sein,
     dass Familienunternehmer in der ersten Zeit nach Abschluss einer M&A-Transaktion
     häufig selber noch nicht exakt wissen, wie der Integrationsprozess detailliert und präzise
     aussehen wird.«

Einbeziehung des Unternehmens in den Prozess der Entscheidungsvorbereitung und -findung wurden diese Vorgänge immer expliziter und transparenter sowie entsprechende Integrationsplanungen kontinuierlich detailreicher. Gemeint ist hiermit u. a., dass das Bauchgefühl einzelner Familienmitglieder/Führungskräfte zunehmend durch fundierte Analysen und explizite Planungen der zukünftigen Umsetzungsschritte untermauert wurde. Es konnte beobachtet werden, dass das Unternehmen im ersten Schritt vielfach in die Vorbereitung der Entscheidung involviert wurde, während im zweiten Schritt auch die Entscheidungsfindung innerhalb des Unternehmens durch kommunikative Aushandlungsprozesse in vorgesehenen Gremien und nicht mehr durch Festlegungen einzelner Personen stattfand. So war in den Fallbeispielen zu beobachten, dass Familienunternehmen, die eher organisationsförmig aufgestellt sind, häufig Governance-Regelungen aufweisen, die Akquisitionsentscheidungen unter den Vorbehalt eines (z. T. ausschließlich) extern besetzten Aufsichts- oder Beirats stellen. Mit einem solchen Schritt unterwirft sich die Familie selbst einer Kontrollinstanz, die die Durchsetzung weitreichender Entscheidungen durch eine oder wenige Person(en) quasi ausschließt und stattdessen durch explizite Aushandlungsprozesse innerhalb des Unternehmens ersetzt. Es wird dadurch bereits deutlich, dass ein Prozessmusterwechsel in der Art, wie unternehmensrelevante Entscheidungen getroffen werden, i. d. R. nicht nur einen maßgeblichen Einfluss auf das Unternehmen, sondern auch auf die Kopplung an die Familie hat.[673] Insgesamt führt die kommunikative Aushandlung solcher Entscheidungen innerhalb des Unternehmens dazu, dass die dahinterliegende Ratio explizit formuliert werden muss und somit nur Akquisitionen verfolgt werden, die zur strategischen Ausrichtung des Unternehmens passen und nicht hauptsächlich auf eine sich kurzfristig ergebende, günstige Opportunität zurückzuführen sind.[674]

Darüber hinaus wurde ersichtlich, dass die Fallbeispielunternehmen es trotz des notwendigen Aufbaus kommunikationsintensiver, partizipativer Abstimmungsprozesse geschafft haben, eine hohe Entscheidungsgeschwindigkeit beizubehalten und sie somit weiterhin relativ schnell und flexibel auf individuelle, nicht-ökonomische Wünsche potenzieller Verkäufer eingehen können.

---

673 Vgl. hierzu auch die Ausführungen in Kapitel 5.3.
674 Vgl. hierzu z.B. das ausführlich beschriebene Negativbeispiel in der Dissertation von Marquardt 1998.

5.2.2. Post-Merger-Integration

Bei personenorientiert geführten Akquisitionsobjekten müssen sich die Strukturen im Rahmen einer vollständigen Integration grundlegend verändern.

Die Kommunikationsgewohnheiten im Akquisitionsobjekt sind maßgeblich von historischen Erfahrungen, sprich: den geübten Kommunikationsmustern, abhängig. Dabei werden diese Verhaltensweisen von den vorherrschenden Strukturen geprägt, denn »[d]ie Struktur selbst [...] steuert das selektive Verhalten des Systems.«[675] Aufgrund der vielfach zu beobachtenden personenzentrierten Führung und einer damit einhergehenden Informationsbündelung an der Unternehmensspitze war in vielen der im Rahmen dieser Arbeit betrachteten Übernahmen zu beobachten, dass die Übernahme für die Mitarbeiter im akquirierten Unternehmens völlig überraschend kam, obwohl das Unternehmen als eigenständige Einheit mit den bestehenden Wertschöpfungsprozessen am Markt nicht überlebensfähig war. Bei den meisten Organisationsmitgliedern entsprach das angefertigte Selbstbild des Unternehmens dementsprechend nicht der tatsächlichen Situation. Ein Verständnis für die Dringlichkeit der Veränderungsnotwendigkeit[676] musste erst mühsam, aber sehr kurzfristig, nach dem Verkauf hergestellt werden. Die Reaktion des Unternehmens und einzelner Organisationsmitglieder auf diese plötzliche Veränderungsanforderung kann sehr unterschiedlich sein und ist maßgeblich von den eigenen Zukunftserwartungen der handelnden Akteure geprägt. Für das weitere Engagement der Organisationsmitglieder im Rahmen des PMI-Prozesses ist die Wahrnehmung des neuen Eigentümers von nicht zu unterschätzender Bedeutung, überspitzt formuliert: »Wird er als Bedrohung oder als Chance gesehen?«[677] Dementsprechend sollte der aus Sicht des Käufers beeinflussbaren Kommunikation nach der Übernahme eine besondere Aufmerksamkeit beigemessen werden.

Ein personenorientiertes Führungsverständnis in den Akquisitionsobjekten hat bei vielen der im Rahmen dieser Arbeit analysierten Akquisitionszielen dazu geführt, dass Leitentscheidungen in diesen Unternehmen mit Bezug auf die kulturell verankerte und innerhalb des Unternehmens nicht hinterfragte Entscheidungskompetenz und -legitimation der Familie getroffen wurden. Die Unsicherheitsabsorption fand sowohl innerhalb der einzelnen Hierarchieebenen

---

675 Luhmann 1969, S. 42.
676 Vgl. hierzu auch die spannenden Ausführungen bei Kotter 2008.
677 So berichtete ein Geschäftsführer beispielsweise von folgender Situation nach seinem Einstieg in das akquirierte Unternehmen: »Zu meinem Amtsantritt gab es eine Besprechung mit den Abteilungsleitern, bei dem ich mich vorgestellt habe, meinen Werdegang erläutert habe und erklärt habe, was wir vorhaben. Da stand ein Abteilungsleiter auf und sagte: ›Das finde ich gut, das ist der Tag, auf den wir alle seit Jahren gewartet haben. Ich unterstütze das.‹«

als auch v. a. an der Organisationsspitze, durch die Verantwortungsübernahme einzelner Personen, statt und wurde i. d. R. nicht durch einen kommunikativen Aushandlungsprozess erreicht. Wie ebenfalls oben beschrieben, führte dies dazu, dass die Leistungsfähigkeit des gesamten Unternehmens sehr abhängig von dem Vorhandensein dieser Schlüsselspieler und deren Beziehung zueinander war. Diese eingespielten, nicht hinterfragten Routinen stehen im Rahmen einer Unternehmensübernahme durch die Integrationsbemühungen regelmäßig zur Disposition. Vielfach kann die Leistungsfähigkeit des Unternehmens kurzfristig nur beibehalten werden, wenn die wesentlichen Schlüsselpersonen im Unternehmen verbleiben. Auch zur erfolgreichen Realisierung eines Integrationsprojekts (Angleichung von Strukturen, Wertschöpfungsprozessen etc.) scheint die intensive Einbindung der im verkauften Unternehmen vorhandenen Leistungsträger mit ihrem i. d. R. äußerst umfangreichen, personengebundenen Detailwissen über die häufig nicht transparent explizierten Organisationsabläufe und die handelnden Mitglieder einen wesentlichen Erfolgsfaktor darzustellen.

Vor diesem Hintergrund erscheint es sinnvoll, dass in vielen der beobachteten Übernahmen auch die ehemaligen geschäftsführenden Gesellschafter bzw. das Top-Management nach der Übernahme für eine Übergangszeit zur Verfügung standen.[678] Die Beibehaltung des bestehenden Managements geht aber i. d. R. mit einem weniger radikalen Veränderungsprozess einher, obwohl ein solcher v. a. in Restrukturierungssituationen oftmals erforderlich ist. Die zukünftige Rolle der ehemaligen geschäftsführenden Gesellschafter ist, neben den konkreten Verkaufsgründen, also von unzähligen weiteren Faktoren abhängig, so dass keine pauschale Empfehlung für die zukünftige Rolle der ehemaligen Inhaber gegeben werden kann. Die Beobachtungen im Rahmen dieser Ausarbeitung zeigen jedoch, dass sie häufig für eine Übergangszeit von ein bis drei Jahren beim Erwerber verblieben.

Bezugnehmend auf den Luhmann'schen Strukturbegriff ist offensichtlich, dass eine Angleichung von Wertschöpfungsprozessen immer mit einer Veränderung der Strukturen in dem übernommenen Unternehmen einhergeht. Die Verhaltenserwartungen, die dann zeitlich über einen längeren Zeitraum, sachlich für verschiedene Situationen und sozial für eine Mehrzahl von Personen »gelten«, verändern sich in dem übernommenen Unternehmen im Rahmen der Integrationsprozesse maßgeblich. Dies impliziert, dass sich auch die aus der Umwelt wahrgenommenen Informationen und das Kommunikationsverhalten innerhalb der übernommenen Unternehmen deutlich verändern. Eine solch tiefgreifende Veränderung der Strukturen scheint, v. a. bei personenorientierten Unternehmen, im Rahmen einer Übernahme erforderlich, da die bisherigen Strukturen für

---

678 Diese Beobachtung bestätigen die Ergebnisse anderer Studien in diesem Bereich. Vgl. hierzu Mickelson und Worley 2003, Furtner 2006 oder Benner 2009.

den Käufer intransparent bleiben und intendierte Leitentscheidungen des neuen Eigentümers nicht wirksam werden können.

Integrationsprozessrelevante Entscheidungsbedarfe werden in akquisitionser-fahrenen Familienunternehmen frühzeitiger antizipiert und bearbeitet.

Die empirische Untersuchung hat eindeutig aufgezeigt, dass sich das beobacht-bare Verhalten in mittelständischen Familienunternehmen bei Akquisitions-und Integrationsprozessen mit zunehmender Akquisitionserfahrung stark ver-ändert. Abstrahierend von den konkreten Inhalten einzelner Aufgabenpakete, ist ein großer Unterschied im Zeitpunkt einzelner Entscheidungen und deren Zu-standekommen zu beobachten gewesen.

Sowohl über das Zielbild, wie das Unternehmen nach einer erfolgreichen Übernahme aussehen soll, noch über den konkreten Weg dahin existieren in akquisitionsungeübten Familienunternehmen zum Übernahmezeitpunkt aus-reichend anschauliche Vorstellungen. Die Steuerung des Integrationsprozesses aus der Geschäftsführung führt zwar regelmäßig zu einem hohen Aufmerk-samkeitsfokus des Top-Managements auf den Integrationsprozess, aber ebenso regelmäßig auch zu einer Überlastung der Organisationsspitze und einem Ent-scheidungsstau, der die operative Umsetzung von Maßnahmen zur Angleichung der Strukturen und Prozesse der beteiligten Organisationen verlangsamt.[679] Da notwendige Entscheidungsbedarfe, auch aufgrund fehlender Erfahrungswerte, nicht frühzeitig antizipiert werden können, ist die gesamte Organisationsstruk-tur und die Ressourcenausstattung des Integrationsprojekts nicht so aufgestellt, dass die notwendigen Arbeitspakete ausreichend intensiv bearbeitet werden können, um die kulturellen und technischen Herausforderungen eines solchen Projekts effizient zu bewältigen. Eine weitere Herausforderung sind die häufig gering ausgeprägten Controlling-Instrumente in personenorientierten Famili-enunternehmen. Die geschäftsführenden Gesellschafter in personenorientiert geführten Unternehmen sind persönlich sehr intensiv in das organisationale Geschehen eingebunden und erreichen hierdurch ein realistisches Selbstbild, welches ihnen, ohne entsprechende Controlling-Instrumente, in hinzuakqui-rierten Unternehmenseinheiten zwangsläufig fehlt und eine zielgerichtete Un-ternehmens- und Integrationsprozesssteuerung unmöglich macht.

Im Gegensatz hierzu weist das Vorgehen von akquisitionserfahrenen Famili-enunternehmen eine höhere Transparenz und einen relativ standardisierten

---

679 Dies geht z. B. mit den Ergebnissen von Gerds 2000, S. 184, einher, der mittelständischen Käufern einen langsameren Integrationsprozess bescheinigt. Auch Jansen 2003, S. 228, be-schreibt dieses Phänomen mit den Worten: »So werden aufgrund der fehlenden Ressour-cenausstattung der kleineren Käufer viele Aufgaben zusätzlich durch die Geschäftsleistung übernommen, daß somit der Prozeß verlangsamt.«

Ablauf auf. Wie oben bereits angeklungen, findet die Erarbeitung einer anschaulichen strategischen Zielsetzung in definierten Gremien innerhalb des Unternehmens statt, so dass potenzielle Akquisitionsopportunitäten i. d. R. nicht aufgrund sich zufällig ergebener Möglichkeiten betrachtet werden, sondern das Ergebnis eines strukturierten Suchprozesses sind. Aufgrund des persönlichen Erfahrungsschatzes der handelnden Führungskräfte und des organisationalen Erfahrungswissens kann deutlich realistischer bewerten werden, welches die Potenziale eines möglichen Zielobjekts sind, welcher Aufwand betrieben werden muss, um diese Potenziale zu heben, und welche Kapazitäten und Kompetenzen diesbezüglich intern vorhanden und verfügbar sind. Die intensive Akquisitionsvorbereitung innerhalb des Unternehmens führt dazu, dass von Anfang an (also schon deutlich vor dem Abschluss eines Kaufvertrags) ein möglichst detailreicher und realistischer Plan zur Umsetzung erarbeitet wird. Nur aufgrund von realistisch eruierbaren und explizierten Aufwendungen sowie unter Berücksichtigung der eigenen Kapazitäten kann eine verantwortungsvolle Risikoabwägung im Vorfeld der Akquisitionsentscheidung stattfinden. Selbstverständlich bleiben Unternehmensakquisitionen trotzdem immer eine mit relativ hoher Unsicherheit behaftete Wachstumsoption.

Ein ganz wesentlicher Aspekt bei der Erarbeitung eines expliziten Zielbildes ist die frühzeitige Festlegung auf eine angemessene Organisationsstruktur. Während sich das Organisationsdesign in organisch wachsenden Familienunternehmen häufig unintendiert um einzelne Personen herum entwickelt, führt die unreflektierte Übernahme dieser Struktur im Rahmen von substanziellen anorganischen Wachstumsinitiativen zu Problemen. Die in organisch gewachsenen, personenorientiert geführten Familienunternehmen bestehenden Strukturen sind nicht für einen abrupten Komplexitätszuwachs ausgelegt, welcher durch die Übernahme einer Vielzahl neuer Organisationsmitglieder zwangsläufig entsteht.

Diese kurzen Ausführungen zeigen schon auf, dass ein transparenteres Vorgehen in Post-Merger-Integrationsprozessen i. d. R. mit einer grundlegenden Veränderung in den Führungsprozessen (von eher personenorientierten zu eher organisationsförmigeren Entscheidungsprozessen) einhergeht.

5.2.3. Implikationen für akquisitionsunerfahrene und personenorientiert geführte mittelständische Familienunternehmen

Regelmäßiges anorganisches Wachstum erfordert einen Musterwechsel vom Entscheidungsprinzip »Person« zum Entscheidungsprinzip »Verfahren«.

Die wesentliche Implikation, die sich aus den obenstehenden Ausführungen und der Analyse, der im Rahmen der Dissertation erhobenen Fallbeispiele, ableiten lässt, ist die Tatsache, dass das Entscheidungsprinzip »Person«, welches sich in Familienunternehmen natürlicherweise als prägendes Entscheidungsprinzip aus der Gründungsphase heraus entwickelt, nicht geeignet ist, um erfolgreich substanziell anorganisch zu wachsen. Hierfür bedarf es vielmehr stärker partizipativer Entscheidungsstrukturen, um die ansteigende Komplexität beherrschbar zu halten.

Die vielfach in mittelständischen Familienunternehmen vorherrschenden personenorientierten Führungsprozesse gehen üblicherweise mit organischem Wachstum einher.[680] Personenorientiert geführte Familienunternehmen verändern ihre grundlegenden Koordinationsmuster, auch bei kontinuierlichem Wachstum, häufig nicht maßgeblich. Die durch das Wachstum induzierten Kapazitäts- und Ressourcenengpässe werden situations- und anlassbezogen gelöst. Im Rahmen einer »internen Zellteilung«[681] entstehen organisatorisch neue Einheiten bzw. Abteilungen um bewährte und vertraute Leistungsträger herum. Neue Mitarbeiter lernen durch Nach- bzw. Mitmachen, was von ihnen erwartet wird und wie sie sich innerhalb des Unternehmens und der Kultur zurechtfinden. Man kann deshalb davon sprechen, dass die strukturelle Entwicklung dieser (organisch wachsenden) Unternehmen üblicherweise der Umsatzentwicklung folgt. Die in diesem Muster regelmäßig erzeugten Engpässe bleiben, häufig auch durch ein risikobewusstes Handeln des Top-Managements, welches die Leistungsfähigkeit und Möglichkeiten des Unternehmens realistisch einschätzen kann, überschaubar. Solange sich wesentliche Umweltbedingungen nicht grundlegend verändern, steckt in diesem Wachstumsmuster eine hohe Erfolgswahrscheinlichkeit, da es auf den bisher erworbenen und Erfolg bringenden Kompetenzen aufbaut. Personenorientiert geführte Familienunternehmen korrelieren demnach auf natürliche Weise mit solch einem Wachstumsmuster.

Im Rahmen der vorgenommenen Untersuchung konnte beobachtet werden, dass dieses Wachstumsmuster allerdings nicht mit den Erfordernissen umfangreicherer Unternehmensübernahmen kompatibel ist. Die vorhandenen Strukturen sind nicht für das mit einer substanziellen Akquisition steigende Komplexitätsniveau ausgelegt. Wie oben bereits beschrieben, führt v. a. die sprunghaft steigende Mitarbeiterzahl und die wachsende Anzahl zusätzlich relevanter Umweltkontakte dazu, dass die bislang erfolgreichen Koordinationsmuster keine ausreichende Wirksamkeit mehr entfalten. Mit Struktur ist hier nicht nur der sich im Organigramm widerspiegelnde Organisationsaufbau gemeint, sondern, im Sinne Luhmanns, die Prozesse

---

680 Vgl. hierzu die Aussage aus der Literaturrecherche von Worek 2017, S. 191: »The lower acquisition activity is also explained by the family firms' unique features, such as internal growth preferences […].«

681 Vgl. zu dieser Metapher die Ausführungen bei Wimmer 2014a, S. 2.

»der Entscheidungskommunikation, in denen Entscheidungen aus Entscheidungen produziert werden. Hier und nur hier findet die Absorption von Unsicherheit statt, […]. Und hier entscheidet sich letztlich, welche operative, nicht nur strukturelle Komplexität das System erreicht.«[682]

Strukturen sind somit

»die Resultate eines erfolgreich prozessierten Komplexitätsaufbaus der Organisation. In ihnen kondensieren die mit steigender Binnenkomplexität möglichen Differenzierungen der eigenen, wahrgenommenen Umwelten.«[683]

Die Ergebnisse dieser Arbeit legen nahe, dass entsprechende Strukturen innerhalb eines Unternehmens im Vorfeld anorganischer Wachstumsinitiativen aufgebaut werden sollten, um die Erfolgschancen einer umfangreichen Integration zu erhöhen. Aber genau dieser Punkt stellt für personenorientiert geführte Familienunternehmen die wesentliche Herausforderung dar. Eine vorausschauende Ressourcenplanung und die proaktive Infragestellung der bisher erfolgreichen Koordinationsmuster ist eine vollkommen ungeübte Aufgabenstellung, die in der Logik personenorientierter Führungsprozesse regelmäßig nicht vorkommt. Darüber hinaus stehen die notwendigen (personellen) Kapazitäten zur Bearbeitung entsprechend anspruchsvoller Fragestellungen üblicherweise nicht zur Verfügung. Familienunternehmen mit einem organisationsförmigen Führungsverständnis reflektieren dagegen ganz selbstverständlich im Vorfeld einer Übernahmeentscheidung, ob die bestehenden Strukturen auch nach der Übernahme noch passend sind bzw. welche Strukturen im Vorfeld der Übernahme aufgebaut werden müssen, um strukturell besser auf den absehbaren Komplexitätszuwachs vorbereitet zu sein. Man kann also durchaus von einem blinden Fleck sprechen, den personenorientiert geführte Familienunternehmen in Bezug auf die Reflexion der eigenen Organisationsstrukturen aufweisen. Zur Überwindung dieses blinden Flecks bedarf es eines entsprechend starken Impulses, um die bisher erfolgreichen Koordinationsmuster selbstkritisch zu hinterfragen und einen Musterwechsel voranzutreiben. Neben wirtschaftlichem Druck kann dies auch, wie z.B. bei Brückner beschrieben, »der Impuls eines Außenstehenden« sein, »die Herausforderung der anstehenden Nachfolge« oder »die Erkenntnis, dass ›mehr vom gleichen‹ Wachstumsmuster kein Alleinstellungsmerkmal mehr ermöglicht«.[684]

Der grundlegende Musterwechsel, der vollzogen werden muss, um die notwendig erhöhte strukturelle Binnenkomplexität zu ermöglichen, ist die Abkehr vom Entscheidungsprinzip »Person« hin zu »verfahrensorientierten« Entschei-

---

682 Luhmann 2000, S. 317.
683 Wiechers 2006, S. 93.
684 Vgl. Brückner 2017, S. 258f.

dungssituationen, bei denen eine Mehrzahl von unterschiedlichen Sichtweisen kommunikativ in den Entscheidungsprozess eingebunden wird.

5.3. Rückwirkung regelmäßiger Akquisitionsprojekte auf die personenorientierten Führungsprozesse

Die nicht ausreichende Wahrnehmung der relevanten Informationen an der Unternehmensspitze wie auch das fehlende Wirksamwerden wichtiger Leitentscheidungen führen dazu, dass sich die tradierten personenorientierten Führungsprozesse im Rahmen von regelmäßigen und substanziellen anorganischen Wachstumsinitiativen als nicht mehr funktional erweisen.

Die letzte der im Rahmen der Dissertation untersuchten Forschungsfrage betrifft die Rückwirkung regelmäßiger Akquisitions- und Integrationsprozesse auf die organisch gewachsenen Führungsprozesse in mittelständischen Familienunternehmen. Die Ergebnisse dieser Arbeit haben aufgezeigt, dass die sich charakteristisch um einzelne Personen herum entwickelnden Führungsprozesse i. d. R. nicht ausreichend sind, um die im Rahmen einer Unternehmensintegration hinzugewonnene Komplexität sinnvoll zu bearbeiten. Mit anderen Worten könnte zusammengefasst werden, dass die Führungsprozesse keine ausreichende Varietät aufweisen, um die Komplexität der durch die Übernahme neu entstandenen Organisation und ihrer Umweltkontakte zielführend zu bearbeiten.[685] Wenn dementsprechend die Binnenkomplexität der personenorientierten Führungsprozesse nicht ausreichend ist, um die durch die Integration entstehende Komplexität zu managen, kann das Unternehmen in existenzielle Problemlagen geraten. Vereinfacht lässt dies die Vermutung zu, dass Luhmanns Frage nach dem Resultat eines Aufeinandertreffens zweier Systeme, die nicht die Fähigkeit haben, die Komplexität des anderen im eigenen System zu duplizieren,[686] im Ergebnis für die Systeme existenzbedrohend ist.

Die vorliegende Untersuchung lässt darauf schließen, dass die sich historisch entwickelt habenden, familiär um Personen herum entstehenden Führungsprozesse in Unternehmen, die regelmäßig Unternehmensakquisitionen durch-

---

685 Vgl. zum Gesetz der »requisite variety« ausführlich die Erläuterungen bei Ashby 1964 (vornehmlich S. 202–218), in denen er mathematisch herleitet, dass »only variety can destroy variety« (S. 207).

686 »Ein weiterer Punkt, der mich immer fasziniert hat, betrifft die Frage, was passiert, wenn es zwei komplexe Systeme miteinander zu tun bekommen, wenn sie gekoppelt werden oder in Interaktion treten und nicht die Fähigkeit haben, die Komplexität des anderen im eigenen System zu duplizieren, das heißt nicht über die ›requisite variety‹ verfügen, die erforderlich wäre, um ein anderes System abzubilden.« Luhmann und Baecker 2004, S. 178.

führen, weiterentwickeln müssen, um eine der neuen Situation angemessene Varietät aufzuweisen. Anderenfalls schafft es Führung nicht, die notwendigen, koordinierenden Steuerungsimpulse zu setzen. Aus zwei Gründen erscheint diese Weiterentwicklung hin zu verfahrensorientierten Entscheidungsprinzipien maßgeblich.

Zum einen sind die personenorientierten Führungsprozesse darauf ausgelegt, dass relevante Umweltinformationen durch diverse, vielfach direkte, persönliche Kontakte der Unternehmensspitze dort wahrgenommen werden. Nur hierdurch können die an der Unternehmensspitze herbeigeführten »intuitiven« Entscheidungen ihre hohe Treffsicherheit begründen.[687] In anorganisch wachsenden Organisationen ist diese hohe persönliche Kontaktintensität der Unternehmensspitze zu den wesentlichen Mitarbeitern, Kunden, Lieferanten, Mitbewerbern etc., die sich nur über einen langen Zeitraum evolutionär entwickeln kann, nicht gegeben, so dass die maßgeblichen Entscheidungsgrundlagen mit den geübten Wahrnehmungsmustern an der Unternehmensspitze nicht erfasst werden können.

Zum anderen konnte beobachtet werden, dass die mit personenorientierten Führungsprozessen vielfach einhergehende Form des Wirksamwerdens von Leitentscheidungen in akquirierten Organisationseinheiten keinen Effekt entfalten konnte. In organisch gewachsenen, eigentümergeführten Familienunternehmen gilt i. d. R. die uneingeschränkte Autorität des Inhabers an der Unternehmensspitze, der im Zweifel in allen Belangen als Letztentscheider auftreten kann. Fest in der Kultur dieser Unternehmen ist verankert, dass die dort getroffenen Entscheidungen nicht weiter hinterfragt werden. In den meisten alltäglichen Abstimmungen reicht auf allen Hierarchieebenen ein Verweis auf den Willen der Unternehmensspitze, um Entscheidungen zu legitimieren. Außerdem werden Entscheidungen, wie oben beschrieben, häufig nicht als solche gekennzeichnet. Stattdessen orientieren sich die langjährigen Vertrauenspersonen in dem Unternehmen vielfach an den vermuteten Absichten der Unternehmensspitze. Diese kulturell begründete, unhinterfragte Autorität wird der Unternehmensspitze durch die »neuen« Mitarbeiter in hinzuakquirierten Unternehmensteilen jedoch nicht zugeschrieben. Darüber hinaus können die hinzugekommen Mitarbeiter kein treffsicheres Gefühl für die Intentionen des Top-Managements entwickelt haben, so dass auch dies vor dem Hintergrund regelmäßiger anor-

---

687 Vgl. hierzu ausführlich die interessanten Ausführungen bei Gigerenzer 2007, welcher den Begriff Intuition nutzt (S. 25), »um ein Urteil zu bezeichnen, das rasch im Bewusstsein auftaucht, dessen tiefere Gründe uns nicht ganz bewusst sind und das stark genug ist, um danach zu handeln.« Nach Gigerenzer besteht das Grundprinzip von Intuitionen aus einer (S. 26) »einfachen Faustregel, die sich die evolvierten Fähigkeiten des Gehirns zunutze macht«.

ganischer Wachstumsinitiativen kein funktionales Koordinationsmuster mehr darstellt.

Der Übergang von personenorientierten hin zu organisationsförmigeren Füh-rungsprozessen erfordert Veränderungen auf unterschiedlichen Ebenen, die wechselseitig aufeinander Bezug nehmen.

Im Rahmen der Dissertation wurde herausgearbeitet, wie eher organisations-förmig geführte Familienunternehmen die sechs Aufgabenfelder des General Managements wahrnehmen und bearbeiten.[688] Dabei ist offensichtlich, dass im Rahmen der Dissertation nur ein erster Einblick in die Unterschiedlichkeit der Bearbeitung dieser sechs Aufgabenfelder gegeben werden kann. Wahrscheinlich werden Untersuchungen mit einem umfangreicheren Datenmaterial hier ver-schiedene Typen identifizieren können, die eine differenziertere Beschreibung zulassen als die in der Dissertation genutzte Unterscheidung zwischen »per-sonenorientiert« (Entscheidungsprinzip »Person«) und »organisationsförmig« (Entscheidungsprinzip »Verfahren«). Es sollte allerdings deutlich geworden sein, dass die Empfehlung keinesfalls lauten kann, die kulturellen Eigenarten des Familienunternehmens und seiner spezifischen Art zu wirtschaften über Bord zu werfen und sich strukturell ausschließlich an Großkonzernen zu orientieren. Jedoch braucht es vielfach mehr organisationsförmige und weniger familiäre Strukturen, um die im Rahmen der Integration hinzugewonnene Komplexität sinnvoll verarbeiten zu können. Die Familienunternehmen zugeschriebenen Eigenschaften, wie

> »pionierhaftes unternehmerisches Engagement an der Spitze wie auch in den einzelnen Geschäftsbereichen, konsequente Ausrichtung am Kunden und seinen Problemen, Innovationsfreude und erfinderische Kreativität, schlanke Strukturen, […], wenig formalisierte Kommunikations- und Entscheidungsprozesse, kostenbewusster Um-gang mit den Ressourcen […], ein durchgängig hohes Verantwortungsgefühl bei allen Beschäftigten für den Erfolg des Unternehmens verbunden mit einer entsprechenden Einsatzbereitschaft, etc.«[689]

dürfen dabei nicht verlorengehen, sondern müssen um organisationsförmige Strukturen ergänzt werden.

Der Übergang von personenorientierten hin zu organisationsförmigeren Führungsstrukturen macht es erforderlich, dass Veränderungen auf verschie-denen Ebenen angestoßen und bearbeitet werden, die sich wechselseitig beein-flussen und zirkulär aufeinander Bezug nehmen. So braucht es, wie beschrieben, einen Auslöser, der die Notwendigkeit einer Veränderung deutlich macht.

---

688 Vgl. hierzu v. a. Kapitel 8 in der Promotionsschrift.
689 Wimmer, Domayer, Oswald und Vater 2018, S. 94.

Darüber hinaus sind es, nach Auffassung des Autors, folgende Ebenen, die im Rahmen der beschriebenen Weiterentwicklung bearbeitet werden:
- das Verhältnis der Unternehmerfamilie zu ihrem Unternehmen,
- die Art, wie Verantwortung und Entscheidungskompetenz innerhalb der Organisation wahrgenommen und verteilt wird, und
- die Intensität der Selbstbeobachtung, die wiederum systematischen Eingang in institutionalisierte Kommunikationssettings finden muss,

um Verantwortungsübernahme auf unterschiedlichen Hierarchieebenen überhaupt zu ermöglichen. Aus einer systemtheoretischen Blickrichtung könnte man hier von einer Veränderung maßgeblicher Entscheidungsprämissen sprechen, die sich im Rahmen der Weiterentwicklung von Führungsprozessen wandeln. Wie bereits oben angesprochen, geht die konsequente Umsetzung einer solchen Weiterentwicklung der Führungsprozesse i. d. R. nur mit zusätzlichen, außerhalb der eigenen Organisation vorgebildeten Personen einher, die dem Unternehmen »Körper und Geist, Reputation und persönliche Kontakte zur Verfügung stellen und dadurch teils ausweiten, teils einschränken, was entscheiden werden kann«[690] und dadurch wesentlich dazu beitragen, nicht in gewohnte, personenorientierte Problemlösungsmuster zurückzufallen.[691]

Das Verhältnis der Unternehmerfamilie zu ihrem Unternehmen.

Wenn innerhalb des Unternehmens eine sich verändernde Logik bei den Entscheidungsprozessen zu beobachten ist,[692] hat dies auch Auswirkungen darauf, wie die Familie an das Unternehmen gekoppelt ist. In patriarchal organisierten Unternehmen existiert üblicherweise eine Personengleichheit zwischen dem Familien- und dem Unternehmensoberhaupt. Alle maßgeblichen Informatio-

---

690 Luhmann 1988, S. 177.
691 Auf die Relevanz der Einbindung von familienfremden Managern zur Änderung eingespielter Führungsstrukturen weist auch Brückner 2017 abschließend hin, wenn er auf S. 263f. schreibt: »Über alle untersuchten FU ist als Querschnitt festzuhalten, dass sich die Einsicht mal mehr mal weniger durchsetzt, dass derjenige, der meint, alles alleine zu können, einen Fehler begeht. Familienfremdes Management-Knowhow frühzeitig einzubinden, wird als erfolgskritisch angesehen. [...] Die Ergebnisse zeigen, dass für familienfremde Manager gewisse Arbeitsweisen aufgrund ihrer häufig vorzufindenden Konzernerfahrung selbstverständlich sind, die für das FU zur Bewältigung des Musterwechsels von familienähnlichen zu organisationsförmigen Führungsverhältnissen wichtig sind: Führungsverantwortung delegieren, Führungsstrukturen um Prozesse bauen und Führungspositionen nach Kompetenz besetzen.«
692 Gemeint ist hier eine Veränderung »[v]om Entscheidungsprinzip *Person* zum Entscheidungsprinzip *Verfahren* – also von einer vertikalen, auf einen oder mehrere Letztentscheider hin ausgerichtete Entscheidungslogik hin zu einer horizontalen, von vielen Akteuren partizipativ getragenen Entscheidungskultur«. (von Schlippe, Groth und Rüsen 2017, S. 216)

nen laufen bei dieser Person zusammen und die Unsicherheit, welche mit Entscheidungen zwangsläufig verbunden ist, wird »innerhalb« dieser Person (des psychischen Systems des Entscheidungsträgers) absorbiert. Durch andere, zusätzliche Personen im Top-Management hingegen wird auch das bisherige Wirksamwerden der familieninternen Vorstellungen zur zukünftigen Unternehmensentwicklung infrage gestellt und es müssen Strukturen entwickelt werden, um den familiären Einfluss und damit die notwendigen Orientierungsvorgaben aus dem Eigentümerkreis sicherzustellen. Die konkrete Ausgestaltung entsprechend passender Strukturen zur Sicherstellung der nachhaltigen Entscheidungsfähigkeit im Eigentümerkreis sowie zum Wirksamwerden entsprechender Vorgaben innerhalb der Organisation ist dabei sicherlich individuell.[693] Eine sehr hilfreiche Typisierung bietet hier die bereits angesprochene Einteilung von von Schlippe et al.[694]

Die Art, wie Verantwortung und Entscheidungskompetenz innerhalb des Unternehmens wahrgenommen und verteilt wird.

Die oben aufgezählten Beobachtungen sind sicherlich nicht kausal auf ein ausdifferenzierteres Verhältnis zwischen Familie und Unternehmen zurückzuführen. So kann z. B. eine stärker ausgeprägte Berücksichtigung von Wirtschaftlichkeitsüberlegungen in der gesamten Belegschaft auch als Beleg für ein geändertes Verantwortungsbewusstsein interpretiert werden. In personenorientiert geführten Familienunternehmen wird die Verantwortung für eine Vielzahl von Einzelentscheidungen an die Unternehmensspitze delegiert. Die Entscheidungskompetenzen in den einzelnen Hierarchieebenen sind demnach nicht so ausgeprägt, wie dies die Darstellung in den Organigrammen vermuten lassen würde. In eher organisationsförmig geführten Familienunternehmen wird Verantwortung hingegen organisationsstrukturell angemessen auf unterschiedliche Hierarchieebenen, Rollenträger und entsprechende Gremien verteilt, denen die Entscheidungskompetenz durch die Unternehmensspitze auch zugebilligt wird.

---

693 So fassen Wimmer, Domayer, Oswald und Vater 2018, S. 9 f., zusammen: »Das Schicksal von Familienunternehmen hängt letztlich sehr davon ab, wie dieser wechselseitige Prägungsprozess verläuft und ob es die betroffenen Entscheidungsträger im Laufe der Zeit schaffen, auf beiden Seiten geeignete Strukturen und Prozesse zu etablieren und diese immer wieder auch so zu erneuern, dass sie dazu in der Lage sind, die Probleme und Interessen der Familie als Überlebenseinheit und jene des Unternehmens in ihrer spezifischen Eigenart auseinander zu halten und einer je angemessenen Bearbeitung zuzuführen.«

694 Auf der Seite der Unternehmerfamilie differenzieren von Schlippe, Groth und Rüsen 2017 insgesamt vier verschiedene Mentale Modelle. Neben der patriarchalen Logik, die eine personenorientierten Führung in Unternehmen und Familie beschreibt, unterscheiden sie zwischen der »operativ tätigen Eigentümerfamilie«, der »aktiven Eigentümerfamilie« und der »Investorenfamilie«.

Dadurch wird u. a. erreicht, dass die dezentral in dem Unternehmen verteilte Intelligenz stärker in Entscheidungsprozessen Berücksichtigung finden kann. Besonders herausfordernd erscheint im Rahmen des Übergangs von personenorientierten hin zu organisationsförmigeren Führungsprozessen die explizite Infragestellung der bestehenden organisationsstrukturellen Festlegungen. Die Struktur hat sich, wie obenstehend beschrieben, i. d. R. um bestimmte Personen und ihre Vorlieben, Begabungen und Beziehungen entwickelt. Im Rahmen der Entwicklung organisationsförmigerer Strukturen müssen diese bestehenden Festlegungen in eine durchdachte Organisationsstruktur überführt werden, deren Logik sich maßgeblich an den strategischen Herausforderungen des Marktes orientiert. Die organisationsinterne Ausarbeitung entsprechender Strukturen mit klar definierten Gremien, Entscheidungskompetenzen und Verantwortungsbereichen sowie den dazugehörigen Abstimmungsprozessen ist ein höchst anspruchsvolles Unterfangen. Dabei ist es zum Gelingen dieses Unterfanges offensichtlich erforderlich, dass die handelnden Personen unterhalb der Unternehmensspitze die notwendigen Kompetenzen und persönlichen Ressourcen mitbringen, um eine gänzlich andere und wesentlich präsentere bzw. öffentlichere Form von Führungsposition wahrnehmen und ausfüllen zu können.

Die Intensität der Selbstbeobachtung, die wiederum systematischen Eingang in institutionalisierte Kommunikationssettings finden muss.

Eine unabdingbare Voraussetzung für eine dezentralere Verantwortungsübernahme durch unterschiedliche Personen und Gremien ist eine transparente Kommunikation über die jeweiligen Wertschöpfungs- und Kostenbeiträge der einzelnen Bereiche des Unternehmens. Dies ist in personenorientiert geführten Familienunternehmen i. d. R. nur begrenzt gegeben. Hier muss, angefangen bei der Familie als Gesellschafter, ein Bewusstsein dafür einsetzen, dass die vielfach zu beobachtende Verschwiegenheit im Hinblick auf Finanzzahlen ein wirkliches Hindernis für die dezentrale Verantwortungsübernahme und damit für die Weiterentwicklung von Führungsprozessen darstellt.

Literaturverzeichnis

Abouzaid, Sanaa (2011): IFC Family Business Governance Handbook, Washington, DC, International Finance Corporation – A member of the World Bank.

Achtleitner, Ann-Kristin, Kaserer, Christoph, Günther, Nina und Volk, Sarah (2011): Die Kapitalmarktfähigkeit von Familienunternehmen – Unternehmensfinanzierung über Schuldschein, Anleihe und Börsengang, München, Stiftung Familienunternehmen.

Alvesson, Mats (2013): Understanding organizational culture Los Angeles, Sage.

Anderson, R.C. und Reeb, D.M. (2003): Foundingfamily ownership and firm performance: Evidence from the S&P 500. The Journal of Finance, 3, S. 1301–1328.

Anderson, Ronald C., Mansi, Sattar A. und Reeb, David M. (2003): Founding family ownership and the agency cost of debt. Journal of Financial Economics, 68, S. 263–285.

Andersson, Tommy, Carlsen, Jack und Getz, Donald (2002): Family Business Goals in the Tourism and Hospitality Sector: Case Studies and Cross-Case Analysis from Australia, Canada, and Sweden. Family Business Review, 15, S. 89–106.

Andric, M. und Kammerlander, N. (2015): Motive zum Verzicht von Controlling in Familienunternehmen – eine Mediator-Analyse. G-Forum, Kassel.

Aronoff, Craig (2004): Self-Perpetuation Family Organization Built on Values: Necessary Condition for Long-Term Family Business Survival. Family Business Review, 17, S. 55–59.

Ashby, W.R. (1964): An Introduction to Cybernetics, London, University Paperbacks.

Ashkenas, R., DeMonaco, L. und Francis, S. (1998): Making the Deal Real: How GE Capital Integrates Acquisitions. Harvard Business Review, January – Feburary, S. 5–15.

Ashley-Cotleur, C., Kauanui, S. K. und Gaumer, C. J. (2013): Family business succession: The impact of customer relationship management and customer based brand equity on firm success or failure. The Journal of Business Diversity, 13, S. 108–118.

Astrachan, Joseph H. (2010): Strategy in family business: Toward a multidimensional research agenda. Journal of Family Business Strategy, 1, S. 6–14.

Astrachan, Joseph H. und Jaskiewicz, Peter (2008): Emotional Returns and Emotional Costs in Privately Held Family Businesses: Advancing Traditional Business Valuation. Family Business Review, 21, S. 139–149.

Astrachan, Joseph H., Klein, Sabine B. und Smyrnios, Kosmas X. (2002): The F-PEC Scale of Family Influence: A Proposal for Solving the Family Business Definition Problem. Family Business Review, 15, S. 45–58.

Astrachan, Joseph H. und Shanker, Melissa Carey (2003): Family Businesses' Contribution to the U.S. Economy: A Closer Look. Family Business Review, 16, S. 211–219.

Bachmann, Harald. (2008): Post Merger Integration von Logistikunternehmen. Eine branchenspezifische theoriegeleitete und empirische Analyse. Dissertation, St. Gallen.

Bächstädt, Christian Nicolas, Ramme, Christian und Röver, Nicolaus J. (2016): Tech rules the M&A-World – Jahresrückblick auf das deutsche Small-/Mid-Cap M&A-Geschehen 2015. M&A Review, 3/2016, S. 54–64.

Baecker, Dirk (2003): Organisation und Management, Frankfurt a.M., Suhrkamp Verlag.

Baldus, Joachim und Gladbach, Stephan (2012): Der Unternehmenskultur auf der Spur – Führungskräfte und Mitarbeiter entdecken kulturelle Gemeinsamkeiten und Unterschiede, In: K.H. Große Peclum, M. Krebber und R. Lips (Hrsg.): Erfolgreiches Change Management in der Post Merger Integration – Fallstudie Commerzbank. Wiesbaden: Gabler.

Barney, J. (1991): Firm resources and sustained competitive advantage. Journal of Management, 17, S. 99–120.

Bartels, Eric und Cosack, Sabine (2012): Integrationsmanagement, In: G. Picot (Hrsg.): Handbuch Merger & Acquisitions – Planung, Durchführung, Integration. Stuttgart: Schäffer-Poeschel.

Beck, Susanne (2016): Brand management research in family firms. Journal of Family Business Management, 6, S. 225–250.

Beck, Susanne und Meier, Michael. (2015): So verwandeln Sie Vertrauen in Umsatz [Online]. Impulse. Available: https://www.impulse.de/management/marketing/marketing-familienunternehmen/2126715.html [Abfragedatum: 22. Juni 2018].

Becker, W., Ulrich, P. und Botzkowski, T. (2016): Mergers & Acquisitions im Mittelstand – Best Practices für den Akquisitionsprozess, Wiesbaden, Springer Gabler.

Behrends, Thomas. (2001): Organisationskultur und Innovativität. Eine kulturtheoretische Analyse des Zusammenhangs zwischen sozialer Handlungsgrammatik und innovativem Organisationsverhalten. Dissertation, Lüneburg.

Behrends, Thomas und Martin, Alexander (2017): Organisationskultur, In: Albert Martin (Hrsg.): Organizational Behaviour – Verhalten in Organisationen. Stuttgart: Kohlhammer.

Behringer, Stefan (2013): Unternehmenstransaktionen – Basiswissen, Unternehmensbewertung, blauf von M&A, Berlin, Erich Schmidt Verlag.

Benner, D.P. (2009): Akquisitionsprozesse bei Familienunternehmen: ein integrierter Strategieansatz für Unternehmenseigner, Hamburg, Kovač.

Berenbeim, R.E. (1990): How Business Families Manage the Transition from Owner to Professional Management. Family Business Review, 3, S. 69–110.

Berens, W., Brauner, H.U. und Strauch, J. (2011): Due Diligence bei Unternehmensakquisitionen, Stuttgart, Schäffer-Poeschel Verlag.

Berens, W. und Strauch, J. (2011): Herkunft und Inhalt des Begriffes Due Diligence, In: W. Berens, H.U. Brauner und J. Strauch (Hrsg.): Due Diligence bei Unternehmensakquisitionen. Stuttgart: Schäffer-Poeschel Verlag.

Berle, A. A. und Means, G.G.C. (1932): The Modern Corporation and Private Property, New York, The Macmillan Company.

Berrone, P., Cruz, C. und Gomez-Mejia, L. (2012): Socioemotional Wealth in Family Firms: Theoretical Dimensions, Assessment Approaches, and Agenda for Future Research. Family Business Review, 25, S. 258–279.

Berrone, P., Cruz, C., Gomez-Mejia, L. und Larraza-Kintana, M. (2010): Socioemotional Wealth and Corporate Responses to Institutional Pressure: Do Family-Controlled Firms Pollute Less? Administrative Science Quarterly, 55, S. 82–113.

Berthold, F. (2010): Familienunternehmen im Spannungsfeld zwischen Wachstum und Finanzierung. Dissertation, Universität Witten / Herdecke.

Bjursell, Cecilia (2011): Cultural divergence in merging family businesses. Journal of Family Business Strategy, 2, S. 69–77.

Blanco-Mazagatos, Virginia, De Quevedo-Puente, Esther und Castrillo, Luis A. (2007): The Trade-Off Between Financial Resources and Agency Costs in the Family Business: An Exploratory Study. Family Business Review, 20, S. 199–213.

Blanco-Mazagatos, Virginia, de Quevedo-Puente, Esther und Delgado-García, Juan Bautista (2016): How agency conflict between family managers and family owners affects performance in wholly family-owned firms: A generational perspective. Journal of Family Business Strategy, 7, S. 167–177.

Brown, Bonnie M. (o. A.): Risks and Rewards of Non-Family CEOs [Online]. Fairleigh Dickson University. Available: http://view2.fdu.edu/academics/silberman-college/cen ters-and-institutes/rothman-institute-of-entrepreneurship/outreach-programs/family -business-forum/family-ink-articles/13-risks-and-rewards-of-non-family-ceos/ [Abfragedatum: 01. Januar 2017].

Brückner, Aaron D. (2017): Führungspraxis und Zukunftsgestaltung von Familienunternehmen – eine empirische Untersuchung der widersprüchlichen Rationalitäten von Familie und Unternehmen. Dissertation, Universtität Witten / Herdecke.

Brünnecke, Karin, Schmitt, Brigitte und Basse, Horst (2012): Den Wandel messen: Befragungen im Rahmen der Integration, In: K.H. Große Peclum, M. Krebber und R. Lips (Hrsg.): Erfolgreiches Change Management in der Post Merger Integration – Fallstudie Commerzbank AG. Wiesbaden: Springer.

Brunner, Otto (1987): Vom »ganzen Haus« zur »Familie«, In: Heidi Rosenbaum (Hrsg.): Seminar: Famliien und Gesellschaftsstruktur – Materialien zu den sozioökonomischen Bedingungen von Familienformen. Frankfurt am Main: Suhrkamp.

Calder, Grant H. (1953): Some management problems of the small family controlled manufacturing business. Dissertation, Indiana University.

Carlock, Randel S. und Ward, J.L. (2001): Strategic Planning for the Family Business – Parallel Planing to Unify the Family and the Business, New York, Palgrave.

Cartwright, Sue und Cooper, Cary (1996): Managing Mergers, Acquisitions and Strategic Alliances – Integrating People and Cultures Oxford, Auckland, Bosten, Johannesburg, Melbourne, New Delhi, Butterworth-Heinemann.

Chrisman, James J., Chua, Jess H. und Sharma, Pramodita (2005): Trends and Directions in the Development of a Strategic Management Theory of the Family Firm. Entrepreneurship Theory and Practice, 29, S. 555–576.

Chua, J.H., Chrisman, J.J. und Sharma, P. (1999): Defining the Family Business by Behaviour. Entrepreneurship Theory and Practice, Summer 1999, S. 19–39.

Corbetta, Guido und Salvato, Carlo (2004): Self-Serving or Self-Actualizing? Models of Man and Agency Costs in Different Types of Family Firms: A Commentary on »Comparing the Agency Costs of Family and Non-family Firms: Conceptual Issues and Exploratory Evidence«. Entrepreneurship Theory and Practice, 28, S. 355–362.

Corvetta, Sven. (2013): Die gemischte Geschäftsführung als Managementstruktur langlebiger Familienunternehmen. Dissertation, Universität Witten / Herdecke.

Danco, L. A. (1975): Beyond Survival: A Business Owner's Guide for Success, Cleveland, Ohio, Center for Family Business.

Daspit, Joshua J., Holt, Daniel T., Chrisman, James J. und Long, Rebecca G. (2016): Examining Family Firm Succession From a Social Exchange Perspective. Family Business Review, 29, S. 44–64.

Davis, J.A. (1982): The influence of life stage on father-son work relationship in family companies. Dissertation, Havard University.

Davis, James H., Schoorman, F. David und Donaldson, Lex (1997): Toward a Stewardship Theory of Management. Academy of Management Review, 22, S. 20–47.

Dehlen, Tobias. (2013): Acquisitions and Divestitures in Family Firms: The Role of Socioemotional Wealth. Dissertation.

Denison, Daniel, Lief, Colleen und Ward, John L. (2004): Culture in Family-Owned Enterprises: Recognizing and Leveraging Unique Strengths. Family Business Review, 17, S. 61–70.

Deter, Henryk (2016): Die Macht strategischer Kommunikation, In: Andreas Kuckertz und Nils Middelberg (Hrsg.): Post-Merger-Integration im Mittelstand – Kompendium für Unternehmer. Wiesbaden: Springer.

Domayer, E. (1997): Personalmanagement in Familienunternehmen. Hersteiner. Fachzeitschrift für Management und Entwicklung.

Domayer, E. (2002): Spielarten der Potenzialeinschätzung. Organisationsentwicklung, Heft 3, S. 32–41.

Domayer, E. (2014): Personalauswahl (Nachfolgerauswahl) in Familienunternehmen, In: C. Kolbeck, S. Rabbe und C. Hass (Hrsg.): Einflussfaktoren auf die Nachfolge in Familienunternehmen. Bonn: Unternehmer Medien.

Donaldson, Lex und Davis, James H. (1991): Stewardship Theory or Agency Theory: CEO Governance and Shareholder Returns. Australian Journal of Management, 16, S. 49–64.

Donckels, Rik und Fröhlich, Erwin (1991): Are Family Businesses Really Different? European Experiences from STRATOS. Family Business Review, 4, S. 149–160.

Donnelley, R. (1964): The family business. Havard Business Review, 4, S. 93–105.

Doppler, Klaus und Lauterburg, Christoph (2014): Change Management – Den Unternehmenswandel gestalten, Frankfurt, New York, Campus Verlag.

Doppler, Klaus, Simon, F.B., Wimmer, R. und Haas, Oliver (2017): Change im Fluss der Dinge – Klaus Doppler, Fritz B. Simon und Rudi Wimmer in einem Trialog über Prinzipien des Wandels. OrganisationsEntwicklung, S. 4–11.

Dörflinger, Celine, Dörflinger, Aliette, Gavac, Krain und Vogl, Brigitte (2013): Familienunternehmen in Österreich – Status quo 2013, Wien, KMU Forschung Austria – Austrian Institute for SME Research.

Duller, C., Feldbauer-Durstmüller, B. und Hiebl, M. R. W. (2014): Funktionen des Controllings in Familienunternehmen: Die Informationsversorgungsfunktion wird weniger intensiv wahrgenommen als in Nicht-Familienunternehmen. Controller Magazin, 39, S. 26–29.

Dunn, Barbara (1995): Success Themes in Scottish Family Enterprises: Philosophies and Practices Through the Generations. Family Business Review, 8, S. 17–28.

Durst, Susanne und Leyer, Michael (2011): Bedürfnisse von Existenzgründern in der Gründungsphase. Frankfurt School of Finance and Business – Working Paper Series [Online].

Düsterhoff, Henning und Kunisch, Sven (2016): Von der Qualität und Quantität des deutschen M&A-Marktes – eine phasenorientiert Entwicklungsanalyse, In: G. Müller-Stewens, Sven Kunisch und Andreas Binder (Hrsg.): Mergers & Acquisitions: Handbuch für Strategen, Analysten, Berater und Juristen. Stuttgart: Schäffer-Poeschel.

Düsterhoff, Henning und Wolffson, Jannik M. (2016): M&A-Welt der zwei Geschwindigkeiten – Jahresrückblick auf das deutsche M&A-Geschehen 2015. M&A Review, 1–2 2016, S. 21–29.

Dyer, W. Gibb (2003): The Family: The Missing Variable in Organizational Research. Entrepreneurship Theory and Practice, 27, S. 401–416.

Ebers, M. (1985): Organisationskultur: ein neues Forschungsprogramm?, Wiesbaden, Gabler.

Ecker, Martina und Heckemüller, Carsten (2005): M&A als Instrument der strategischen Unternehmensführung für de Mittelstand. M&A Review, 10/2005, S. 421–426.

Edelman. (2014): 2014 Edelman Trust Barometer [Online]. Available: http://www.edelman.com/insights/intellectual-property/2014-edelman-trust-barometer/trust-around-the-world/ [Abfragedatum: 04. Januar 2017].

Eilers, Stephan (2014): Steuerliche Strukturierung der Transaktion, In: G. Picot (Hrsg.): Handbuch Mergers & Acquisitions: Planung – Durchführung – Integration. Stuttgart: Schäffer-Poeschel.

Englisch, Peter, Hall, Carrie und Astrachan, Joseph H. (2015): Staying power: how do family businesses create lasting success? Global survey of the world's largest family businesses, EY / Kennesaw State University.

Ewing, D.W. (1965): Is nepotism so bad? Harvard Business Review, 1, S. 22.

Fama, Eugene F und Jensen, Michael C (1983): Separation of ownership and control. Journal of Law and Economics, 26, S. 301–325.

Fauth, Gunter (2016): Langfristige Vorbereitung für einen erfolgreichen M&A-Prozess aus Sicht des mittelständischen Unternehmers, In: Andreas Kuckertz und Nils Middelberg (Hrsg.): Post-Merger-Integration im Mittelstand – Kompendium für Unternehmer. Wiesbaden: Springer Gabler.

Feito-Ruiz, Isabel und Menéndez-Requejo, Susana (2010): Family Firm Mergers and Acquisitions in Different Legal Environments. Family Business Review, 23, S. 60–75.

Felden, Birgit, Hack, Andreas und Hoon, Christina (2019): Management von Familienunternehmen: Besonderheiten – Handlungsfelder – Instrumente, Wiesbaden, Springer Gabler.

Feltham, Tammi S., Feltham, Glenn und Barnett, James J. (2005): The Dependence of Family Businesses on a Single Decision-Maker. Journal of Small Business Management, 43, S. 1–15.

Frank, H., Kessler, A., Rusch, T., Suess-Reyes, J. und Weismeier-Sammer, D. (2016): Capturing the Familiness of Family Businesses: Development of the Family Influence Familiness Scale (FIFS). Entrepreneurship Theory and Practice, March, S. 1–34.

Frohn, Fabian und Walleyo, Samy (2016): Projektmanagement in der Post-Merger-Integration, In: Andreas Kuckertz und Nils Middelberg (Hrsg.): Post-Merger-Integration im Mittelstand – Kompendium für Unternehmer. Wiesbaden: Springer.

Furtner, Sabine (2006): Management von Unternehmensakquisitionen im Mittelstand – Erfolgsfaktor Post Merger Integration, Wien, Linde Verlag.

Gallo, Miguel Angel und Pont, C.G. (1988): The family business in the spanish economy, IESE Business School – University of Navarra.

Gallo, Miguel Angel und Sveen, Jannicke (1991): Internationalizing the Family Business: Facilitating and Restraining Factors. Family Business Review, 4, S. 181–190.

Gallo, Miguel Ángel, Tàpies, Josep und Cappuyns, Kristin (2004): Comparison of Family and Nonfamily Business: Financial Logic and Personal Preferences. Family Business Review, 17, S. 303–318.

Garbsch, M. und Sumetzberger, W. (2010): Personalentwicklungsstrategien zwischen Planung und Evolution. Personal Entwickeln, 140, S. 1–14.

García-Álvarez, Ercilia und López-Sintas, Jordi (2001): A Taxonomy of Founders Based on Values: The Root of Family Business Heterogeneity. Family Business Review, 14, S. 209–230.

Garcia-Castro, Roberto und Aguilera, Ruth V. (2014): Family involvement in business and financial performance: A set-theoretic cross-national inquiry. Journal of Family Business Strategy, 5, S. 85–96.

Gerds, J. (2000): Post Merger Integration: Eine empirische Untersuchung zum Integrationsmanagement, Wiesbaden, Gabler.

Gerds, J. und Schewe, G. (2011): Post Merger Integration: Unternehmenserfolg durch Integration Excellence, Heidelberg, Dordrecht, London, New York, Springer.

Gerpott, Torsten J. (1993): Integrationsgestaltung und Erfolg von Unternehmensakquisitionen. Habilitation, Universität Duisburg-Essen.

Gersick, K.E., Davis, J.A., Hampton, M.M. und Lansberg, I. (1997): Generation to Generation: Life Cycles of the Family Business, Boston, Massachusetts, Harvard Business School Press.

Gigerenzer, Gerd (2007): Bauchentscheidungen: die Intelligenz des Unbewussten und die Macht der Intuition, München, Bertelsmann.

Giovannoni, E., Maraghini, M.P. und Riccaboni, A. (2011): Transmitting Knowledge Across Generations: The Role of Management Accounting Practices. Family Business Review, 24, S. 126–150.

Glasl, Friedrich und Lievegoed, Bernard C. J. (2016): Dynamische Unternehmensentwicklung: Grundlagen für nachhaltiges Change Management, Bern, Haupt.

Goldbeck, Mathias (2012): Zielbild in der Integration – Prozess der Operationalisierung als Grundlage für das kulturelle Zusammenwachsen, In: K.H. Große Peclum, M. Krebber und R. Lips (Hrsg.): Erfolgreiches Change Managemen in der Post Merger Integration – Fallstudie Commerzbank AG. Wiesbaden: Springer.

Gomez-Mejia, L., Nunez-Nickel, M. und Gutierrez, I. (2001): The Role of Family Ties in Agency Contracts. Academy of Management Journal, 44, S. 81–95.

Gomez-Mejia, L., Takács Haynes, K., Núnes-Nickel, M., Jacobson, K. und Moyano-Fuentes, J. (2007): Socioemotional Wealth and Business Risks in Family-controlled Firms: Evidence from Spanish Olive Oil Mills. Administrative Science Quarterly, 52, S. 106–137.

Gottschalk, Sandra, Egeln, Jürgen, Kinne, Jan, Hauer, A., Keese, D. und Oehme, Marie (2017): Die volkswirtschaftliche Bedeutung der Familienunternehmen, München, Stiftung Familienunternehmen.

Götzen, Thomas. (2014): Buyouts aus Familienunternehmen – Corporate Governance, strategischer Wandel und Wachstum. Dissertation, Universität Witten / Herdecke.

Grant, Robert M. (1991): The Resource-Based Theory of Competitive Advantage: Implications for Strategy Formulation. California Management Review, 33, S. 114–135.

Graven, Julia (2012): Geld, Macht und Liebe. Impulse Wissen, 1.

Grewe, A.-K. (2004): Integration akquirierter Unternehmen. Dissertation, Göttingen.

Grohmann, Otto. (2007): Integration der Informatiostechnologie im Rahmen des Post-Merger Managements mittelständischer Industrieunternehmen. Dissertation, Universität Kassel.

Große Peclum, K.H. (2012): Change Management – Barrieren, Erfolgsfaktoren, Modelle, methodisches Vorgehen, Architektur und »Roadmap«, In: K.H. Große Peclum, M. Krebber und R. Lips (Hrsg.): Erfolgreiches Change Management in der Post Merger Integration – Fallstudie Commerzbank. Wiesbaden: Gabler.

Große Peclum, K.H. und Siepmann, Juliane (2012): Leading Change – Rolle und Aufgabe der Führungskräfte als Change Agents, In: K.H. Große Peclum, M. Krebber und R. Lips (Hrsg.): Erfolgreiches Change Management in der Post Merger Integration – Fallstudie Commerzbank AG. Wiesbaden: Gabler.

Großmann, Steffen. (2014): Konflikte und Krisen in Familienunternehmen. Dissertation, Universität Witten.

Grube, Rüdiger und Töpfer, Armin (2002): Post Meger Integration – Erfolgsfaktoren für das Zusammenwachsen von Unternehmen, Stuttgart, Schäffer Poeschel.

Grün, Martin Clark. (2010): Kundenbeziehungen nach Fusionen und Akquisitionen – Die Auswirkung der Beziehungsgestaltung und Synergierealisierun auf den M&A-Erfolg. Dissertation, St. Gallen.

Günterberg, Brigitte (2012): Unternehmensgrößenstatistik – Unternehmen, Umsatz und sozialversicherungspflichtig Beschäftigte 2004 bis 2009 in Deutschland, Bonn, Institut für Mittelstandsforschung.

Habbershon, T. und Williams, M. (1999): A Resource-Based Framework for Assessing the Strategic Advantages of Family Firms. Family Business Review, 12, S. 1–25.

Haleblian, Jerayr, Devers, Cynthia E., McNamara, Gerry, Carpenter, Mason A. und Davison, Robert B. (2009): Taking Stock of What We Know About Mergers and Acquisitions: A Review and Research Agenda. Journal of Management, 35, S. 469–502.

Handler, Wendy C. (1989): Methodological Issues and Considerations in Studying Family Businesses. Family Business Review, 2, S. 257–276.

Harris, Dawn, Martinez, Jon I. und Ward, John L. (1994): Is Strategy Different for the Family-Owned Business? Family Business Review, 7, S. 159–174.

Haspeslagh, P.C. und Jemison, D.B. (1992): Akquisitionsmanagement – Wertschöpfung durch strategische Neuausrichtung des Unternehmens, Frankfurt, Campus.

Hatlapa, Hubertus M. (2007): Erfolgsfaktoren bei Übernahmen nicht börsennotierter Unternehmen. Dissertation, Universität Witten / Herdecke.

Helbling, Carl (2012): Besonderheiten bei der Bewertung von kleinen und mittleren Unternehmen, In: Volker Peemöller (Hrsg.): Praxishandbuch der Unternehmensbewertung. Herne: MWB Verlag.

Hemel, Ulrich und Link, Harald (2017): Zukunftssicherung für Familienunternehmen – Beteiligungen, Verkäufe und Übernahmen, Stuttgart, Kohlhammer.

Hennerckes, B.H. (1995): Unternehmenshandbuch Familiengesellschaften. Sicherung von Unternehmen, Vermögen und Familie, Köln, Heymanns Verlag.

Hennerckes, B.H. (2004): Die Familie und ihr Unternehmen – Strategie, Liquidität, Kontrolle, Frankfurt, New York, Campus Verlag.

Hermsdorf, Ekkehard. (2011): Integrationsconsulting bei Unternehmenszusammenschlüssen unter Berücksichtigung des psychologischen Vertrags. Dissertation, Universität Flensburg.

Heyenrath, Jörn B. (2017): Organisationsgestaltung in Familienunternehmen im Kontext ihrer familialen Personenorientierung. Dissertation, Universität Witten.

Hiebl, M. R. W. (2017): Strategisches Controlling in Klein- und Mittelunternehmen (KMU), In: D. Müller (Hrsg.): Controlling in und für Klein- und Mittelunternehmen. Berlin, Boston: De Gruyter Oldenbourg.

Hiebl, M. R. W., Duller, C., Feldbauer-Durstmüller, B. und Ulrich, P. (2015): Family Influence and Management Accounting Usage – Findings from Germany and Austria. Schmalenbach Business Review (SBR), 67, S. 368–404.

Hiebl, Martin R.W., Feldbauer-Durstmüller, Birgit und Duller, Christine (2013): The changing role of management accounting in the transition from a family business to a non-family business. Journal of Accounting & Organizational Change, 9, S. 119–154.

Hilse, H. und Wimmer, R. (2002): Sind Unternehmer die besseren Manager? Besondere Chancen und Risiken von Führungsstrukturen in Familienunternehmen, In: Herbert J. Joka (Hrsg.): Führungskräfte-Handbuch. Berlin: Springer Verlag.

Hilse, H. und Wimmer, R. (2009): Führung in Familienunternehmen, In: T. Rüsen, A. von Schlippe und T. Groth (Hrsg.): Familienunternehmen – Exploration einer Unternehmensform. Lohmar, Köln: Josef Eul Verlag.

Hofstede, Geert (2001): Culture's Consequences: Comparing Values, Behaviors, Institutions and Organizations Across Nations, Thousand Oaks CA, Sage Publications.

Höhne, Frank (2013): Praxishandbuch Operational Due Diligence – Bewertung der operativen Leistungsfähigkeit produzierender Unternehmen, Wiesbaden, Springer.

Homburg, C. (2000): Kundenbindung im Umfeld von Fusionen und Akquisitionen In: G. Picot, A. Nordmeyer und P. Pribilla (Hrsg.): Management von Akquisitionen. Stuttgart: Schäffer Poeschel Verlag.

Homburg, C., Lucas, M. und Bucerius, M. (2000): Kundenbindung bei Fusionen und Akquisitionen – Gefahren und Erfolgsfaktoren, Mannheim, Universität Mannheim.

Horváth, Péter, Gleich, Ronald und Seiter, Mischa (2015): Controlling, München, Verlag Franz Vahlen.

Hülsbeck, Marcel und Kurz, David (2016): Die kulturorientierte Führungskräfteauswahl in Familienunternehmen, Witten, Wittener Institut für Familienunternehmen.

Hülsbeck, Marcel, Plass, Christoph und Pohlmeier, Judith (2016): Human Resource Management in Familienunternehmen – Ein Leitfaden zur Gestaltung eines ganzheitlichen, personalbezogenen Managementansatzes, Witten Wittener Institut für Familienunternehmen.

Huvers, Michael J. (2012): Ein neuer Vorgesetzter – Personalentscheidungen orchestriert und adäquat kommunizieren, In: K.H. Große Peclum, M. Krebber und R. Lips (Hrsg.):

Erfolgreiches Change Management in der Post Merger Integration – Fallstudie Commerzbank AG. Wiesbaden: Gabler.

Jacobsen, Liv Kirsten. (2003): Bestimmungsfaktoren für Erfolg im Entrepreneurship. Dissertation, Freie Universität Berlin.

James, A.E., Jennings, J.E. und Breitkruz, R. (2012): Worlds apart? Re-bridging the distance between family science and family business research. Family Business Review, 25, S. 87–108.

Jansen, S.A. (2000): 10 Thesen gegen Post Merger Integration Management. Organisationsentwicklung, 1, S. 32–47.

Jansen, S.A. (2002): Die 7 K's des Merger-Managements. Zeitschrift für Führung und Organisation, 71, S. 6–13.

Jansen, S.A. (2003): Form der Fusion – Empirische und modelltheoretische Analysen zum Management von Unternehmenszusammenschlüssen. Dissertation, Private Universität Witten / Herdecke.

Jansen, S.A. (2009): Akquisitionen und Fusionen von und durch Familienunternehmen, In: R. Kirchdörfer, R. Lorz, A. Wiedemann, R. Kögel und T. Frohnmayer (Hrsg.): Familienunternehmen in Recht, Wirtschaft, Politik und Gesellschaft – Festschrift für Brun-Hagen Hennerckes zum 70. Geburtstag. München: Verlag C.H. Beck.

Jansen, S.A. (2016): Mergers & Acquisitions – Unternehmensakquisitionen und -kooperationen, Eine strategische, organisatorische und kaptialmarkttheoretische Einführung, Wiesbaden, Springer Gabler.

Jaskiewicz, P. (2006): Performance-Studie börsennotierter Familienunternehmen in Deutschland, Frankreich und Spanien. Dissertation, European Business School (EBS) – Oesterich WInkel.

Jensen, Michael C. und Meckling, William H. (1976): Theory of the firm: Managerial behavior, agency costs and ownership structure. Journal of Financial Economics, 3, S. 305–360.

Jensen, Michael C. und Ruback, Richard S. (1983): The market for corporate control. Journal of Financial Economics, 11, S. 5–50.

Kahneman, Daniel und Tversky, Amos (1979): Prospect Theory: An Analysis of Decision under Risk. Econometrica, 47, S. 263–291.

Kalm, Matias und Gomez-Mejia, Luis R. (2016): Socioemotional wealth preservation in family firms. Revista de Administração, 51, S. 409–411.

Kaplan, Robert S. und Norton, David P. (1997): Balanced Scorecard – Strategien erfolgreich umsetzen, Stuttgart, Schäffer-Poeschel Verlag.

Kaplan, Robert S. und Norton, David P. (2004): Strategy Maps – Der Weg von immateriellen Werten zum materiellen Erfolg, Stuttgart, Schäffer-Poeschel Verlag.

Keese, D. und Hauer, A. (2014): Gehaltsindex Familienunternehmen 2014, Mannheim, Gabriele Jaecker GmbH, ifm Mannheim.

Keller, Michael und Hohmann, Bruno (2004): Besonderheiten bei der Bewertung von KMU, In: Frank Richter und Christian Timmreck (Hrsg.): Unternehmensbewertung – Moderne Instrumente und Lösungsansätze. Stuttgart: Schäffer-Poeschel.

Keller, Michael und Hohmann, Bruno (2007): Mergers & Acquisitions im Mittelstand, In: Heinrich Hassis, Thomas R. Fischer und Diethard B. Simmert (Hrsg.): Mittelstand hat Zukunft – Praxishandbuch für eine erfolgreiche Unternehmenspolitik. Wiesbaden: Gabler.

King, Dominic (2015): Global M&A snapshot 2015 – Transaction momentum building, Grant Thornton.

Kirchdörfer, R. und Braun, Harald (2017): Der Verkauf eines Familienunternehmens und die langfristige Bindung des Erlöses, In: T. Rüsen und A. von Schlippe (Hrsg.): Dynamiken in Familie und Unternehmen. Göttingen: Vandenhoeck & Ruprecht.

Klein, S. und Blondel, Christine (2004): The sale of the Family Business – Entrepreneurial Project, Strategic Decision, or Expropriation, Fontainbleau, The INSEAD Initiative for Family Enterprise.

Klein, Sabine B. (2010): Familienunternehmen: Theoretische und empirische Grundlagen, Lohmar, Köln, Josef Eul Verlag.

Klein, Sabine und Blondel, Christine (2002): Ownership structure of the 250 largest listed companies in Germany, Insead – Working Paper Series.

Klöckner, O. (2009): Buy-outs in Family Businesses: Changes in Corporate Governance, Instruments of Managerial Control, and Financial Practices. Dissertation, Technische Universität München.

Knechtel, Christian, Menzler, Thomas, Schick, Hatto und von Spee, Magarethe (2009): Post Merger Study 2009 – Zielgrade oder Achterbahn?, PricewaterhouseCoopers.

Knoch, A. (2015): Wettbewerbsfähige Gehälter? Markt und Mittelstand, Juli-August, S. 24–26.

Knöll, André und Kettern, Thomas J.M. (2014): Finanzierung – Analyse der aktuellen Finanzierungssituation von Familienunternehmen in Deutschland, Bonn, Bad Godesberg, INTES Akademie für Familienunternehmen.

Koeberle-Schmid, Alexander (2009): Family Business Governance: Aufsichtsgremium und Familienrepräsentanz, Wiesbaden, Gabler Verlag.

Koeberle-Schmid, Alexander und Brockhoff, Klaus (2012): Family business governance: erfolgreiche Führung von Familienunternehmen, Berlin, Schmidt.

Koiranen, Matti (2002): Over 100 Years of Age But Still Entrepreneurially Active in Business: Exploring the Values and Family Characteristics of Old Finnish Family Firms. Family Business Review, 15, S. 175–187.

Kommission Governance Kodex für Familienunternehmen (2015): Governance Kodex für Familienunternehmen – Leitlinien für die verantwortungsvolle Führung von Familienunternehmen und Unternehmerfamilien, Bonn.

Kotter, John (2008): A Sense of Urgency, Boston, Massachusetts, Harvard Business Review Press.

Kotthoff, Hermann und Reindl, Josef (1990): Die soziale Welt kleiner Betriebe – Wirtschaften, Arbeiten und Leben im mittelständischen Industriebetrieb, Göttingen, Otto Schwartz & Co.

KPMG (2006): The Morning After – Driving for post deal success, Amsterdam.

Krebber, M. und Leukert, P. (2012): Professionelles Integrationsmanagement, In: K.H. Große Peclum, M. Krebber und R. Lips (Hrsg.): Erfolgreiches Change Management in der Post Merger Integration – Fallstudie Commerzbank AG. Wiesbaden: Gabler.

Krusche, Bernhard (2010): Merger? Merger! – Fusionsprozesse verstehen und gestalten, Heidelberg, Carl Auer Verlag.

Kübel, Moritz. (2013): Corporate M&A – Reifegradmodell und empirische Untersuchung. Dissertation, Friedrich-Alexander-Universität Erlangen-Nürnberg.

Kuckertz, Andreas und Middelberg, Nils (2016): Post-Merger-Integration im Mittelstand – Kompendium für Unternehmer, Wiesbaden, Springer Gabler.

Kühl, S. (2011): Organisationen – Eine sehr kurze Einführung, Wiesbaden, VS Verlag für Sozialwissenschaften.

Kuster, Jürg, Huber, Eugen, Lippmann, Robert, Schmid, Alphons, Schneider, Emil, Witschi, Urs und Wüst, Roger (2011): Handbuch Projektmanagement, Heidelberg, Dordrecht, London, New York, Springer.

Laloux, Frederic (2015): Reinventing Organizations – Ein Leitfaden zur Gestaltung sinn-stiftender Formen der Zusammenarbeit, München, Vahlen.

Langenstein, Karl (2007): Post Merger Integration Management, Köln, Josef Eul Verlag.

Lansberg, I., Perrow, E. L. und Rogolsky, S. (1988): Family business as an emerging field. Family Business Review, 1, S. 1–8.

Lee, D.S., Lim, G.H. und Lim, W.S. (2003): Family Business Succession: Appropriation risk and choice of successor. Academy of Management Review, 28, S. 657–666.

Lehmann, H. (1980): Integration, In: E. Grochla (Hrsg.): Handwörterbuch der Organisation. Stuttgart: Poeschel.

Levison, H. (1971): Conflicts that plague family businesses. Havard Business Review, 49, S. 90–98.

Litz, Reginald A (1995): The family business: Toward definitional clarity. Family Business Review, 8, S. 71–81.

Löhr, Dirk. (2001): Mittelständische Familienunternehmen im Generationenwechsel – Die Gestaltung des Übergangs als Aufgabe des strategischen Risikomanagements. Habilitation, Ruhr Universität Bochum.

López, Oro Lavia und Hiebl, Martin R. W. (2015): Management Accounting in Small and Medium-Sized Enterprises: Current Knowledge and Avenues for Further Research. Journal of Management Accounting Research, 27, S. 81–119.

Lucks, K. (2005): Management komplexer M&A-Projekte – Ein Zwischenbericht aus industrieller Anwendungsentwicklung. M&A Review, 4/2005, S. 159–169.

Lucks, K. (2013a): Führungsmodelle für M&A-Projekte – Aufbau, Ablauf, Instrumente, In: K. Lucks (Hrsg.): M&A-Projekte erfolgreich führen – Instrumente und Best Practices. Stuttgart: Schäffer-Poeschel.

Lucks, K. (2013b): Rahmenbedingungen von M&A, In: K. Lucks (Hrsg.): M&A Projekte erfolgreich führen – Instrumente und Best Practices. Stuttgart: Schäffer-Poeschel.

Lucks, K. und Meckl, R. (2015): Internationale Merger & Acquisitions – Der prozessorientierte Ansatz, Wiesbaden, SpringerGabler.

Luhmann, N. (1968): Vertrauen – Ein Mechanismus der Reduktion sozialer Komplexität, Stuttgart, Ferdinand Enke Verlag.

Luhmann, N. (1969): Legitimation durch Verfahren, Frankfurt am Main, Suhrkamp Verlag.

Luhmann, N. (1982): Liebe als Passion – Zur Codierung von Intimität, Frankfurt am Main, Suhrkamp Verlag.

Luhmann, N. (1984): Soziale Systeme: Grundriß einer allgemeinen Theorie, Frankfurt am Main, Suhrkamp.

Luhmann, N. (1988): Organisation, In: W. Küpper und G. Ortmann (Hrsg.): Mikropolitik: Rationalität, Macht und Spiele in Organisationen. Opladen: Westdeutscher Verlag.

Luhmann, N. (1994): Die Wirtschaft der Gesellschaft, Frankfurt am Main, Suhrkamp.

Luhmann, N. (2000): Organisation und Entscheidung, Opladen, Wiesbaden, Westdeutscher Verlag.

Luhmann, N. (2002): Die Politik der Gesellschaft, Frankfurt am Main, Suhrkamp.

Luhmann, N. (2005a): Glück und Unglück der Kommunikation in Familien, In: N. Luhmann (Hrsg.): Soziologische Aufklärung 5 – Konstruktivistische Perspektiven. Wiesbaden: VS Verlag für Sozialwissenschaften.

Luhmann, N. (2005b): Sozialsystem Familie, In: N. Luhmann (Hrsg.): Soziologische Aufklärung 5 – Konstruktivistische Perspektiven. Wiesbaden: VS Verlag für Sozialwissenschaften.

Luhmann, N. (2008): Liebe. Eine Übung., Frankfurt am Main, Suhrkamp.

Luhmann, N. und Baecker, Dirk (2004): Einführung in die Systemtheorie, Heidelberg, Carl-Auer Verlag.

Lyman, Amy R. (1991): Customer Service: Does Family Ownership Make a Difference? Family Business Review, 4, S. 303–324.

Madison, Kristen, Holt, Daniel T., Kellermanns, Franz W. und Ranft, Annette L. (2016): Viewing Family Firm Behavior and Governance Through the Lens of Agency and Stewardship Theories. Family Business Review, 29, S. 65–93.

Märkisch, C. (2008): IT-Integration bei M&A Projekten – Der prozessorientierte Ansatz. Dissertation, Universität Bayreuth.

Marquardt, H. (1998): Internationale Akquisitionen mittelständischer Unternehmen. Dissertation, Universität Stuttgart.

Martinez, Martha und Aldrich, Howard (2014): Sociological Theories Applied to Family Businesses, In: L. Melin, Mattias Nordqvist und P. Sharma (Hrsg.): The SAGE Handbook of Family Business. London, Thousand Oaks, New Dehli, Singapore.

Matschke, Manfred Jürgen und Brösel, Gerrit (2007): Unternehmensbewertung – Funktionen, Methoden, Grundsätze, Wiesbaden, Gabler.

Meissner, Jens O., Gentile, Gian-Claudio und Tuckermann, Harald (2009): Kommunikation: Eine Hinführung zum Kommuikationsverständnis der neueren Systemtheorie, In: R. Wimmer, Jens O. Meissner und Patricia Wolf (Hrsg.): Praktische Organisationswissenschaft. Heidelberg: Carl Auer Verlag.

Melin, L., Nordqvist, M. und Sharma, P. (2014): The SAGE Handbook of Family Business, London, Thousand Oaks, New Dehli, Singapore, Sage.

Meyer, A. (2007): Unternehmerfamilie und Familienunternehmen Erfolgreich Führen: Unternehmertum Fördern, Führungskultur Entwickeln, Konflikte Konstruktiv Lösen, Wiesbaden, Gabler.

Meynerts-Stiller, Kirsten und Rohloff, Christoph (2015): Post Merger Managament – M&A-Integration erfolgreich planen und gestalten, Stuttgart, Schäffer-Poeschel.

Meynerts-Stiller, Kirsten und Rohloff, Christoph (2016): Post-Merger-Management als Metakompetenz, In: Andreas Kuckertz und Nils Middelberg (Hrsg.): Post-Merger-Management im Mittelstand – Kompendium für Unternehmer. Stuttgart: Schäffer Poeschel.

Mickelson, Rachel E. und Worley, Christopher (2003): Acquiring a Family Firm: A Case Study. Family Business Review, 16, S. 251–268.

Miller, Danny und Le Breton-Miller, Isabelle (2006): Family Governance and Firm Performance: Agency, Stewardship, and Capabilities. Family Business Review, 19, S. 73–87.

Miller, Danny und Le Breton-Miller, Isabelle (2014): Deconstructing Socioemotional Wealth. Entrepreneurship Theory and Practice, 38, S. 713–720.

Mitteraucher, Michael und Sieder, Reinhard (1977): Vom Patriarchat zur Partnerschaft: Zum Strukturwandel der Familie, München, C.H. Beck'sche Verlagsbuchhandlung.

Mohnen, Alwine (2016): Familienunternehmen als Arbeitgeber – Die Einstellung und Erwartungen junger Fach- und Führungskräfte, München, Stiftung Familienunternehmen.

Möller, W.-P. (1983): Der Erfolg von Unternehmenszusammenschlüssen: Eine empirische Untersuchung, München, Minerva.

Möllering, Guido (2006): Trust: Reason, Routine, Reflexivity, Elsevier.

Morris, Michael H., Williams, Roy O., Allen, Jeffrey A. und Avila, Ramon A. (1997): Correlates of success in family business transitions. Journal of Business Venturing, 12, S. 385–401.

Mühlebach, C. (2004): Familyness als Wettbewerbsvorteil – Ein integrierter Strategieansatz für Familienunternehmen. Dissertation, Haupt Verlag.

Müller-Stewens, G. (2016): M & A als Wellen-Phänomen: Analyse und Erklärungsansatz, In: G. Müller-Stewens, Sven Kunisch und Andreas Binder (Hrsg.): Mergers & Acquisitions: Handbuch für Strategen, Analysten, Berater und Juristen. Stuttgart: Schäffer-Poeschel.

Müller-Stewens, G. und Schreiber, K. (1993): Zur organisatorischen Anbindung des Akquisitionsprozesses im Käuferunternehmen. Die Unternehmung, 47, S. 275–292.

Müller, Christina (2011): Transaktionen im Mittelstand – Bestandsaufnahme und Ausblick, PricewaterhouseCoopers AG Wirtschaftsprüfungsgesellschaft.

Müller, Christina, Pfeiffer, Alisa und Hülsbeck, Marcel (2016): Gemischte Geschäftsführungsteams in Familienunternehmen – Wie funktioniert eine erfolgreiche Zusammenarbeit?, PricewaterhouseCoopers Aktiengesellschaft Wirtschaftsprüfungsgesellschaft.

Müller, Maximilian. (2015): M&A durch private Familienunternehmen – Messung der langfristigen Entwicklung von Akquisitionen. Dissertation, Leuphana University Lüneburg.

Muraitis, Audris Alexander. (2016): Emotionen in Familienunternehmen: Eine kommunikationstheoretische Fallstudie über das Scheitern eines Joint Ventures. Dissertation, Universität Witten / Herdecke.

Myers, Stewart C. (1984): The Capital Structure Puzzle. The Journal of Finance, 39, S. 574–592.

Myers, Stewart C. und Majluf, Nicholas S. (1984): Corporate financing and investment decisions when firms have information that investors do not have. Journal of Financial Economics, 13, S. 187–221.

Nachtwei, J. und Schermuly, C. (2009): Acht Mythen über Eignungstests. Harvard Business Manager, April 2009, S. 2–6.

Nagel, R., Oswald, M. und Wimmer, R. (2008): Das Mitarbeitergespräch als Führungsinstrument, Stuttgart, Schäffer-Poeschel Verlag.

Nagel, R. und Wimmer, Rudolf (2014): Systemische Strategieentwicklung – Modelle und Instrumente für Berater und Entscheider, Stuttgart, Schäffer-Poeschel.

Nicholson, N. (2014): Evolutionary Theory: A New Synthesis for Family Business Thought and Research, In: L. Melin, Mattias Nordqvist und P. Sharma (Hrsg.): SAGE Handbook of Family Busiess. London, Thousand Oaks, New Dehli, Singapore: SAGE.

Nicolai, Alexander und Kieser, A. (2002): Trotz eklatanter Erfolglosigkeit: Die Erfolgs-faktorenforschung weiter auf Erfolgskurs. Die Betriebswirtschaft: DBW, 62, S. 579–596.

Nikogosian, Vigen (2012): Der ZEW-ZEPHYR M&A-Index Deutschland: Determinanten und Prognose, Mannheim, Zentrum für Europäische Wirtschaftsforschung (ZEW).

Nordqvist, Mattias und Melin, Leif (2010): The promise of the strategy as practice per-spective for family business strategy research. Journal of Family Business Strategy, 1, S. 15–25.

Oetker, Alfred. (1999): Stakeholderkonflikte in Familienkonzernen: Ansätze zu ihrer Re-gelung durch strategische Führungsentscheidungen. Dissertation, Handelshochschule Leipzig.

Olfert, Klaus (2016): Projektmanagement, Herne, Kiehl.

Pahnke, André, Kay, Rosemarie und Schlepphorst, Susanne (2017): Unternehmerisches Verhalten im Zuge der Unternehmensnachfolge, Bonn, Institut für Mittelstandsfor-schung.

Palm, Andreas. (2012): Post Merger Integrationen von Unternehmenskulturen – Inter-kulturelles Integrationskonzept unter Berücksichtigung einer ganzheitlichen Kom-munikationsstrategie. Dissertation, Technische Gediminas-Universität Vilnius.

Papesch, Matthias. (2010): Corporate Governance in Familienunternehmen – Eine Analyse zur Sicherung der Unternehmensnachfolge. Dissertation, FOM – Hochschule für Ökonomik & Management.

Pätzold, Arno (2013): Erfolgsfaktoren beim Kauf inhabergeführter Unternehmen, In: K. Lucks (Hrsg.): M&A Projekte erfolgreich führen – Instrumente und Best Practices. Stuttgart: Schäffer Poeschel.

Peemöller, Volker (2012a): Praxishandbuch de Unternehmensbewertung, Herne, NWB Verlag.

Peemöller, Volker (2012b): Wert und Werttheorien, In: Volker Peemöller (Hrsg.): Praxis-handbuch der Unternehmensbewertung. Herne: NWB Verlag.

Penrose, Edith T. (1959): The Theory of the Growth of the Firm, Oxford, Basil Blackwell.

Penzel, H.-G. und Pietig, C. (2000): MergerGuide: Handbuch für die Integration von Banken, Wiesbaden, Gabler.

Perrow, Charles (1986): Complex Organizations: A Critical Essay, New York, Random House.

Peters, Tom und Watermann, Robert H. (1982): In Search of Excellence, New York, Harper & Row.

Pfannenberg, Jörg (2009): Strategien der Veränderungskommmmunikation, In: Jörg Pfannenberg (Hrsg.): Veränderungskommunikation. Frankfurt: F.A.Z.-Institut für Managament-, Markt- und Medieninformation.

Picot, A., Dietl, Helmut und Franck, Egon (2008): Organisation – Eine ökonomische Perspektive, Stuttgart, Schaffer Poeschel Verlag.

Picot, G. (2008): Wirtschaftliche und wirtschaftsrechtliche Aspekte bei der Planung der Mergers & Acquisitions, In: G. Picot (Hrsg.): Handbuch Mergers & Acquisitions – Planung, Durchführung, Integration. Stuttgart: Schäffer-Poeschel.

Picot, G. und Classen, D. (2008): Mergers & Acquisitions als Managementstrategie für Familien- und Mittelstandsunternehmen. M&A Review, 4/2008, S. 173–177.

Pomp, Thomas (2015): Praxishandbuch Financial Due Diligence, Wiesbaden, Springer Gabler.

Porter, M.E. (2008): Wettbewerbsstrategie – Methoden zur Analyse von Branchen und Konkurrenten, Frankfurt am Main, Campus Verlag.

Porter, M.E. (2010): Wettbewerbsvorteile – Spitzenleistungen erreichen und behaupten, Frankfurt am Main, Campus Verlag.

Poza, E.J. und Alfred, T. (1996): What the silent majority thinks (but may not tell you). Family Business Magazine, Autumn 1996.

Poza, E.J., Hanlon, S. und Kishida, R. (2004): Does the Family Business Interaction Factor Represent a Resource or a Cost? Family Business Review, 17, S. 99–118.

Poza, Ernesto, Alfred, Theodore und Maheshwari, Anil (1997): Stakeholder Perceptions of Culture and Management Practices in Family and Family Firms – A Preliminary Report. Family Business Review, 10, S. 135–155.

PricewaterhouseCoopersAG (2016): Wettbewerbsvorteil Vertrauen – Die Stärke der deutschen Familienunternehmen, PricewaterhouseCoopers AG.

Prym, C. (2010): Eine empirische Fallstudienuntersuchung von Unternehmenswertsteigerungen bei Private Equity-Beteiligungen an Familienunternehmen und die Rolle von nicht-monetären Zielen der Unternehmensfamilie im Beteiligungskontext. Dissertation.

Pukall, T., Calabro, A. und Rüsen, T. (2012): Wachstumsmotor Mittelstand – Wege zum Erfolg (Studie zum Axia Award 2012), Deloitte.

Raffel, Frank Christian (2006): Familienunternehmen akquirieren Unternehmen anders. M&A Review, 3/2006, S. 117–121.

Rathnow, Peter (2016): »Wettbewerbsvorteil oder Desaster«. Die Erfolgswahrscheinlichkeit von Akquisitionen deutlich erhöhen, In: Andreas Kuckertz und Nils Middelberg (Hrsg.): Post-Merger-Integration im Mittelstand – Kompendium für Unternehmer. Wiesbaden: Springer Fachmedien.

Reiter, Stephan, Schick, Hatto und Hermann, Christopher (2016): Hat sich der Deal gelohnt? Herausforderungen bei der Nachkalkulation von Erwerben kleiner Unternehmen am Beispiel des TÜV SÜD, In: Andreas Kuckertz und Nils Middelberg (Hrsg.): Post-Merger-Integration im Mittelstand – Kompendium für Unternehmer. Wiesbaden: Springer Fachmedien.

Reker, Jürgen und Götzen, Stefan (2012): Mergers & Acquisitions im Mittelstand, Deloitte & Touche GmbH Wirtschaftsprüfungsgesellschaft.

Remdisch, Sabine und Meyer-Guckel, Volker Retention Management im Mittelstand – Weiterbildung als Instrument für die Mitarbeiterbindung, Lüneburg, Leuphana Universität Lüneburg, Stifterverband für die Deutsche Wissenschaft, MLP.

Renner, Marius. (2016): Finanzierung von Familienunternehmen mit privat platziertem Fremdkapital. Dissertation, Universität Witten / Herdecke.

Richter, Frank und Timmreck, Christian (2004): Unternehmensbewertung – Moderene Instrumente und Lösungsansätze, Stuttgart, Schäffer-Poeschel.

Rüsen, T. (2009): Krisen und Krisendynamik in Familienunternehmen, In: T. Rüsen, A. von Schlippe und T. Groth (Hrsg.): Familienunternehmen – Exploration einer Unternehmensform. Lohmar: Josef Eul Verlag.

Rüsen, T. (2017): Krisen und Krisenmanagement in Familienunternehmen – Schwachstellen erkennen, Lösungen erarbeiten, Existenzbedrohung meistern, Wiesbaden, Springer Gabler.

Russo, Claudio. (2017): Familienunternehmen genießen Vertrauensvorsprung bei Bankenfinanzierung [Online]. Roland Berger. Available: https://www.rolandberger.com/de /Media/Studie-Familienunternehmen-genießen-Vertrauensvorsprung-bei-Bankenfina nzierung.html [Abfragedatum: 06.06.2019 2019].

Sachs, A. (2008): Internationale Wachstumsstrategien produzierender Familienunternehmen durch Mergers & Acquisitions. Dissertation, Universiteit Leiden.

Salvato, Carlo, Lassini, Ugo und Wiklund, Johan (2007): Dynamics of External Growth in SMEs: A Process Model of Acquisition Capabilities Emergence. Schmalenbach Business Review (SBR), 59, S. 282–305.

Santer, Hellmut (2014): Person und Unternehmen – HR-Management-Beratung im Dritten Modus, In: R. Wimmer, K. Glatzel und T. Lieckweg (Hrsg.): Beratung im Dritten Modus – Die Kunst, Komplexität zu nutzen. Heidelberg: Carl Auer Verlag.

Schaaf, Stefan und Kowoll, Margarete (2016): IT-Integration bei Unternehmens-Mergern, In: Andreas Kuckertz und Nils Middelberg (Hrsg.): Post-Merger-Integration im Mittelstand – Kompendium für Unternehmer. Wiesbaden: Springer.

Schäcke, Mirco. (2006): Pfadabhängigkeit in Organisationen – Ursache für Widerstände bei Reorganisationsprojekten. Dissertation, Westfälischen Wilhelms-Universität Münster.

Schäfer, Michael (2001): Integrationscontrolling: Bausteine zur Beobachtung der Integration von Akquisitionen, Bamberg, Difo Druck.

Schein, Edgar H. (1995): Unternehmenskultur. Ein Handbuch für Führungskräfte, Frankfurt am Main, Campus.

Schewe, G., Lohre, S. und Ortwein, G. (2007): Post-Merger-Integration. Zeitschrift für Führung und Organisation, 76, S. 252–259.

Schmidlin, N. (2011): Unternehmensbewertung und Kennzahlenanalyse, Norderstedt, Books on Demand.

Schmitz-Valckenberg, Collin. (2003): Verkaufsprozess mittelständischer Unternehmen: empirische Untersuchung der Einflussfaktoren auf die Preisbildung Dissertation, WHU – Otto Beisheim School of Management

Schreckeneder, Berta C. (2010): Projektcontrolling, Freiburg, Haufe.

Schroeder, Janina Fee. (2018): Relationship Conflicts in Changing Business Families in India and Germany – Origins, Fields, and Coping Strategies. Dissertation, Universität Witten / Herdecke.

Schulze, W.S., Lubatkin, M.H., Dino, R.N. und Buchholtz, A.K. (2001): Agency relationships in family firms: Theory and evidence. Organization Science, 4, S. 331–345.

Schumacher, T. (2014): Organisationsdesign, In: R. Wimmer, K. Glatzel und T. Lieckweg (Hrsg.): Beratung im Dritten Modus – Die Kunst, Komplexität zu nutzen. Heidelberg: Carl Auer Verlag.

Senftlechner, D. und Hiebl, M. R. W. (2015): Management Accounting and Management Control in Family Businesses: Past Accomplishments and Future Opportunities Journal of Accounting & Organizational Change, 11, S. 573–606.

Sharma, P., Chrisman, J.J. und Gersick, K.E. (2012): 25 years of Family Business Review: Reflection on the past and persepectives for the future. Family Business Review, 25, S. 5–15.

Sharma, P., Hoy, F., Astrachan, Joseph H. und Koiranen, Matti (2007): The practice driven evolution of family business education. Journal of Business Research, 29, S. 1012–2021.

Sharma, P., Melin, L. und Nordqvist, Mattias (2014): Introduction: Scope, Evolution and Future of Family Business Studies, In: L. Melin, Mattias Nordqvist und P. Sharma (Hrsg.): The SAGE Handbook of Family Business. London, Thousand Oaks, New Dehli, Singapore: Sage.

Sharma, Pramodita (2008): Commentary: Familiness: Capital Stocks and Flows Between Family and Business. Entrepreneurship: Theory & Practice, 32, S. 971–977.

Shukla, P.S., Carney, M. und Gedajlovic, E. (2014): Economic Theories of Family Firms, In: L. Melin, Mattias Nordqvist und P. Sharma (Hrsg.): The SAGE Handbook of Family Business London, Thousand Oaks, New Dehli, Singapore: SAGE.

Simon, F.B. (2004): Gemeinsam sind wir blöd!? Die Intelligenz von Unternehmen, Managern und Märkten, Heidelberg, Carl Auer Verlag.

Simon, F.B. (2005): Familien und Unternehmen – Überlegungen zu Unterschieden, Gemeinsamkeiten und den Folgen, In: F.B. Simon (Hrsg.): Die Familie des Familienunternehmens – Ein System zwischen Gefühl und Geschäft. Heidelberg: Carl Auer Verlag.

Simon, F.B. (2005a): Die Entkoppelung von Familie und Unternehmen, In: F.B. Simon (Hrsg.): Die Familie des Familienunternehmens – Ein System zwischen Gefühl und Geschäft. Heidelberg: Carl Auer Verlag.

Simon, F.B. (2012): Einführung in die Theorie des Familienunternehmens, Heidelberg, Carl-Auer Verlag.

Simon, F.B. (2013): Familie, Unternehmen, Unternehmer – drei unterschiedliche Systemrationalitäten, In: T. Schumacher (Hrsg.): Professionalisierung als Passion – Aktualität und Zukunftsperspektiven der systemischen Organisationsberatung. Heidelberg: Carl Auer Verlag.

Simon, F.B., Wimmer, R. und Groth, T. (2005): Mehr-Generationen-Familienunternehmen: Erfolgsgeheimnisse von Oetker, Merck, Haniel, u. a., Heidelberg, Carl Auer Verlag.

Simon, Hermann (1996): Die heimlichen Gewinner – Die Erfolgsstrategien unbekannter Weltmarktführer, Frankfurt am Main, Campus Verlag.

Sirmon, David G. und Hitt, Michael A. (2003): Managing Resources: Linking Unique Resources, Management, and Wealth Creation in Family Firms. Entrepreneurship Theory and Practice, 27, S. 339–358.

Smircich, Linda (1983): Concepts of Culture and Organizational Analysis. Administrative Science Quarterly, 28, S. 339–358.

Speckbacher, Gerhard und Wentges, Paul (2012): The impact of family control on the use of performance measures in strategic target setting and incentive compensation: A research note. Management Accounting Research, 23, S. 34–46.

Stähler, Patrick. (2002): Geschäfsmodelle in der digitalen Ökonomie – Merkmale, Strategien und Auswirkungen. Dissertation, Universität St. Gallen.

Stankiewicz, Johannes (2016): Socioemotional wealth and the performance of family firms: the role of identification and transgenerational control. Dissertation.

Steen, A. und Welch, L.S. (2006): Dancing With Giants: Acquisition and Survival of the Family Firm. Family Business Review, 19, S. 289–300.

Stephan, Petra. (2002): Nachfolge in mittelständischen Familienunternehmen – Handlungsempfehlungen aus Sicht der Unternehmensführung. Dissertation, Universität Bamberg.

Stewart, Alex (2014): The Anthropology of Family Business: An Imagined Ideal, In: L. Melin, Mattias Nordqvist und P. Sharma (Hrsg.): The SAGE Handbook of Family Business. London, Thousand Oaks, New Dehli, Singapore: Sage.

Stich, Christoph, von Busse, Cecil und Kroemer, Hans (2016): PMI im Mittelstand – Erfolgreiche Integration mit begrenzten Ressourcen. M&A Review, 10/2016, S. 246–353.

Stölting, Dirk (2012): Regionale Sounding-Gruppen und zentrales Sounding-Board – ein wirkungsvolles Format für Diagnose, Monitoring und Feedback, In: K.H. Große Peclum, M. Krebber und R. Lips (Hrsg.): Erfolgreiches Change Management in der Post Merger Integration – Fallstudie Commerzbank AG. Wiesbaden: Springer.

Stolzenberg, Kerstin und Heberle, Krischan (2009): Change Management – Veränderungsprozesse erfolgreich gestalten – Mitarbeiter mobilisieren, Wiesbaden, Springer.

Strähle, J. (2004): Cultural due diligence, Marburg, Tectum-Verlag.

Tagiuri, Renato und Davis, John (1996): Bivalent Attributes of the Family Firm. Family Business Review, 9, S. 199–208.

Taylor, F. W. (1911): Scientific Managament, New York, Routledge.

Taylor, F. W. (1913): Die Grundsätze wissenschaftlicher Betriebsführung [Übers. von Rudolf Roesler], Weinheim, Psychologie Verlags Union.

Thomas, Jill. (2006): Family presence implications for decision-making in family business, Lindfield, NSW: Australian and New Zealand Academy of Management.

ThomsenReuters. (2017): Mergers and Acquisitions [Online]. ThomsenReuters. Available: http://financial.thomsonreuters.com/en/markets-industries/investment-banking-finacial-advisory/mergers-and-acquisitions.html [Abfragedatum: 17 April 2017].

Tokarczyk, John, Hansen, Eric, Green, Mark und Down, Jon (2007): A Resource-Based View and Market Orientation Theory Examination of the Role of »Familiness« in Family Business Success. Family Business Review, 20, S. 17–31.

Tschöke, Kai und Mailänder, Martin (2016): Das weltweite M & A-Geschehen: Rückblick und Ausblick, In: G. Müller-Stewens, Sven Kunisch und Andreas Binder (Hrsg.): Mergers & Acquisitions: Handbuch für Strategen, Analysten, Berater und Juristen. Stuttgart: Schäffer Poeschel.

Vahs, Dietmar und Weiand, Achim (2010): Workbook Change Management – Methoden und Techniken, Stuttgart, Schäffer-Poeschel.

Velez, Diego G. (2016): Capital Structure in the Family Firm: Exploring the Relationship Between Financial Sources and Family Dynamics. Dissertation, Kennesaw State University.

von Schlippe, A. (2013): Kein »Mensch-ärgere-dich-nicht«-Spiel: Ein kritischer Blick auf das »Drei-Kreise-Modell« zum Verständnis von Familienunternehmen, In: T. Schumacher (Hrsg.): Professionalisierung als Passion – Aktualität und Zukunftsperspektiven der systemischen Organisationsberatung. Heidelberg: Carl Auer Verlag.

von Schlippe, A. (2014): Das kommt in den besten Familien vor... – Systemische Konfliktbearbeitung in Familien und Familienunternehmen, Stuttgart, Concadora Verlag.

von Schlippe, A., Groth, T. und Rüsen, T. (2017): Die beiden Seiten der Unternehmerfamilie – Familienstrategie über Generationen, Göttingen, Vandenhoeck & Ruprecht.

von Schlippe, A., Nischak, Almute und El Hachimi, Mohammed (2008): Familienunternehmen verstehen, In: A. von Schlippe, Almute Nischak und Mohammed El Hachimi (Hrsg.): Familienunternehmen verstehen – Gründer, Gesellschafter und Generationen. Göttingen: Vandenhoeck & Ruprecht.

von Schlippe, A. und Schneewind, Klaus A. (2014): Theories from Family Psychology and Family Therapy, In: L. Melin, M. Nordqvist und P. Sharma (Hrsg.): The SAGE Handbook of Family Business. London, Thousand Oaks, New Dehli, Singapore: Sage.

Wagner, Eike (2008): Use of multipliers in change communication: How credible personal communication can make change effective, In: Joachim Klewes und Ralf Langen (Hrsg.): Change 2.0 – Beyond Organisational Transformation. Berlin, Heidelberg: Springer.

Waldau, Jens (2013): Erfahrungen eines Mittelständlers mit Private Equity, In: K. Lucks (Hrsg.): M&A Projekte erfolgreich führen – Instrumente und Best Practices. Stuttgart: Schäffer-Poeschel.

Wanner, Oliver (2013): Pre-Sale Due Diligence unter Berücksichtigung der Besonderheiten von KMU. Corporate Finance, 5/2013, S. 297–307.

Ward, J.L. (2004): Perpetuating the Family Business: 50 Lessons Learned From Long Lasting, Successful Families in Business, New York, Palgrave Macmillan.

Ward, J.L. (2011): Keeping the Family Business Healthy: how to Plan for Continuing Growth, Profitability, and Family Leadership, New York, Palgrave Macmillan.

Weber, H. (2009): Familienexterne Unternehmensnachfolge – Eine empirische Untersuchung über Akquisitionen von Familienunternehmen. Dissertation, Universität Dresden.

Weber, H. (2010): Succession Due Diligence: Ein Ansatz für die erfolgreiche Kaufgestaltung von Familienunternehmen. M&A Review, 3/2010, S. 124–130.

Weber, Max (1921 [1980]): Wirtschaft und Gesellschaft: Grundriß der verstehenden Soziologie (Besorgt von Johannes Winckelmann), Tübingen, Mohr Siebeck.

Wegmann, Jürgen (2013): Unternehmensverkauf – Leitfaden für kleine und mittlere Unternehmen, Wiesbaden, Gabler.

Weismeier-Sammer, D., Frank, H. und von Schlippe, A. (2013): Untangling ›familiness‹ – A literature review and directions for future research. Entrepreneurship and Innovation., 14, S. 165–177.

Welge, M.K., Al-Laham, A. und Eulerich, Marc (2017): Strategisches Management – Grundlagen, Prozess, Implementierung, Wiesbaden, Springer Gabler.

Wernerfelt, Birger (1984): A Resource-based View of the Firm. Strategic Management Journal, 5, S. 171–180.

Westhead, P. und Cowling, M. (1998): Family firm research: The need for a methodology rethink. Entrepreneurship Theory and Practice, 23, S. 31–56.

Wiechers, R. (2006): Familienmanagement zwischen Unternehmen und Familie: Zur Handhabung typischer Eigenarten von Unternehmensfamilien und Familienunternehmen. Dissertation.

WIFU. (o. A.-a): Definition Familienunternehmen [Online]. Wittener Institut für Familienunternehmen. Available: https://www.wifu.de/best-of-fu-wissen/familienunternehmen/ [Abfragedatum: 15.04.2019].

WIFU. (o. A.-b): Historie [Online]. Wittener Institut für Familienunternehmen. Available: http://www.wifu.de/institut/historie/ [Abfragedatum: 10. Oktober 2016].

Wimmer, R. (2004): Familienunternehmen, In: Georg Schreyögg und Axel von Werder (Hrsg.): Handwörterbuch Unternehmensführung und Organisation. Stuttgart: Schäffer-Poeschel.

Wimmer, R. (2011a): Die besondere Verantwortung von Gesellschaftern in Familienunternehmen, In: EQUA-Stiftung (Hrsg.): Gesellschafterkompetenz – Die Verantwortung der Eigentümer von Familienunternehmen. Bonn: Unternehmer Medien.

Wimmer, R. (2011b): Typische Schwächen und Potenziale der Selbstgefährdung von Familienunternehmen, In: T. Rüsen (Hrsg.): Familienunternehmen erfolgreich sanieren. Berlin: Erich Schmidt Verlag.

Wimmer, R. (2012): Die neuere Systemtheorie und ihre Implikationen für das Verständnis von Organisationen, Führung und Management, In: J. Rüegg-Stürm und T. Bieger (Hrsg.): Unternehmerisches Management – Herausforderungen und Perspektiven. Bern: Haupt.

Wimmer, R. (2014a): Schnelles Wachstum in Familienunternehmen – neue Herausforderungen und Bewältigungsstrategien, osb international.

Wimmer, R. (2014b): Wie familiär sind Familienunternehmen?, In: O. Geramanis und K. Hermann (Hrsg.): Organisation und Intimität. Heidelberg: Carl-Auer Verlag.

Wimmer, R. (2016): Der wissenschaftliche Blick auf die Führung: Traditionen, Entwicklungen, Erkenntnisse. Supervision, 2.2016, S. 12–23.

Wimmer, R., Domayer, E., Oswald, M. und Vater, G. (1996): Familienunternehmen – Auslaufmodell oder Erfolgstyp?, Wiesbaden, Gabler.

Wimmer, R., Domayer, E., Oswald, M. und Vater, G. (2018): Familienunternehmen – Auslaufmodell oder Erfolgstyp?, Wiesbaden, Springer Gabler.

Wimmer, R. und Kormann, H. (2018): Vom Ursprung der Forschung zu Familienunternehmen. FuS – Zeitschrift für Familienunternehmen und Strategie, S. 148–153.

Wimmer, R. und Schumacher, T. (2009): Führung und Organisation, In: R. Wimmer, Jens O. Meissner und K. Wolf (Hrsg.): Praktische Organisationswissenschaft – Lehrbuch für Studium und Beruf. Heidelberg: Carl Auer Verlag.

Wimmer, R. und Wagner, Peter (2013): Zwischenbilanz und Perspektiven der systemischen Organisationsberatung, In: T. Schumacher (Hrsg.): Professionalisierung als Passion. Heidelberg: Carl Auer Verlag.

Wirtz, Bernd W. (2017): Mergers & Acquisitions Management: Strategie und Organisation von Unternehmenszusammenschlüssen, Wiesbaden, Springer Gabler.

Wiseman, Robert M. und Gomez-Mejia, Luis R. (1998): A Behavioral Agency Model of Managerial Risk Taking. The Academy of Management Review, 23, S. 133–153.

Wöhe, Günter, Döring, Ulrich und Brösel, Gerrit (2016): Einführung in die allgemeine Betriebswirtschaftslehre, München, Vahlen.

Wolf, K. (2011): Internationalisierungsstrategien von deutschen Familienunternehmen. Dissertation, Universität Witten / Herdecke.

Worek, Maija (2017): Mergers and acquisitions in family businesses: current literature and future insights. Journal of Family Business Management, 7, S. 177–206.

Wulf, T., Stubner, S., Brands, C., Roleder, K., Meißner, P. und Hoffmann, C. (2012): Planungs- und Entscheidungsverhalten deutscher Familien- und Nichtfamilienunternehmen, Leipzig, Lehrstuhl für Strategisches Management und Organisation (HHL).

Yu, A., Lumpkin, G.T, Sorenson, R.L. und Brigham, K.H. (2012): The landscape of family business outcomes: A summary and numerical taxonomy of dependent variables. Family Business Review, 25, S. 33–57.

Zellweger, T. und Mühlebach, C. (2008): Strategien zur Wertsteigerung in Familienunternehmen: Das Konzept potentialorientierte Familyness, Bern, Haupt.

Zellweger, T.M. (2006): Risk, Return and Value in the Family Firm. Dissertation Dissertation Universität St. Gallen, Universität St. Gallen.

Zellweger, Thomas (2007): Time Horizon, Costs of Equity Capital, and Generic Investment Strategies of Firms. Family Business Review, 20, S. 1–15.

Zellweger, Thomas M., Kellermanns, Franz W., Chrisman, James J. und Chua, Jess H. (2012): Family Control and Family Firm Valuation by Family CEOs: The Importance of Intentions for Transgenerational Control. Organization Science, 23, S. 851–868.

Zellweger, Thomas M. und Nason, Robert S. (2008): A Stakeholder Perspective on Family Firm Performance. Family Business Review, 21, S. 203–216.

Zwack, Mirko. (2011): Die Macht der Geschichten: Erzählungen als Form der Wertevermittlung in Familienunternehmen. Dissertation.

Die Schriftenreihe der WIFU-Stiftung

Herausgegeben von Tom A. Rüsen, Heiko Kleve und Arist von Schlippe

Die Schriftenreihe der WIFU-Stiftung ist die Fortführung der etablierten Schriftenreihe des Wittener Instituts für Familienunternehmen (WIFU). Seit Mitte 2009 geben WIFU (bis Band 34) und WIFU-Stiftung (ab Band 35) eine eigene praxisnahe Schriftenreihe zum Themenkreis Familienunternehmertum heraus.

Die im Jahr 2009 gegründete gemeinnützige WIFU-Stiftung hat die Aufgabe, Forschung und Lehre auf dem Gebiet des Familienunternehmertums sowie den Praxistransfer der Erkenntnisse zu fördern. Zu ihren wichtigsten Förderern zählen rund 80 Familienunternehmen aus dem deutschsprachigen Raum. Im Mittelpunkt der Aktivitäten der WIFU-Stiftung steht die Gewinnung, Vermittlung und Verbreitung an aktuellen Fragestellungen orientierten Wissens über Familienunternehmen und Unternehmerfamilien. Ein Schwerpunkt der Forschungsförderung durch die WIFU-Stiftung liegt auf dem Wittener Institut für Familienunternehmen (WIFU) an der Universität Witten/Herdecke mit seinen drei Forschungs- und Lehrbereichen Betriebswirtschaftslehre, Rechtswissenschaft und Psychologie/Soziologie.

Das WIFU gilt als führendes Zentrum für Familienunternehmensforschung in Deutschland. Es beschäftigt sich in Forschung, Lehre und Praxistransfer mit den Besonderheiten dieser speziellen Unternehmensform. Seit seiner Gründung pflegt das WIFU eine enge Verbindung zu den Familienunternehmen des Landes und ist vielfältig mit der internationalen Forschungsgemeinschaft verknüpft. Aus diesem erstklassigen Netzwerk gehen Doktor- und andere Forschungsarbeiten hervor, von denen ausgewählte Untersuchungen in praxisorientierter Aufbereitung in dieser Schriftenreihe veröffentlicht werden.

Zuletzt erschienene Bände:

Band 34: Sigrun C. Caspary / Tom Rüsen / Heiko Kleve / Tobias Köllner (eds.)
Long-lived Family Businesses in Japan: Factors of Success
2024, 273 Seiten, gebunden, ISBN 978-3-8471-1681-3

Band 33: Fabian Friedrich Arthur Simons
Treuhändermentalität in dynastischen Unternehmerfamilien
Die Herstellung einer vermögensstrategischen Haltung als soziale Praxis
2023, 280 Seiten, gebunden, ISBN 978-3-8471-1596-0

Band 32: Caroline Heil
Kindliche Resilienz in Unternehmerfamilien
Eine empirische und sozialisationstheoretische Verortung
2023, 224 Seiten, gebunden, ISBN 978-3-8471-1551-9

Band 31: Leonie Maria Fittko
Einheit und Vielheit in mehrgenerationalen Unternehmerfamilien
Identitätspflege als Aufgabe des Familienmanagements
2022, 198 Seiten, gebunden, ISBN 978-3-8471-1433-8

Band 30: Sigrun C. Caspary / Tom Rüsen / Heiko Kleve / Tobias Köllner (Hg.)
Erfolgsmuster langlebiger Familienunternehmen in Japan
2023, 299 Seiten, gebunden, ISBN 978-3-8471-1337-9

Vandenhoeck & Ruprecht Verlage

Unsere allgemeinen Geschäftsbedingungen, Preise sowie weitere Informationen finden Sie unter www.vandenhoeck-ruprecht-verlage.com